도널드 위니컷의
가족과 자녀발달

D. W. Winnicott 저 | 임경수 역

학지사

🏺 역자 서문

역자가 위니컷의 심리학을 본격적으로 접한 것은 이제는 고인이 되신 시카고 대학교 피터 호만스(Peter Homans) 교수의 '프로이트 이후의 대상관계이론'이라는 과목을 수강하면서부터이다. 호만스 교수의 고풍스럽고 아담한 교수실에서 벨기에에서 유학 온 남학생과 역자 그리고 세 명의 학생이 함께 수업을 들으면서 관심을 가지게 되었다. 그때 위니컷의 이론을 접하면서 대학의 인문사회서점으로 유명한 'Co-Op'이라는 곳에서 구입한 책이 바로 이 원서이다.

이제는 수십 년의 세월이 인간에게 늘 그러한 것처럼 흘러 버리고 그때의 기억들이 흐려질 무렵, 내 서가에 숨겨져 있던 이 책을 우연히 다시 읽으면서 번역의 가치를 느껴 작년 이맘때 번역을 시작하였다. 여기에 실린 18편의 글은 위니컷의 논문과 강연자료에서 발굴한 전문적인 글이다.

위니컷이 가진 매력은 그가 소아과 전문의이자 정신분석가이며, 그의 이론이 어떤 심리학자의 이론보다 객관성과 깊이가 있다는 점이다. 보통 깊이가 있는 글은 난해하여 독자들로 하여금 글의 방향성을 잃게 하기 쉬운데, 여기에 실린 글은 위니컷의 실험과 상상력을 바탕으로 하였지만 경계선을 분명히 하고 있어 독자들에게 깊이와 감동을 제공할 것이다. 또한 그의 글은 깊이가 있지만 주관적 관점에서 난해함보다는 독자들에게 설득력과 객관성을 제공한다는 점에서 인간의 자기구조와 부모 그리고 환경의 영향에 대한 내용을 진지하게 제공하고 있다.

여기에 실린 위니컷의 짧은 글에서 자주 사용하는 '진정한 자기 (true self)' '거짓자기(false self)' '충분히 좋은 어머니' '울타리와 환경/공간' 그리고 '민주주의와 진정한 자기' 개념에 대한 심리학적 통찰과 분석은 한 아이의 성장에 부모와 환경이 얼마나 절대적으로 영향을 줄 수 있는가 하는 통찰과 더불어 독자로 하여금 인간에 대한 실존주의적 고민에 빠지게 할 것이다. 동시에 우리 사회가 지향하는 민주주의 국가에서 한 가정의 교육과 분위기를 형성하는 데 있어 민주주의의 초석이 가정의 환경에 있음을 제시하는 것은 모든 인간과 환경은 처음부터 마지막까지 불가분의 관계성에 놓여 있다는 것을 또다시 알게 한다.

한 인간의 일생에서 좋은 사람과 좋은 책을 만난다는 것은 올바른 변곡점을 마련하여 나를 떠나 타자의 관점에서 사람과 세상을 볼 수 있는 폭넓은 세계관을 형성해 주는 것이라 생각한다. 한 아이가 태어나 나의 중심을 가진다는 것은 필요한 것이지만, 성인이 되어서도 나의 중심성만을 생각한다면 이것은 일종의 질병이며, 종교적으로는 마성에 가까운 것이다. 한 인간의 태생부터 죽음까지 불가분의 관계에 지대한 영향을 미치는 부모, 가족 그리고 사회가 소아과 의사이자 정신분석학자인 위니컷의 세계에서 어떻게 통찰되는지 이 책을 통해 알아 가는 것은 우리에게 또 다른 세계관으로의 초대가 될 것이다.

끝으로 이 글이 설득력 있도록 편집해 준 학지사 편집부에 깊은 감사를 드린다.

2022. 4.

역자 임경수

저자 서문

　여기에 모인 논문들은 대부분 과거 수십 년간 사회복지사들에게 강의된 내용들을 모은 것이다. 그래서 이 책의 중심 주제는 가족과 이 자연스러운 가족에서의 사회 집단 발달에 대한 것이다. 여기에 개인인 아동의 정서적 발달에 대한 이론을 언급하고 다시 다듬은 다양한 시도를 포함하였다.

　큰 의미에서 가족의 구조는 개인의 성격발달 형성을 향한 경향에서 생기게 된다. 가족은 성장하는 아이가 사회 안에서 작동하는 힘을 만나는 장소에서 분명하게 위치가 규정된다. 이러한 상호작용의 원형은 어머니의 세계가 아동이 선천적으로 부여받은 경향을 성장시키는 데 도움을 줄 것인가, 아니면 방해를 할 것인가라는 매우 복잡한 방법으로 아동과 어머니의 관계성에서 발견된다. 이러한 생각은 특정한 시간과 장소에서 필요한 사람들에게 강의했던 원고들을 모아서 이 책을 만드는 과정에서 얻은 것이다.

감사의 글

이 책이 나오기까지 애쓰면서 정확하게 일을 해 준 비서 조이스 콜스(Joyce Coles)에게 한 번 더 감사를 전한다. 색인 부분의 작업과 조언을 해 준 마수드 칸(Masud Khan)에게도 감사를 전한다. 또한 이 책이 완성되기까지 그리고 이미 출간된 자료에 대해 사용 허락을 해 준 편집자, 출판사 그리고 단체인 『New Era in Home and School』의 편집자, 『Nursing Times』의 편집자, 『New Society』의 편집자, 『British Journal of Psychiatric Social Work』의 편집자, 『Medical Press』의 편집자, 『Human Relations』의 편집자, 『Canadian Medical Association Journal』의 편집자, Butterworth & Co Ltd 출판사, British Broadcasting Corporation에 감사를 드린다.

이 책에 실린 원고의 출처는 다음과 같다.

- 『Medical Press』에서 출간(1958년 3월)
- Association of Workers for Maladjusted Children 강연(1960년 3월, 1964년에 다시 씀)
- BBC 방송(1960년 3월)
- BBC 방송(1960년 6월)
- Goldsmith's College(1957년 10월), Association of Child Care Officers(1958년 5월), McGill University(1960년 10월)에서 강의. 『Canadian Medical Association Journal』(1961년 4월)에 실림
- Family Service Units Caseworkers' Study Weekend에서 강의

(1958년 10월)

- Association of Child Care Officers에서 강의(1960년 2월)

- Association of Psychiatric Social Workers에서 강의(1961년 11월). 『British Journal of Psychiatric Social Work』(Vol. 6, no. 1, 1961년)에 실림

- Senior Staff on the London Country Council Children's Department에서 강의(1961년 2월). 『New Era in Home and School』(1962년 10월)에 실림. 그리고 수정 및 보완되어 「Struggling through the Doldrums」라는 제목으로 『New Society』(1963년 4월 25일)에 실림

- Society for Psychosomatic Research 강의(1960년 11월)

- 제14장은 부분적으로 Modern Trends in Paediatrics, edited by A. Holzel & J. P. M. Tizard(London: Butterworth, 1958)에서 사용

- Association of Supervisors of Midwives에서 강의. 후에 『Nursing Times』 17(1957년 5월)에 실림

- Royal College of Midwives에서 강의(1957년 11월).

- Association of London County Council Child Welfare Officers 에서 강의(1959년 10월)

- Nursery School Association에서 강의(1950년 7월)

- Association of Workers for Maladjusted Children에서 강의 (1955년 4월)

- 『Human Relations』(Vol. 3, no. 2, 1950년 6월)에 실림

차례

제5장
다섯 살 아이에 대하여 • 73

제6장
가족에게 통합적이고 파괴적인 요인들에 대하여 • 85

제7장
부모의 우울증으로 영향받는 가족 • 103

제8장
정신이상이 가족에 미치는 영향에 대하여 • 123

제2부

제13장
조산술에 대한 정신분석의 기여에 대하여 • 201

제14장
부모에게 주는 조언 • 215

제15장
정신적으로 고통을 겪는 아이들에 대한 케이스워크 • 229

제1부

제1장

생애 첫 5년에 대하여:
정서적 발달에 관한 현대의 관점

🌷 들어가는 말

유아의 첫 5년간의 발달과정에서 큰 변화가 발생한다. 초기에 감정이 발달하기 시작한다. 성격과 기질 발달에 대한 연구에서는 이 초기의 시간과 경험들이 무시할 수 없을 정도로 중요하다(만삭의 출생 직전에 있는 태아에게조차 중요). 그리고 출생과정에도 중요한 영향을 미친다.

부모가 단순하게 이러한 것들에 대해 무지할지라도 그 세계는 계속적으로 변화하는데, 그 이유는 어머니는 상처받기 쉬운 단계에 있는 유아를 특별하게 잘 보호할 수 있는 어떤 것을 가지고 있으며, 이것이 유아의 절대적인 요구들에 대해 긍정적으로 기여할 수 있는 것을 만들기 때문이다. 이 과정에서 안정을 느끼는 어머니는 이러한 긍정적 기여를 할 수 있다. 만일 어머니가 유아의 아버지와의 관계와 가족에게서 사랑을 느끼고, 사회를 구성하는 가족 주변의 넓은 범주의 관계에서 안정이 된다면 이러한 역할을 할 수 있다.

만일 우리가 원하면 유아 돌봄의 일이 지식에서 온 것이 아니라, 임신이 진행되면서 획득된 감정 상태에서 온 것이고, 이것은 유아가 성장하면서 점차적으로 사라질 것이다. 그러나 유아 성격발달의 초기 단계에 대한 연구에서 유익을 얻을 수 있는 이유가 있다. 예를 들어, 우리는 의사와 간호사로서 유아의 신체적 이상을 다루기 위해 어머니와 유아의 관계를 살펴보아야 할 때도 있고, 우리가 이 양자 관계에서 무엇을 중재하고 있는지 알아야 한다. 더욱이 유아의 신체에 대한 과거 50년간의 연구는 풍부한 정보를 제공하였으며, 정서적 발달에 대한 비슷한 관심이 훨씬 더 풍부한 정보를 제공할 것은 당연한 것이다. 유아에 대한 어머니와 아버지의 적절한 역할은 이들의 사회적 · 가정적 혹은 개인적 질병 때문에 유아의 출생 시 적합한 조건을 제공하지 못할 수 있는데, 이때는 의사와 간호사가 이 상황들을 잘 이해하고 치료할 것으로, 심지어 예방할 수 있을 것으로 기대를 한다. 이것은 마치 질병이 있을 때 의사와 간호사가 치료할 명분을 가지는 것과 같다. 소아과 의사는 현재 아동의 성장 과정에서 신체적 부분에 관심을 가지고 있는 것처럼 아동의 정서적 부분에 대해서도 관심을 가져야 할 필요성이 점차 증가할 것이다.

초기 정서적 발달에 대한 관심이 필요한 다른 이유는 유아 성장의 첫 1년 동안에 정서적 장애를 진단 및 감지할 수 있다는 것이다. 분명하게, 정서적 장애 치료를 위한 적합한 시기는 치료의 시작이 되고, 혹은 치료의 가능성에 있는 것이다. 그러나 이 글에서는 이에 대해 언급하지 않겠다.

여기서는 신체적 비정상이나 신체적 질병 혹은 유전적 요소에 의해 영향을 받은 정신질환에 대해 언급하지 않을 것이다. 이 글의 목적을 위해 유아의 몸과 마음이 **잠재적으로** 건강하다는 것을 전제로 한다. 출생 시 유아의 잠재성은 어떤 것이고, 1년간의 성장에서 무엇이 현실화되는 것일까? 나 역시 유아에게는 어머니로서 충분히 자연스러운 행동을 하는 건강한 어머니가 존재하는 것이 중요하다고 생각한다. 유아는 어머니에게 전적으로 정서적 의존을 하기 때문에, 유아의 발달과 삶은 유아 돌봄이라는 것과 긴밀하게 연관되어 있다.

다음의 내용들은 유아 돌봄에 있어 중요한 요소들을 간단하게 핵심적으로 쓴 것이다. 여기에 나온 응축된 관찰은 유아의 출생 첫 1년은 인간 개인의 정신적 건강에서 기초를 이룬다는 정서적 발달의 사실에 관심을 가진 사람들에게 아마 그 필요성을 말해 줄 것이다.

🌱 유아발달은 타고난 경향

심리학적 관점에서 선천적으로 사람은 발달하려는 성향을 가지고 있고, 이 성향은 몸의 성장과 점진적인 몸 기능의 발달에 일치한다. 유아가 5~6개월이 되면 대개 앉게 되고, 1년 가까이 되면 조금씩 걸을 수 있고, 이때 두세 가지의 단어를 사용할 수 있는 것과 같이, 유아의 정서적 발달에는 형성 과정이 있다. 그러나 발달을 위한 조건들이 충분하지 않으면 이 자연스러운 발달을 목격하지 못하게 되고, 이 충분히 좋은(good-enough) 조건에 대해 설명하는 데 부분적인 어려움이 있다. 앞으로 설명되는 내용에서는 개체 발생(ontogenetic) 과정과 행동에 대하여 신경생리학적 (neurophysiological) 기초를 당연하게 받아들이는 것이 필요할 것이다.

🌷 유아의 의존성

유아의 첫 1년 동안에 주목해야 할 큰 변화는 유아의 자립성 움직임이다. 자립성은 의존성으로부터 성취되는 것이지만, 의존성은 이중 의존성(double dependence)[1]이라고 부를 수 있는 것으로부터 성취되는 것이다. 초기에 유아는 신체적 · 정서적 환경에 절대적으로 의존한다. 그 시기에 이 의존성의 흔적이 없기 때문에, 초기 의존성은 절대적이다. 그러나 점진적으로 이 의존성을 유아가 어느 정도 알게 되는데, 이것은 유아가 돌봄자의 돌봄을 필요로 할 때 유아가 돌봄자에게 그 필요성을 알리는 능력을 획득하였을 때이다. 임상적으로는 의존과 심지어 항상 다시 등장하는 이중 의존성과 같은 자립성을 향한 점진적인 과정이 발견된다. 어머니는 다른 관점에서 유아의 다양하고 많아지는 요구에 대해 적응해 갈 수 있다. 한 살이 되었을 때 유아는 어머니에 대한 생각과 자신에게 익숙해진 돌봄에 대한 생각을 특정한 시간의 길이, 아마 10분, 1시간 그리고 그보다 더 길게 생동감 있게 유지할 수 있게 된다.

그러나 첫 1년간에 발견된 것들은 무척이나 다양한데, 이것은 유

---

1) 역자 주: 유아가 생의 초기에 어머니에게 절대적 의존을 하다가 성장하면서 자립성을 가지지만, 이 과정에서 의존과 자립을 수시로 반복하는 것을 의미한다.

아들이 다양할 뿐만 아니라 유아 한 명에게서도 다양한 것이 있기 때문이다. 자립성을 획득하는 것은 보통 실패하기도 하고, 계속해서 다시 회복되기도 하고, 흔히 한 살 때 눈에 띄게 자립성을 가졌다가 의존적으로 다시 돌아오기도 한다.

이중 의존성에서 의존성으로, 의존성에서 자립성으로 왕래하는 여정은 유아가 성장하려는 선천적 경향의 표현만이 아니라 중요한 의미를 가진다. 이 성장은 유아의 필요성을 채워 주는 사람에 의해 매우 섬세한 적응이 만들어지지 않으면 이루어지지 않는다. 이러한 가장 세심하고 지속적인 일을 수행하는 데 있어 어떤 다른 사람보다 유아의 어머니가 더 나을 때 이루어진다. 유아의 어머니는 육아에 있어 가장 자연스러우며, 이러한 일을 수행하는 데 화냄이 없이 헌신할 수 있는 어느 누구보다 더 적합한 사람이다.

🌱 통합

유아를 관찰해 보면 생의 초기부터 유아는 이미 하나의 인간이라는 것을 알 수 있다. 1년이 되었을 때 유아는 이미 한 개인의 지위를 확보하게 된다. 다시 말해, 성격이 통합되어 간다는 것이다. 물론 이 말은 유아가 항상 그렇다는 것은 아니다. 어떤 순간이나 상당히 오랜 기간 그리고 어떤 관계에서 일년생의 유아는 한 전인적인 인간이다. 그러나 통합이라는 것은 당연히 발생하는 것이 아니다. 통합은 모든 개인 유아에게서 점진적으로 발달해야 하는 중요한 것이다. 이 통합이 신경생리학의 단순한 일이 아닌 것은 이 과정이 이루어지기 위해서는 유아의 어머니에 의해 가장 좋게 제공되는 확실한 환경적인 조건들이 있어야 하기 때문이다.

통합은 초기의 통합되지 않은 상태에서 점진적으로 나타나게 된다. 발달 초기에 유아는 자동성(motility)과 감각적 지각의 단계들을 거치게 된다. 그래서 유아가 쉼을 가진다는 것은 통합되지 않는 상태로 되돌아간다고 보는 것이 거의 맞다. 통합되지 않는 상태로 되돌아가게 하는 것은 어머니에 의해 제공되는 안정감이 있기 때문에 반드시 유아를 두렵게 하는 것은 아니다. 때때로 안정감이라는 것은 단순히 안정감을 제공하는 대상을 잘 붙잡고 있다는 것을 의미한다. 신체적으로 그리고 좀 더 섬세한 방법으로 어머니 혹은 환경이 함께 유아를 붙잡고 있으면 유아는 불안의 발달 없이 비통합(unintegration)이 재통합(reintegration)과 함께 발생할 수 있다.

통합은 분노 또는 먹는 것에 대한 동요와 같은 더 명백한 정서적이고 애정적인 경험과 연관되어 나타난다. 점진적으로 통합이 정착된 사실이 되고 유아는 점점 하나의 인격체로 짜여 감에 따라, 자신에게 유익을 주는 것을 원상태로 돌리는 것은 비통합이라기보다는 분열(disintegration)이 되는 것이며, 이것은 유아에게 고통스러운 것이다.

유아의 첫해에 발생하는 통합의 정도는 다양하다. 어떤 유아는 이 시기에 개인적 성향을 강조하는 자기를 가진 강한 성격을 가지기도 한다. 다른 극단적인 경우에는 유아가 한 살이 되어도 명확한 성격을 가지지 못하고, 계속적인 돌봄에 더 많이 의존한다.

🌷 유아가 한 인간이 되어 가는 것

유아가 한 살이면 확실하게 몸을 움직이면서 살아간다. 이때 정신과 신체는 상호 간 함께하는 기간들이 오게 된다. 신경과 의사들은 신체 상태가 만족스럽고, 유아의 근육 움직임이 만족스럽다고 말하기도 한다. 정신과 신체가 긴밀하게 서로 연관되어 있는 것은 아직 성숙되지 않는 정신(비록 신체적 기능에 기초하지만)이 신체와 신체의 생활방식에 밀접하게 묶여 있지 않은 초기 단계에서 발달하는 것이다. 유아에게 필요한 것들에 대해서 정당한 것들이 적응이 제공될 때 유아에게 정신과 신체 사이의 확고한 초기의 관계성이 될 수 있는 가장 가능한 가능성을 준다. 적응에 실패하면 정신은 단지 신체적 경험에 산만하게 연결되는 한 인간을 만드는데, 온전한 강도의 신체적 좌절감을 느끼지 못하는 존재가 된다.

건강한 유아라고 할지라도, 한 살의 유아는 단지 특정한 시간에만 자신의 몸에 굳건하게 기초하고 있을 뿐이다. 정상적인 유아의 정신은 신체와의 연관성을 잃어버릴 수가 있다. 예를 들어, 유아가 깊은 잠에서 깨어났을 때 갑자기 깨어 있을 때의 상태로 돌아오기가 쉽지 않고, 이렇게 되기 위해서는 몇 단계의 절차가 있을 수 있다. 어머니들은 이러한 것을 알고 있기 때문에 아이들을 안아 올리기 전에 아이들을 서서히 깨우는 것이다. 이것은 아직 정신이 없는 상태에서 유아 몸의 위치를 바꾸는 것으로 인해 유아가 끔찍한 공포의 비명을 지르지 않도록 하기 위해서이다. 의학적으로 유아에게 정신이 부재된 상태일 때 얼굴이 창백해지는 시기가 있는데, 이때 유아는 땀을 많이 흘리고 아마도 몸이 매우 차고 또 토하기도 한

다. 이렇게 되면 어머니들은 자신의 아이가 죽어 가고 있다고 생각
할 수 있지만, 의사에게 갔을 때 아이는 정상적으로 건강이 회복되
어 의사는 왜 어머니가 놀랐는지를 이해하지 못한다. 자연스럽게
의사들은 이러한 현상에 대해 많이 알고 있다.

🌼 마음과 정신-몸의 관계

유아는 한 살이 되었을 때 매우 분명하게 마음의 발달을 시작하게
된다. 마음은 정신과 아주 구별되는 어떤 것이다. 정신은 신체 및 몸
의 기능과 연관되어 있지만, 마음은 존재(existence) 및 원시적 정신
(primitive psyche)과 연관된 부분보다 (계통발생학, phylogenesis) 후
기에 발달하는 두뇌 부분의 기능에 의존하고 있다. (마음이라는 것
은 주변의 소리가 음식을 먹을 수 있다는 것을 알려 주기에 유아가 음식
을 기다리는 것을 점차적으로 가능하게 하는 것이다. 이것이 마음의 사용
을 알려 주는 간단한 예이다.)

어머니는 유아가 생의 초기에 성격발달의 왜곡 없이 발달하도록
하기 위해 순서에 따른 유아의 요구에 대해 거의 정확하게 적응해
야 한다. 그러나 어머니는 적응에 실패할 수 있고 이 실패가 증가
할 수 있는데, 이것은 유아의 마음과 지적 과정이 적응의 실패를 수
용할 수 있고 설명할 수 있기 때문이다. 이러한 방법으로 유아의 마
음은 어머니와 동맹을 형성하고 어머니의 기능을 부분적으로 이어
받는다. 유아 돌봄 가운데 어머니는 유아의 지적 과정에 의존을 하
는데, 이러한 과정이 점진적으로 유아 자신의 삶을 재획득할 수 있
게 한다.

물론 마음이 발달하는 데는 다른 방법들도 있다. 사건들의 목록을 만들고 기억을 저장하고 분류하는 것은 마음의 기능이다. 마음 때문에 유아는 시간과 공간을 측량함으로써 사용할 수 있게 된다. 그리고 마음은 또한 원인과 결과에 관계되어 있다.

마음과 정신의 관계 안에서 조건부(conditioning)를 비교하는 것은 교육적일 것이고, 이러한 연구는 마음과 정신에 대해 자주 혼동되는 이 두 가지 현상 사이의 차이를 밝혀 줄 수 있을 것이다.

분명하게 유아들마다 어머니의 관리를 도울 수 있는 마음의 힘 있어 매우 큰 다양성을 가지고 있다. 대부분의 어머니는 유아와 같이 빠르게 또는 느리게, 좋거나 빈약한 정신적 능력에 적응할 수 있다. 그러나 성급한 어머니는 자신의 아이들 중에 지적 능력이 제한된 아이들과 보조를 맞추지 못하기 쉽고, 성급한 아이는 또한 느린 어머니의 관리에서 벗어나기 쉽다.

특정한 나이가 되면 아이는 어머니의 성격을 수용할 수 있게 되고, 자신의 필요를 충족시켜 주지 못한 어머니의 무능력으로부터 상대적으로 독립하게 되지만, 아마 이런 것은 한 살이 되기 전에는 발생하지 않을 것이다.

🌷 환상과 상상

유아의 특성인 환상은 신체적 기능의 상상적인 노력으로 생각되기도 한다. 환상은 재빨리 무한대로 복잡하게 되지만, 추측건대 이것은 양적인 제한이 있다. 직접적인 관찰을 통해 작은 유아의 환상을 평가하는 것은 가능하지 않지만, 유아의 놀이는 환상의 실체를 보여 준다.

다음 같이 인위적인 구분을 만들어서 유아 환상의 발달과정을
추적해 보는 것이 편할 것이다.

① 역할에 대한 단순한 노력

② 기대, 경험 그리고 기억의 순서로 분리

③ 경험의 기억에 의한 경험

④ 다른 것으로부터의 교환과 지속적인 풍요와 함께 자기(the
   self)가 없거나 혹은 자기 안에 공상을 위치시킴

⑤ 무엇이 존재하고 그곳이 어떻게 계속되는지에 대한 책임감을
   가지고 개인적 혹은 내적 세계를 구축함

⑥ 무의식이었던 의식으로부터 분리. 무의식은 너무 원시적이어
   서 결코 의식이 되지 못하는 정신의 측면과, 또한 정신의 측면
   이나 또는 불안(억압된 무의식이라 불림)에 대하여 방어하는 가
   운데 접근할 수 없는 정신적 기능을 포함

유아의 첫 1년에는 괄목할 만한 환상의 진화가 있다. 모든 것이
성장하는 것과 같이 환상도 성장을 향한 자연적인 경향의 부분으
로서 발생함에도 불구하고, 이러한 진화에는 특정한 조건 때문에
성장 · 발달이 저해되고 곡해된다. 이러한 조건들의 성향은 밝혀지
기도 했고, 앞으로 연구가 이루어질 수 있다.

반적인 배설 쾌감이지만, 어떤 환경에서 항문은 흔쾌히 받아들이는 기관이 될 수 있고, 구강 기능과 섭취에 대한 중요한 것들을 항문에 모이게 한다. 항문을 다루는 것은 자연적으로 이러한 복잡성의 문제를 증가시킨다.

남아나 여아 모두에게 소변 배출은 쾌감을 주기 쉽기에 흥분되고 만족할 만한 것이다. 그러나 쾌감의 만족은 적합한 시간에 배출된 양에 달려 있다. 이런 배출과정에 대해 유아를 훈련시키는 노력은, 만일 성공적이라면 유아의 시기에 속한 신체적 만족감을 **빼앗**는 것이고, 너무 이른 제도화된 훈련이 연속되는 것은 흔히 유아에게는 재앙이다.

유아의 첫해에 생식기 쾌감은 일차적으로 중요한 것이 아니다. 그럼에도 남아에게는 생식기의 발기, 여아에게는 질의 활동이 있을 수 있다. 이러한 움직임들은 주로 음식 섭취에 대한 생각이나 흥분된 음식 섭취와 연관이 있을 때 발생한다. 질의 활동은 항문 조작에 의해 발생하게 된다. 첫해에 남근의 발기가 시작되는 것은 그 자체로 중요성을 가지고 있고, 음핵(clitoris) 자극은 상응하는 위치를 갖고 있다. 그러나 첫 번째 생일이 되어 여아들이 쉴 때와 발기가 되었을 때 더 분명한 남아의 생식기(여아의 음문이나 질과 비교해서)를 부러워한다는 것은 일반적이지 않다. 이 모순은 두 살 때 혹은 다음 해에 과시와 부러움을 불러일으킬 수 있다. (생식기 기능과 환상은 대략 아이가 두 살에서 다섯 살의 시기가 될 때까지 소화와 배출 기능을 지배하는 위치에 이르지 못한다).

첫 1년 동안의 본능적 경험들은 유아들이 대상들과 관계할 수 있는 능력을 **빠르게** 성장시킬 수 있는 능력을 수반한다. 이 능력은 유아와 어머니의 두 전인적 인간 사이의 애정 관계에서 절정이 된다.

유아가 한 살이 되었을 때 특별한 풍요와 복잡성을 동반하는 삼각관계가 유아의 삶에 새로운 요인이 된다. 그러나 이 삼각관계는 유아가 걷기 시작할 나이가 될 때까지 그리고 생식기가 음식에 관한 본능적 기능과 환상에 대해 우위성을 가지게 될 때까지 완전한 상태에 도달하지 못한다.

독자들은 이 설명을 통해서 유아의 감정적 상태를 이해하는 데 있어 정신분석의 첫 번째 공헌인 프로이트(Freud)의 유아 성욕론을 쉽게 인지할 수 있을 것이다. 유아의 본능적 생활에 대한 전적인 생각들이 공적으로 많은 반향을 불러일으켰지만, 지금은 이 이론이 일반적으로 정상적 유아의 심리와 정신신경증 뿌리에 대한 연구에서 중요한 주제인 것을 인지하고 있다.

대상 관계성

한 살에 유아는 때때로 한 사람 전체가 전체 사람과 연관이 있다. 이러한 성취는 점진적으로 발달하고, 조건들이 충분히 좋을 때 이루어진다.

유아의 초기 단계는 부분대상(part-objects)의 관계이다. 예를 들어, 어머니의 가슴과 관계된 유아는 애정적인 접촉의 순간에 어머니를 혹 알 수 있음에도 불구하고 어머니를 한 (인간) 존재가 아닌 가슴으로 생각한다. 부분대상(가슴 등)이 한 사람(어머니)의 부분이라는 것을 가능토록 하는 한 사람이 되는 것은 유아의 성격이 점진적으로 통합되는 것이다. 그리고 이런 발달의 양상은 다루어야 할 특별한 불안을 생기게 한다. 이것은 뒤의 '관심에 대한 능력' 절에서 언급하겠다.

온전한 대상에 대한 인식과 함께 의존성의 시작이 오게 되고, 독립 필요성의 시작도 온다. 또한 어머니에 대한 신뢰성에 대한 인지는 유아가 느끼는 의존성 질(quality)의 생활을 가능하게 한다.

유아가 한 사람으로서 움직이기 이전의 초기 성장단계에서 대상 관계성은 부분과 부분의 결합 성향이다. 경험의 기억을 경험하려 하고 유지하려는 것은 온전한 자기가 되는 단계에서 어떤 단계이든 생활의 관점에서 극도의 다양성이 있다.

🌱 자발성

본능적 충동은 만족하는 방향으로 진행되거나, 산만한 불만족으로 용두사미가 되거나 혹은 일반적으로 정신과 신체에 불편함을 만든다. 충동을 만족시키는 때가 있고, 그 절정은 실제 경험과 일치가 되는 때이다. 생의 첫 1년을 살아가는 유아에게 만족이라는 것은 매우 중요한 것이고, 유아들은 점차적으로 이 만족을 기다리는 것을 수용할 수 있게 된다. 물론 그러면 유아들은 자신을 돌보는 사람들의 요구에 복종해서 자발성을 포기해야 하는 질문을 하게 될 것이다. 때때로 우리는 유아에게 우리에게서 얻을 수 있는 것보다 더 많은 것을 요구한다.

그래서 자발성은 다음의 두 가지 요인에 의해 위협을 받는다.

- 어머니 역할이라는 짐으로부터 자유로워지고 싶어 하는 어머니의 원함에 의해서 이것은 어머니가 자신의 어린 자녀를 '좋

은' 자녀로 만들기 위해서 반드시 훈련을 시켜야 한다는 잘못
된 생각에서 발생한다.
• 유아 내부(초자아의 체계)에서 자발성을 제한하는 복잡한 기제
들의 발달에 의해서

내부에서 통제에 대한 발달은 도덕성의 유일한 진정한 기초를
형성하고, 이 도덕성은 유아 생의 첫해에서조차 시작된다. 이 도덕
성은 앙갚음이라는 조잡한 두려움의 결과로 시작하고, 유아(이해
의 관계를 가지고 한 사람으로 성장하고 있는)의 본능적 삶을 억누르며
지속된다. 이것(도덕성)은 거칠고, 오직 본능적 충동의 만족만을 목
표로 하여 온 힘을 다하는 원시적 사랑으로부터 사랑의 대상들을
보호한다.
처음에는 유아에게 자기통제의 기제가 충동(impulses)과 같이 조
잡하고, 어머니의 엄격함은 유아에게 덜 혹독하고 더 인간적이 되
게 하는 데 도움을 준다. 어머니는 거부될 수 있지만, 내면의 충동
을 억제하는 것이 전부일 수 있다. 그래서 어머니의 엄격함은 예기
치 않는 중요성을 갖고, 그 안에서 유아들의 온화하고 점진적인 순
응이 발생하고, 유아들을 자기통제의 혹독함으로부터 구출한다.
자연적인 진화에 의해, 만일 외부적 조건이 좋은 상태로 남아 있다
면, 유아는 '인간'의 내적 엄격성을 작동시키고, 인생을 가치 있게
하는 자발성의 너무 큰 손실 없이 자기통제를 다룰 수 있다.

🏵 창의적 능력

자발성의 주제는 자연스럽게 아이들이 살아 있다는 것을 증명하는 창의성 충동의 주제로 이끈다.

천부적인 창의적 능력은 외부적 현실에 의해 만나지지 않으면 시들게 된다. 유아들 자신의 세계를 재창조해야 하지만, 조금씩 외부 세계가 유아의 창의적 활동의 순간에 도달할 때 가능하다. 유아가 손길을 내밀 때 어머니의 가슴이 있고, 그 가슴은 창조가 되는 것이다. 어머니의 민감한 적응에 달려 있는 이러한 작용의 성공은 특별히 태어난 직후의 유아의 필요성을 채워 주는 것이다.

이것에서부터 유아 개인이 외부의 전인적 세계에 대하여 창의성을 발휘하고, 처음에는 유아에게 자신을 봐 줄 수 있는 관중이 필요했지만 결국에는 유아 자신이 청중을 만들어 내는 자연스러운 과정이 있다. 이러한 과정의 고통에 찬 초기 발달단계는 초기 유아기와 거의 적합한 때에 현실의 표본(reality sample)을 만들어 내는 어머니의 능력에 속해 있다. 어머니는 이것을 할 수 있는데, 어머니가 자신의 유아와 동일시하고, 일시적으로나마 극단적인 정도까지 동일시하기 때문이다.

🏵 자동성–공격성

자동성은 살아 있는 태아의 특징으로, 인큐베이터 안의 조산아의 움직임은 아마 분만이 다가온 어머니의 자궁 안에 있는 유아의 모습을 보여 준다. 자동성이라는 것은 공격성의 전조로, 이는 유아의 성장에 따라 의미가 발달하는 시기이다. 공격성에 대한 특별한 예는 손을 꽉 쥐는 것과 후에는 무는 것으로 나타나는 씹는 행동들이다. 건강에 있어 공격적인 잠재성의 많은 부분은 유아의 본능적 경험, 유아 개인의 관계성 유형과 함께 섞이게 된다. 충분히 좋은 환경적 조건은 이러한 발달이 발생하기 위해서 필요한 것이다.

나쁜 건강에서는 단지 공격적 잠재성의 작은 부분이 성애적 삶(erotic life)으로 융합되어 버리고, 유아는 분별없는 충동의 짐을 지게 된다. 결국 이러한 것들은 대상과의 관계성을 파괴적으로 만들고, 혹은 더 악화되면 전적으로 무분별한 행동의 기초를 형성하는데, 예를 들면 심한 발작과 같은 것이다. 이 용해되지 않는 공격성은 기대 혹은 공격의 형태로 나타나는 경향이 있다. 이것이 아주 초기의 발달에서부터 명백하게 정서적 발달에 병리적으로 나타날 수 있는 한 방향이고, 결국 조현병을 보이게 할 수 있다. 이러한 분열은 분명하게 편집증적인 특성을 가지고 있다.

잠재적인 공격성은 매우 다양한데, 그것은 타고난 천부적 요인에 기인할 뿐 아니라 환경적 불행의 운명에도 기인하기 때문이다. 예를 들어, 피할 수 없는 어려운 출산은 방금 태어난 유아의 상태에 깊게 영향을 준다. 심지어 정상적으로 출생하여도 유아의 비성숙한 정신에 트라우마적인 특성들을 가질 수 있다. 이것은 반응 외에는 어떤 다른 방어가 없고, 그래서 일시적으로 유아 자신의 권리를 가지고 존재하지 못한다.

🌷 관심에 대한 능력

　정상적 유아의 첫해 중반의 기간 중 어떤 시기에 관심을 받고자 하는 능력이 나타나거나 혹은 죄책감을 경험하는 힘이 나타난다. 여기에 매우 복잡한 상태의 일이 있는데, 유아의 성격이 하나의 단위(unit)로 조화되는 것에 의존하는 것과, 본능적 순간에 속하는 전체 환상에 대한 책임을 유아가 수용하는 것에 의존하는 것이다. 이러한 매우 복잡 미묘한 성취를 하는 것은 어머니(또는 대체인물)의 지속적인 출현이 전제 조건인데, 여기서 어머니의 태도는 사랑을 복구하고 건설적으로 하려는 유아의 미성숙한 노력을 보고, 수용하려고 준비된 요소들을 반드시 포함해야 한다. 이 감정발달의 중요한 시기는 멜라니 클라인(Melanie Klein)에 의해 세세하게 연구되어 왔고, 개인의 죄의식의 기원을 탐구하기 위한 그리고 건설적인 방향으로 행동하고 주는 것에 대한 그녀의 정신분석적(프로이트 학파) 이론에 대한 확대된 연구에 잘 드러나 있다. 이러한 방법은 잠재성(그리고 잠재성의 수용)은 첫 번째 생일 전(또는 이후)에 발생하는 감정적 발달에 그 근원을 두고 있다.

🌷 소유

　한 살이 되면 유아는 대개 자신에게 중요한 한 개나 몇 개의 부드러운 대상(딱딱한 대상을 좋아하는 남아들도 있다), 예를 들어 곰 인형, 봉제인형들을 소유하게 된다. 분명히 이러한 대상들은 부분대상을 나타내는 것인데, 특별히 어머니의 젖가슴이 그렇고, 점차적으로 이러한 대상은 아기들, 어머니 혹은 아버지를 나타내는 것이 된다.

유아가 처음으로 담요에서 모직물 일부분을 가지고 있거나 혹은 냅킨, 실크 스카프 등의 대상들을 처음으로 사용하는 것을 연구하는 것은 매우 흥미로운 일이다. 이 대상은 매우 중요한 것이 될 수 있으며, 자기(the self)와 바깥세상 사이를 연결시키는 중간대상(object intermediate)의 가치를 가질 수 있다. 전형적으로 아이는 이러한 대상[나는 이것을 '중간대상(transitional object)'이라고 부른다]을 잡고 잠을 자러 가고, 동시에 두 손가락이나 엄지를 빨고, 아마도 윗입술이나 코를 만지곤 한다. 이러한 패턴은 아이에게는 개인적인 것이다. 그리고 잠자러 갈 때나 혹은 외롭고, 슬프고, 불안할 때 발생하는 이 패턴은 후기 아동기 혹은 성인이 될 때까지 나타나기도 한다. 이 모두가 정상적인 정서발달의 과정이다.

이러한 현상들(내가 일시적이라고 부르는)은 성인 인간의 전적인 개발적 삶의 기초를 형성하기 위하여 나타난다.

몇몇 박탈은 차분하지 못하거나 불면증을 동반하여 충분히 시험해 본 기술을 사용하는 능력을 상실하도록 이끌 수도 있다. 분명하게 입안에 엄지를 빼는 것과 손에 헝겊인형을 가지는 것은 동시에 자기의 한 부분과 환경의 한 부분인 것을 상징화하는 것이다.

여기에 관찰자들이 임상적으로 반사회적 경향을 보이고 탈선할 수 있는 아이들이 될 수 있는 나이가 좀 더 먹은 '박탈된 아동(deprived child)'의 특징인 애정능력의 상실이 중요한 것인데(만약 다른 이유가 없다면), 이 애정행동의 기원을 연구할 기회가 있었다.

🌷 사랑

유아가 성장함에 따라 '사랑'이라는 용어의 의미는 달라지거나 새로운 요소들로 모이게 된다.

- 사랑은 존재하는 것, 숨 쉬는 것, 살아 있는 것, 사랑받는 것을 의미한다.
- 사랑은 식욕이다. 여기에는 만족에 대한 필요만 있고 다른 관심은 없다.
- 사랑은 어머니와의 애정적인 접촉이다.
- 사랑은 전적으로 애정적인 접촉을 하는 어머니와 더불어 본능적인 경험의 대상과의 통합이다(유아의 입장에서). 주는 것은 관심을 끄는 것과 연관되는 것이다.
- 사랑은 아이가 충동을 가지고 욕심 있는 상태에서, (불가피한) 박탈에 대해 어머니가 보호해 주기를 주장하고, 어머니에게 계속 요구하는 것이다.
- 사랑은 어머니가 유아를 돌보는 것과 같이, 어머니(혹은 대체 대상)를 돌보는 것이다. 이는 책임감에 대한 성인 태도의 예고이다.

🌷 결론

물론 한 살이 되었을 때 아무것도 정착되지 않았음에도 불구하고 이때에 환경적으로 준비된 것들이나 감정적 성숙에 있어 물려받은 불안을 통해서조차 거의 모든 것이 상실될 수 있음에도 불구하고, 이러한 발달(그리고 다른 것들)은 유아의 첫해에 볼 수 있다.

소아과 의사들은 지금 여기서 간단하게 언급된 유아의 심리에 대해 알아보고자 시도할 때 섬뜩하게 느낄 수도 있다. 그럼에도 불구하고 절망할 필요가 없는 것은, 이러한 것들의 이유를 유아, 어머니 그리고 아버지에게 넘길 수 있기 때문이다. 그러나 만일 유아-어머니 관계에 대한 중재를 해야 한다면 적어도 의사로서 무엇을 하고 있는지 알아야 하고, 피할 수 있는 모든 중재는 피해야 한다.

제2장
- - - - - - -

어린 시절 아동과
어머니의 관계에 대하여

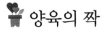 양육의 짝

어머니와 유아 사이에 존재하는 관계성에 대한 조사에서 어머니에게 속한 것과 유아에게 이제 시작되는 것을 분리해 내는 것이 필요하다. 두 가지 구별되는 정체성이 여기에 포함되는데, 하나는 어머니가 자신의 유아와 함께 가지는 정체성이고, 다른 하나는 유아가 어머니와 함께 가지는 정체성이다. 어머니는 이러한 상황으로 발달된 능력을 가지고 오는 반면, 유아는 자신의 상태에 그대로 있는데, 그것은 그렇게 시작이 되기 때문이다.

우리는 어머니가 기대감을 가지고 자신의 유아와 더불어 자라나는 정체성을 주목한다. 유아는 어머니 안에서 '내적 대상(internal object)'의 생각을 가지고 자신을 연결시킨다. 이 내적 대상은 안으로 정착되고 상상된 대상이고, 또한 거기에 자리하고 있는 모든 박해적인 요소에도 불구하고 유지하고 있는 대상이다. 유아는 무의식적 판타지 안에서 어머니에 대한 다른 의미를 가지고 있다. 그러나 이 우월한 특성은 자발적으로 하려는 의지이며, 또는 어머니의 입장에서 유아를 위해 자신의 관심을 소진시키는 어머니의 능력이기도 하다. 나는 이러한 어머니의 태도를 '주된 모성 집착(primary maternal preoccupation)'으로 언급하였다.

나의 관점에서 이렇게 하는 것은 어머니에게 옳은 것을 한다는 특별한 능력을 주는 것이다. 어머니는 자신의 유아가 무엇을 느끼고 있는지 알고 있지만, 타인은 그렇지 못하다. 의사들과 간호사들은 심리학에 대하여 많이 알 수도 있다. 물론 이들은 몸 건강과 질병에 대해 알고 있다. 그러나 이들은 유아가 시간마다 무엇을 느끼는지에 대하여 모른다. 왜냐하면 이 경험 밖에 있는 사람들이기 때문이다.

이 문제에 영향을 미치는 두 종류의 어머니 장애(disorder)가 있다. 극단적인 하나는 어머니의 자기관심이 너무 충동적이어서 포기할 수 없는 경우이다. 그래서 유아가 비정상적인 상태인 질병과 같은 것을 가지고 있음에도 불구하고 이 예외적인 상황에 관심을 가지는 데 실패한다. 다른 극단적인 하나는 어머니가 어떤 사건(case)에 마음을 빼앗기는 경향을 가지는 경우이다. 이렇게 되면 유아는 어머니의 병리적 몰두(pathological occupation) 대상이 되어 버린다. 이 어머니는 자기 자신을 그녀의 유아에게 줘 버리는 특별한 능력을 가지고 있을 수 있지만, 종국에는 무슨 일이 발생할까? 이것은 어머니가 자기 관심을 회복하는 정상과정의 부분이다. 그리고 유아가 어머니를 그렇게 하도록 허락하는 비율로 그렇게 된다. 병리적으로 집착된 어머니는 자신의 유아와 너무 오랜 기간 동일시 할 뿐만 아니라, 갑자기 유아에 대한 집착에서 자신이 가진 예전의 집착으로 변경한다.

어머니 자신의 유아에 대한 집착으로부터 회복되는 것은 보통 유아의 젖떼기 준비를 가능하게 한다. 아픈 어머니의 첫 번째 유형은 젖떼기를 할 수 없는데, 그녀의 유아는 결코 자신의 어머니를 가진 적이 없기 때문에 젖을 뗀다는 것이 의미가 없다. 다른 종류의 아픈 어머니는 젖을 뗄 수 없거나 혹은 갑자기 젖을 떼려는 경향을 가지고, 유아의 점진적 발달의 필요성에 대한 배려 없이 갑자기 젖떼기를 하려고 한다.

이런 상황과 유사한 것은 아이들을 치료하는 과정을 살펴보면 발견할 수 있다. 치료자들의 돌봄에 있는 아동들이 치료를 원하고 있는 한, 아이들 과거 경험에서 만족하지 못했던 초기 경험들(또는 치료자들과 함께 하는 첫 번째 경험)로 되돌아가고 다시 경험하려는 단계를 통과하게 된다. 마치 어머니가 자신과 유아를 동일시하는 것처럼 치료자들은 일시적이지만 전적으로 자신들과 아이들을 동일시할 수 있다.

모성 본능(maternal instinct)에 대해 생각하면 이론 가운데 난항에 빠져 인간과 동물 사이의 혼란 가운데 길을 잃어버리게 되지만, 앞서 언급한 것들이 부모에게 발생하는 것에 대해 생각할 때는 믿을 만한 근거 위에 있게 된다. 사실 대부분의 동물은 초기에 새끼들을 잘 돌본다. 그리고 동물 진화과정의 초기 단계에서 보이는 어미들의 반사적 행동과 단순한 본능적 반응은 만족스럽다. 그러나 사람인 어머니와 유아는 인간의 속성을 가지고 있고, 이런 것들은 높이 평가되어야 한다. 사람인 어머니와 유아 역시 반사신경과 미숙한 본능들을 가지고 있지만, 동물에게 적용된 것들로 사람을 만족스럽게 표현할 수는 없다.

아마도 명백하지만, 어머니가 내가 설명한 상태에 있을 때 그녀가 매우 취약하다는 것이 중요하다. 이것이 항상 주목받지 못한 것은 어머니 주변에 항상 어떤 준비가 있었다는 것 때문인데, 그것은 아마 그녀의 남편에 의해 조직된 것일 것이다. 이러한 2차 현상은 아기를 둘러싼 어머니의 특별한 상태와 마찬가지로 임신을 중심으로 자연스럽게 배열될 수 있다. 자연적으로 방어할 수 있는 힘들이 붕괴될 때 우리는 얼마나 상처받기 쉬운 어머니인가를 알게 된다. 이제 여기에서 우리는 여성들이 쉽게 할 수 있는 분만이라고 부르는 정신적 장애에 연결되는 큰 주제를 접하게 된다. 어떤 여성에게는 주된 어머니의 일을 획득하는 것이 어려울 뿐만 아니라, 출산 후 삶과 자신에게로 돌아가는 정상적 몸가짐이 의료적 질병을 일으키는 경우도 있을 수 있다. 이러한 질병은 어느 정도 방어적 덮개의 실패로 인해 발생할 수 있는데, 이 실패는 어머니가 산모에게 몰두하고 있는 동안 외부 위험을 자명하게 인식할 수 있도록 하는 것의 실패로 인해 발생할 수 있다.

🌷 유아의 어머니와의 동일시

유아의 정체성 상태를 실험하면서 나는 유아의 전 기간, 신생아, 몇 주가 된 유아, 혹은 몇 달이 된 유아를 상대하고 있다. 6개월 된 유아는 내가 지금 생각하고 있는 단계를 바로 통과한다.

문제는 매우 섬세하고 복잡해서 연구 중에 있는 유아가 '충분히 좋은 어머니(good-enough mother)'를 가지고 있다고 가정하지 않는 한, 우리 생각 속 어디에서도 희망을 가질 수 없다. 만일 충분히 좋은 어머니가 있을 때 유아는 개인적이고 실질적인 발달의 과정을 시작할 수 있다. 만일 어머니가 충분히 좋은 어머니가 아니라면 유아는 충격(impingement)에 대한 반작용의 수집가가 되고, 유아의 진정한 자기는 형성하는 데 실패하거나 혹은 일반적으로 외부의 접근에 대해 피해 버리는 것을 동반하는 거짓자기 뒤에 숨겨지게 된다.

우리는 이 복잡한 것을 무시하게 될 것이고, 충분히 좋은 어머니를 가진 유아를 보고 출발할 것이다. 이러한 유아는 자아가 약하기도 하고 강하기도 하다. 모든 것은 자아를 지원하는 어머니의 능력에 달려 있다. 어머니의 자아는 유아의 자아에 조율되어 있고, 내가 부분적으로 서술한 것과 같은 방법은 자신의 유아에게 향하고 있는 어머니만이 도움을 줄 수 있다.

어머니와 유아의 관계가 잘 작동하는 질서가 있을 때 유아의 자아는 정말로 강해지는데, 유아의 자아가 모든 면에서 지원을 받기 때문이다. 강화되어 강하게 된 유아의 자아는 일찍 방어를 조직할 수 있고 유전적 경향에 의해 강하게 채색된 개성이 있는 자신의 패턴을 발달할 수 있게 된다.

자아가 약하기도 하고 강하기도 하다는 이 설명은 환자(아이 혹은 성인)가 퇴행적이고 치료적 환경에 의존적인 상태일 때 또한 강하게 적용된다. 그러나 나의 목적은 유아에 대해 말하는 것이다. 유아의 자아는 어머니의 자아의 지원 덕분에 강하게 되어 초기에 진실되게 된다. 어머니의 자아 지원이 없거나, 약하거나 혹은 균형이 잡히지 않으면 유아는 개인적 진행 방향으로 발달할 수 없다. 그리고 내가 말한 것과 같이 유아의 발달은 내적 방향과 유전적 요소보다는 환경 실패에 대한 반작용과 더 지속되게 연관된다. 돌봄을 잘 제공받는 유아는 다른 유아들과 차별화되는 고유의 사람으로서 자신들을 빠르게 정착시킨다. 반면, 부적합하거나 병리적인 자아 지원을 받은 유아는 행동 유형이 비슷하게 된다(침착하지 못함, 의심, 냉담함, 억제됨, 불평함). 아이를 돌보는 치료적 상황에서 사람은 종종 처음으로 한 개인이 되는 아이의 출현으로 보상을 받는다.

이 이론은 만일 어떤 사람이 유아가 사는 미심쩍은 장소—아직 내가 아닌(not-me) 것으로 분리된 것이 아무것도 없고, 거기에는 아직 내가 없는 곳—에 가기를 원할 때 필요한 것이다. 여기서 동일시는 유아가 시작하는 것이다. 이것은 유아가 자신들을 어머니와 동일시한다는 것이 아니라, 오히려 유아에게 어머니, 외적 대상이 알려진 것이 없다는 것이다. 그리고 이러한 말조차 잘못되었는데, 왜냐하면 아직 유아에게 자기(self)가 없기 때문이다. 그래서 아주 어린 시기에 유아의 자기는 단지 잠재성이라고 말할 수 있다. 이 상태로 복귀하면서 개인은 어머니의 자기와 함께 합쳐지게 되는 것이다. 유아의 자기는 아직 형성되지 않았기에 어머니와 합쳐졌다고 말할 수는 없지만, 기억과 기대가 쌓이고 형성되기 시작할 수 있다. 우리가 기억해야 할 것은 이러한 일들은 유아의 자기가 강화로 인해 강해졌을 때만 발생할 수 있다는 것이다.

우리가 유아의 이러한 상태를 생각할 때는 평상시 하는 것보다 한 단계 더 뒤로 가야 한다. 예를 들어, 우리는 분열(disintegration)에 대해 알고 있고, 이것은 쉽게 통합(integration)에 대한 생각으로 이끈다. 그러나 이 맥락에서 우리의 의미를 전달하기 위해서 (통합이 없는) 무통합(unintegration)과 같은 단어가 필요하다. 비슷하게, 우리는 비개인화(depersonalization)에 대해 알고 있다. 그리고 이것은 쉽게 한 사람이 되어 가는 과정—몸 혹은 몸의 기능과 정신 (무엇이든 정확한 것을 의미) 사이에서 일치와 연락을 정착시키는 과정—에 대한 생각으로 이끈다. 그러나 인간의 발달단계에서 정신은 몸의 기능주위에서만 정밀하게 구성을 하기 때문에 초기 성장을 고려할 때 유아가 아직은 문제를 가졌다고 생각하지 않는 것이 필요하다.

우리는 대상 관계성을 알고 있고, 이로부터 대상과 관계를 할 수 있는 능력을 정착하는 과정에 대한 생각을 쉽게 얻을 수 있다. 그러나 유아가 우리가 보는 대상인 어떤 것과 우리가 부분대상(part-object)이라는 관계 속에서 만족을 경험함에도 불구하고 대상의 개념이 유아에게 의미를 가지고 있기 전에 사정의 상태에 대해 생각하는 것이 필요하다.

이러한 매우 원시적인 일들은 어머니가 그녀의 유아와 동일시를 하면서 유아가 필요로 할 때 지원하려 하고 또 할 수 있을 때 시작된다.

❦ 어머니의 역할

이러한 고려를 기초로 하여 초기 단계에서 그 정도면 되는 어머니에 대한 역할을 분류하는 것이 가능하다. 이것들은 다음과 같이 줄여질 수 있다.

① 안아 주기(holding)
② 잡아 주기(handling)

③ 대상 출현(object-presenting)

• 안아 주기(holding): 안아 주기는 자신의 유아와 동일시하려는
어머니의 능력과 많이 관련되어 있다. 만족스럽게 안아 주기
는 결함이 있는 안아 주기의 반작용에서만 경험되는 돌봄의
기본적인 것이다. 결함 있는 안아 주기는 유아에게 극단적 고
통을 가져다주고 다음과 같은 것의 근원이 된다.

－산산조각이 되어 버리는 느낌
－영원히 나락으로 떨어지는 느낌
－외적 실체는 재확신으로 사용될 수 없다는 느낌
－대개 '정신질환'으로 묘사되는 다른 불안

• 잡아 주기(handling): 잡아 주기는 유아에게 심신상관의 결합
(psycho-somatic partnership)을 촉진시킨다. 이것은 '현실성
없는 것(unreal)'에 대항하여 '현실(real)'의 감각에 기여를 한
다. 잘못된 잡아 주기는 여러 근육의 '협응(coordination)'으
로 불리는 정상적 근육발달과 유아가 몸 기능의 경험과 존재
(being)를 즐기는 것에 불리한 영향을 준다.

• 대상 출현(object-presenting): 대상의 출현 혹은 실현화(realizing.
즉, 유아의 창의적 충동을 사실로 만드는 것)는 유아가 대상과 관
계하는 능력을 일으킨다. 잘못된 대상의 출현은 현실의 세계
에서 대상과 현상에 관계하면서 실지로 느끼는 유아의 능력을
발달시키는 길에 장애가 된다.

간단히 이야기하면, 발달은 살아가는 경험의 축적과 성숙과 관련된 과정의 유전적 일이다. 그러나 이 발달은 촉진시키는 환경(facilitating environment)이 없이는 발생하지 않는다. 촉진시키는 환경은 첫 번째로 절대적이고 상대적으로 중요하다. 그리고 발달의 순서는 절대적 의존, 상대적 의존 그리고 독립의 과정이 된다.

❤ 요약

나는 지금까지 어머니-유아의 짝에서 유아의 목적에 대한 설명을 하려고 시도를 하였다. 우리가 발견한 것은 동일시에 대한 것이 아니다. 대신 그것은 어떤 조직화되지 않은 것은 매우 특화된 조화 하에 조직화된다는 것과 촉진시키는 모체(matrix)에서 점차적으로 분리된다는 것이다. 이것이 어머니 자궁에서 형성된 것이 점진적으로 인간으로 진화하는 것이다. 그러나 이것은 시험관이나 이보다 큰 것 안에서 발생할 수 있는 어떤 것이 아니다. 우리는 보지 못했지만 증언하는 것은 한 가지 종류의 동일시를 하는 미성숙한 어머니-유아의 짝 경험은 유아가 분화되지 않는 원래의 정신 상태를 만나게 한다. 내가 언급한 바와 같이 어머니의 특별한 정신 상태 없이 분화되지 않은 원래 상태에서 유아의 진실된 출현은 있을 수 없다. 그러면 가장 잘 일어날 수 있는 것은 진정한 자기의 흔적을 숨기는 거짓자기의 발달이다.

우리는 **치료적** 작업에서 되풀이해서 환자들과 관계를 가지게 된다. 우리의 관여 때문에 우리가 취약한 단계를 지나간다(마치 어머니가 그런 것과 같이). 우리는 놀라울 정도로 우리에게 일시적으로 나마 의지하는 아이들과 동일시한다. 우리는 아이들의 거짓자기 혹은 거짓자기들의 빈 껍질을 유심히 본다. 우리는 참자기의 새로운 시작을 본다. 이 참자기는 어머니와 함께 있는 유아와 같이 우리가 자아 지지(ego support)를 할 수 있었기 때문에 자아가 튼튼하다. 만약 모든 것이 잘 된다면, 자아가 본능(id) 충동과 경험에 속한 불안에 대항하여 자신의 방어들을 구성할 수 있는 아이의 출현을 발견할 수 있을 것이다. 우리가 한 것으로 인해 '새로운' 존재('new' being)가, 독립적인 삶을 가질 수 있는 능력을 가진 진짜 인간이 태어난 것이다. 나의 이론은 치료에서 우리가 하는 것은 어머니가 자신의 유아에게 보이는 행동을 특성화한 자연스러운 과정을 모방하는 시도이다. 만일 내가 맞다면, 우리가 초기 어머니 양육이 '충분히 좋지 않은' 혹은 방해를 받은 아이들을 치료할 때 어머니-유아의 짝은 우리가 치료 작업의 기초에 대해 기초적 원칙을 가르쳐 줄 수 있다고 생각한다.

제**3**장

비성숙 상태의 성장과 발달에 대하여

독자들은 내가 프로이트 학파이거나 정신분석 학파의 사람이라는 것을 알아야 한다. 이것은 프로이트가 말한 모든 것 혹은 틀린 것을 당연하게 여긴다는 것은 아니다. 당연하게 여긴다는 것은 어리석은 것이다. 왜냐하면 프로이트는 계속 이론을 발전시켰고, 이것은 1939년 그가 사망할 때까지 그의 관점이 (보통 다른 과학적인 연구자들과 같이) 같이 변한다는 것을 의미하기 때문이다.

사실 프로이트가 믿었던 어떤 것은 나에게나 다른 정신분석가에게는 실제로 잘못된 것 같은 것이 있지만, 이런 것은 문제가 되지 않는다. 중요한 것은 그가 인간의 발달 문제에 대해 과학적 접근을 시작했다는 것이다. 그는 공개적으로 인간의 성 그리고 특별히 유아와 아동의 성에 대한 언급을 꺼리는 것을 부숴 버렸다. 그는 우리에게 인간발달 문제에 대한 방법과 사용에 대한 방법을 배우게 하였고, 이것에 의해 다른 사람들을 관찰과 우리 자신에 대한 기여를 검사할 수 있었다. 그는 억압된 무의식과 무의식 갈등의 작동을 보여 주었으며, 인간 정신 실체에 대한 전적인 인식(개인에게 진실인 것이 실제인 것과는 별개라는 것)을 강조하였다. 그는 담대하게 인간의 정신 진행과정에 대한 이론을 형성하기를 시도했고, 그중에 어떤 것은 이미 보편적으로 수용되었다.

이 모든 것으로부터 나온 중요한 것이 이 장에 연관되어 있다. 모든 개인은 유아로부터 시작하여 발달하고 성숙하게 된다. 이 발달과정은 매우 복잡하고, 출생 혹은 초기에서 시작하여 성인기를 통하여 노년기까지 계속된다. 이 과정에서 어떤 것도, 유아기에 발생했던 것, 매우 어린 유아 초기에 발생한 것도 내버려지는 것을 허락해서는 안 된다.

여기서 우리가 하고자 하는 일에 대한 목적을 생각하기 위해서 잠시 멈추어야 한다. 우리는 유아, 걸음마기 아동 등과 같은 아동들에게 적합한 환경을 제공하는 것에 대해 관심이 있다. 환경은 각 개인으로 하여금 점차적이고 자신의 방식으로 자기 자신의 개인성(individuality)을 상실하지 않으면서 자기의 자리를 가질 수 있는 사람이 되게 한다. 우리는 우리의 돌봄 가운데 있는 아동들이 극단적인 부류에 속하는 사람이 되지 않길 원한다. 극단적인 부류란 정말로 공동체에 대한 마음은 가지고 있지만 개인적인 삶이 불만족스러워 자기(the self)가 앞으로 계속 나아가는 느낌을 가지지 못하거나, 혹은 자신과 사회의 관계를 무시하거나 어쩌면 반사회적이거나 정신이상이 되는 것에 의해서만 개인적 만족을 유지하는 사람들이다. 우리는 이 극단적인 두 부류에 들어가는 사람들이 행복하지 않고 고통을 받고 있다는 것을 알고 있다. 그들 중에 어떤 사람들은 자살을 통해서 단지 개인적 드러남을 이룬다. 어떤 사람이 이들을 실패

하게 하기도 하거나 혹은 초기 발달단계에서 환경적으로 하나 혹은
더 많은 것이 잘못되어서 후에는 바로 잡기 어려워진다.

어린아이들에 대한 주제로 돌아가 보자. 우리가 적합한 종류의
좋은 시간을 아이들에게 준다면, 아이들은 정말로 그 시간 안에 의
도, 즉 각각의 아이들이 집합적으로 민주주의 정신(democracy)이라
고 부르는 성인 상태가 되는 궁극적인 성장이 가능해진다. 그러나
우리는 아이들에게 너무 앞선 것에 대한 요구를 하지 않는 것이 얼
마나 중요한지를 알고 있다. 더욱이 능력이 있는 개인들이 성장하
고 성숙하고 민주주의가 구성되어 있는 본질이 되라고 특별한 것
처럼 민주주의 정신을 '가르치는' 것은 공연한 것임을 알고 있다.[1]

나는 성장과정 초기에 동등했던 어떤 것들이 좋은 환경이 주어
질 때 민주주의 정신을 위한 재료가 된다고 말하고 싶다. 더 나이
든 아동들의 관리의 중요성에서 그들의 나이에 적합한 다양한 기
관이나 동호회(clubs)에 참여하도록 허락하는 것이 중요하다. 그러
나 초기 단계에서는 어린아이들이 공동체(community)의 역할을 일
시적으로 하도록 하는 것이 그 시작이다. 우리는 미숙한 어린아이들
이나 유년단원(brownie)[2]들이 자신들의 그룹을 운영한다고 생각하
지 않는다. 그러나 한 어린아이 혹은 한 유년단원이 책임지고 역할
을 원하는 순간들이 있으리라 기대한다. 그리고 그 역할은 진지하
고 즐길 수 있는 것이다.

때때로 집안에서 큰아이는 어린 나이에 책임감을 가진 어머니가

1) 이 주제는 책의 마지막 부분인 '민주주의 용어의 의미에 대한 생각'에 나와 있다.
2) 역자 주: 미국의 걸 스카우트(Girl Scouts)와 같은 영국의 걸 가이드(Girl Guides)로
7~11세로 구성된 유년단원이다.

되어야 한다. 그리고 우리는 이런 역할이 어떻게 잘 수행되었는지, 그 소녀의 자발성과 자기 자신의 권리감을 흘려보냈는지 볼 수 있다. 이러한 것들은 피할 수 없는 것이다. 그러나 보통 아이들은 제한된 기간의 시간 동안 책임 있는 사람이 되는 것을 좋아한다. 이런 것은 어른들이 아이들에게 책임을 맡기려는 생각이 아닌 아이들 자체의 생각일 때 가장 잘 이루어진다. 그러나 점진적으로 아이들은 어른들과 동일시하게 되고, 자기의식(sense of self)과 자기 권리에 대한 너무 많은 상실 없이 목적에 맞는 부담을 수용한다.

　아이들이 그리는 그림의 발달에서는 이와 같은 무언가가 없을까? 아이들은 처음에는 혼란하게 멋대로 그리고, 그런 다음 휘갈겨 그린다. 그리고 이 휘갈긴 낙서에는 아이들이 의미를 둔 것이 있는데, 이것은 우리에게 말해지기 전까지는 알 수 없다. 아마 그림의 선은 도화지 끝부분을 넘어갈 것인데, 그것은 야뇨증을 말하는 것이거나 혹은 어른들에게는 불편하지만 아이에게 괜찮은 것, 어떤 실제 큰 실수(찻잔을 뒤엎는 것 같은)를 말하는 것과 같을 수 있다. 그리고 아마 엉성한 원을 찾아내어 그것이 '오리'라고 말한다. 이제 아이는 본능적 경험의 재미보다 더한 표현을 하기 시작한다. 여기에는 새롭게 얻는 것이 있고, 이것을 위해 아이는 더 직접적인 본능적 종류의 쾌락을 기꺼이 버리려고 한다. 그리고 잠시 후, 모두 너무 신속하게 아이는 그 원 위에 다리와 팔을, 원 안에 눈을 그린다. 그리고 우리는 '험프티 덤프티(Humpty-Dempty)'[3]라고 말한다. 그러면서 우리 모두는 웃고, 이미 직접적 표현은 동떨어져 버렸고, 그

---

3) 역자 주: '험프티 덤프티'는 동요집 『마더 구스(Mother Goose)』에 나오는 알 모양으로 생긴 인물이다.

림 그리기는 시작되었다. 그러나 여기에서는 작동된 건설적인 성향으로 인해 그리고 이것이 아이에게 가까이 있는 친애하는 어떤 사람에 의해 인정을 받게 되면서 한 번 더 이익이 있다. 또한 말하는 것보다는 더 나은 새로운 형태의 대화 형식이 발견된다. 정해진 시간 없이 아이들은 그림을 그린다. 종이 모양과 크기는 선택된 대상을 어디에 놓을지 결정하게 된다. 여기에 대상과 운동의 균형 그리고 모든 상대적 비율의 섬세한 상호 관계성의 균형이 온다. 이제 아이는 간단한 것을 할 수 있는 예술가이다. 더 중요한 것은 아이는 형식과 모든 다른 통제를 존중하는 동안 자발성을 보유할 수 있는 능력을 발전시키고 있다는 것을 보여 준다. 이것이 (그림의) 축소 모형 안에 있는 민주주의적 생각이다. 그러나 이것은 아직은 약하게 정착되는데, 그림을 그리는 아이와 관계가 있는 어떤 사람에게 의존하기 때문이다. 후에 이러한 개인적 연결이 부서지고 흩어지게 되어 있다. 그리고 아이가 궁극적으로 한 예술가이기 전에 혹은 평범한 시민에 더 가깝기 전에, 외부적으로 초기 예술성을 풍부하게 보여 준 사람과의 관계로부터 제공할 수 있는 것을 가지고 있다.

이 모든 것이 우리를 과거로 인도한다. 환경 면에서, 더 어리다는 것은 더욱더 개인적인 것을 의미하고, 어린아이와 함께 있는 사람은 더욱더 신뢰할 수 있는 사람이어야 한다.

우리가 점차적으로 차분하게 배경으로 더 들어가면 어린아이에게 있었던 사람은 어린아이의 관점에서 신뢰할 수 있는 것보다 더 많은 것을 할 수 있는 것을 가지고 있는 사람이다. 자그마한 어린아이에게 있는 사랑은 단지 특정한 아이의 사랑이고, 이것이 그 대상의 사람으로 하여금 충분히 신뢰할 수 있게 한다. 우리가 아이를 사랑하고 방해받지 않는 관계를 유지하면 성공의 절반은 가져와 이

긴 것이다. 그러나 좀 더 배경으로 가 보자. 이제 더 강한 말이 사용되어야 한다. 유아의 첫 몇 달이라는 비교적 짧은 기간에 '헌신'이라는 말은 우리가 어디에 가는 것이 필요한지를 정확하게 말해 준다. 나는 '똑똑하다' '박식하다' '잘 배웠다'라는 단어를 싫어하지는 않지만 이런 단어를 사용하지 않는다. 단지 헌신하는 어머니(혹은 어머니를 대신하는 사람)는 유아의 필요성을 따라 갈 수 있다. 내가 보는 것과 같이 출생 초기에 유아는 헌신하는 사람이 모든 것을 하지 않는다면 충족될 수 없는 필요에 적극적으로 순응하는 것이 요구된다. 이러한 것은 유아의 어머니에게 자연적으로 오는 것이 분명하다. 그리고 유아가 몇 개월이 지나기 전까지는 자신의 어머니를 알지 못한다는 것이 증명되었지만, 나는 여전히 어머니는 자신의 아이를 알고 있다는 것을 반드시 가정해야 한다고 생각한다.

🌹 부모교육

나는 여기에서 비판을 받을 수도 있다. 독자는 다음과 같이 말할 수 있다. "당신은 어머니들이 정상이라고 당연히 생각하는데, 많은 어머니가 신경증적이고, 어떤 사람은 거의 제정신이 아닙니다." "많은 부모가 자신들을 불행하게 하고, 자신들의 성적 좌절을 아이들에게 화를 잘 내거나 혹은 더 직접적인 방법으로 전가합니다." "어머니가 자연스럽게 행동하는 것에 대해 이야기하는 것은 불합리해요, 간호사, 교사 혹은 어떤 사람도 마찬가지예요. 이들 모두는 교육을 받아야 합니다."

이에 대한 나의 답은 절대적으로 반대하는 것은 아니다. 그러나 유아나 아동을 돌보는 사람이 신경증 환자이거나 거의 정신병이라면 이들은 교육이 되지 않는다. 우리의 희망은 다소간 보통인 사람들에게 있다. 진료에서는 비정상적인 이들을 다루어야 하고, 비정상적인 것에 관심을 가지고 있다. 그러나 평범한 어머니와 유아들을 다루면서 그리고 유아들과 아동들을 가르치면서, 치료자는 단연코 정상적인 사람과 건강한 사람에 대한 관심을 가지고 있어야 한다. 그리고 건강한 어머니들은 치료자를 가르칠 수 있는 많은 것을 가지고 있다.

　임신부 진료소, 산부인과 병동 그리고 복지 진료소에 있는 어머니들을 기술적으로 잘 다루는 의사들과 간호사들이 평범하며 건강한 어머니들이 기능할 수 있게끔 한다고 정말로 확신하고 있는가? 많은 것이 지난 몇 년간 개선되었다. 지금은 산모 옆에 그들의 유아들이 함께 누워 있는 것을 산부인과 병원에서 자주 보게 된다. 우리가 너무나 잘 아는 것처럼 아동 병동에 있는 유아들이 먹을 시간에만 어머니에게 옮겨지고, 당황하고 심지어 두려워하는 어머니의 젖가슴에서 떼어 내지는 무시무시한 양자택일을 하는 그림을 그릴 필요는 없다. 또한 대부분 볼비(Bowlby)와 로버트슨(Robertson)[4]의 공헌 덕분에 지금은 병원에서 부모들이 자신들의 유아와 불행하게 병원에서 지내야 하는 아동들과 접촉할 수 있도록 허락하는 것이

4) John Bowlby의 『Maternal Care and Mental Health』(London: HMSO, 1951). 요약한 책은 Edited by Margery Fry의 『Child Care and the Growth of Love』(Harmondsworth: Penguin Books, 1953). James Robertson의 『Children in Hospital』(London: Tavistock Publications, 1958). 그리고 James Robertson의 영화 〈A Two-year-old goes to Hospital with Mother〉(Tavistock Child Development Research Unit, Beaumont Street, London, WI) 참조.

56 제3장 비성숙 상태의 성장과 발달에 대하여

대부분의 경향이다.

사실 의사나 간호사는 단지 한 분야의 전문가라는 것을 인식해야 한다. 어머니와 아기 사이의 정서적 관계(모유를 먹이는 것은 이러한 안착의 한 부분이다)의 시작으로써 이러한 일에 관하여 보통의 어머니는 전문가일 뿐만 아니라 특정한 아기에 대해서 어떻게 행동해야 하는지를 알 수 있는 유일한 사람이다. 그 이유가 있는데, 이런 것이 움직이도록 하는 동기인 어머니의 헌신 때문이다.

우리가 이러한 복합적인 일을 보육원(nursery school)과 같은 곳에 전달하려고 시도할 때 최대한 단순화시키면 보육원에는 두 종류의 아이들이 있다. 이것은 모든 학교에서도 같다. 첫째는 부모가 잘 돌봐 주었고 지금도 잘 돌봐 주고 있는 아이들이다. 이러한 아이들은 보응하는 아이들(rewarding children)로, 모든 종류의 감정을 보여 주고 대처할 수 있는 아이들이 될 것이다. 둘째는 부모가 이러한 돌봄에 성공하지 못한 아이들이다. 이러한 실패는 아이들의 잘못 때문이 아니라는 것을 명심해야 한다. 그것은 아마 의사의 실수이거나 간호사의 실수일 수 있다. 혹은 심한 백일해(whooping cough)가 발생하거나 자원봉사자들이 방해가 된 것과 같은 어떤 상황에서 올 수 있다. 보육원에 있는 이러한 나이대의 아이들은 유아의 초기 몇 주나 몇 달 과정에 전적으로 해당되는 필요에 대해 능동적인 적응이 필요하다. 이 아이들은 그들의 실제 부모가 아닌 다른 사람으로부터 이것을 필요로 할 수 있다. 뒤늦게 오는 능동적인 적응에 대해서는 '버릇없다'고 하고, 아이를 버릇없게 한 사람들은 비난을 받는다. 더욱이 필요에 대한 능동적 적응이 늦게 오면 아이들은 그것을 적합하게 사용할 수가 없다. 혹은 능동적 적응에 너무 많은 정도 그리고 긴 기간을 필요로 하게 된다. 그래서 이러한 것을

제공할 수 있는 사람은 자신이 매우 어려운 상황에 처해졌다는 것을 발견할 수 있는데, 아이는 제공하는 사람에게 의존성을 발달시키고 제공할 수 있는 사람은 이 관계를 감히 깰 수 없기 때문이다.

중요한 것은 모든 학교에는 다음 세 가지 부류의 아이들이 있다는 것이다.

① 내가 설명한 1등급의 아이들로, 성장과정에서 자신들이 받았던 좋은 것들을 통해 스스로를 풍요롭게 하고, 그것을 나눠 줌으로써 기여하고 좋아지는 아이들이다.
② 가정에서 필요한 것을 공급받는 것에 실패하고 선생님의 도움이 필요한 아이들로, 가르침보다는 심리치료가 필요한 아이들이다.
③ 중간단계에 있는 아이들이다.

🌷 살아 있는 아이들

나는 이제 이 주제를 뒤집어서 시작하고 싶고, 살아 있는 아이들의 발달에 따라 유아와 아동들을 설명하고 싶다.

첫째로, 흥분되지 않은 상태(unexcited state)에서 흥분된 상태(excited state)를 구별해서 내용을 단순화하고 싶다. 흥분된 상태는 분명히 본능의 작동을 포함하고 있다. 우리가 아는 바와 같이 모든 신체적 기능은 상상에 의한 정교함이 있고, 그래서 생각에 관하여 발달하는 갈등은 신체에서 우발적으로 발생하는 것에 대해 활동 억제와 혼란 상태를 포함한다. 여기서 성장이라는 것은 나이가 들어 감에 따라 한 단계에서 다른 단계로 가는 것만을 의미하지 않고, 감정에 대한 본능적 뿌리를 너무 많이 상실하지 않고 각 단계에 이르게 될 때 협상하는 것을 의미한다. 그러나 이러한 초기의 본능발달의 단계에서 심각한 억압은 많은 개인의 삶을 손상시킨다. 그래서 아장아장 걷는 아이들에게 신체적이고 정서적인 점에서 환경이 안정적이고 일관성을 갖는 것이 정말 필요하다.

여기에 역동심리학의 주요 동력이 발견됨에도 불구하고 이러한 관점에서 물러나는 것이 필요하지는 않다. 이러한 핵심적인 현상을 주로 다루는 프로이트의 이론은 특히 아동심리학을 연구하는 사람들에 의해서 현재 많이 알려져 있다.

다양한 본능적 욕구(drives)는 그 힘에 의해서 유아를 거의 산란케 하는데, 이 욕구들은 자연적 진행에 따라 발달한다. 자연적으로 처음에 그 욕구는 입이고, 손으로 집는 것을 포함해 전적으로 빨아들이는 구조(intaking mechanisms)이고, 이것은 흥분의 절정에 있는 판타지(환상)를 위한 기초를 형성한다. 후에 배변 현상은 흥분된 판타지에 그리고 역시 무엇이 진행되는지에 대한 자료를 제공한다. 이러한 과정에서 생식기 형태의 흥분은 갑자기 발생하고 두 살에서 다섯 살에 이르는 소년 혹은 소녀들의 삶을 지배한다고 말할 수 있다.

이 다양한 유형의 흥분된 생각과 흥분 조직의 자연적 과정은 보통 분명하지도 간단하지도 않다. 왜냐하면 모든 단계에서 갈등이 일어나고, 가장 좋은 관리도 이를 중지시킬 수 없기 때문이다. 좋은 관리는 일관된 조건을 제공하는 성향을 더하는 것이고, 일관된 조건 속에서 각 유아는 자기에게 특별한 것을 작동할 수 있다.

자연적으로 흥분된 시기에 있는 생각은 놀이와 꿈을 형성한다.

놀이에는 특별한 종류의 흥분이 있고, 직접적인 본능적 필요가 표면화되면 놀이는 망치게 된다. 유아들은 이러한 문제들을 다루는 데 있어 단지 점차적으로 하게 된다. 모든 성인은 삶의 즐거움이 신체적 흥분의 개입으로 엉망이 될 수 있다는 것을 알고 있다. 삶을 살아가는 기술의 방법은 급히 절정에 올 수 없게 신체적 흥분을 피하는 방법들을 찾아내는 것이다. 자연적으로 이것은 성적 관계에서 좌절을 많이 겪는 것에 대해 참는 것을 피할 수 없는 사람들보다 본능적 삶이 만족스러운 사람들에게 더 쉽다.

다행스럽게도, 아이들이 점차적으로 이러한 어려운 것들을 발견하는 동안 그들은 자신들의 특성이 되는 모든 종류의 방법 안에서 만족스러운 절정에 도달할 수 있다. 예를 들어, 음식이 많은 것은 그렇게 할 수 있다. 또한 잠도 많은 것을 해결할 수 있다. 배변과 소변은 아주 만족스러운 경험이 될 수 있는데, 이것은 좋은 싸움 혹은 독특한 향기를 경험하는 것이다. 그럼에도 불구하고 모든 어린 시절에는 '옷을 제대로 입고 있어야 하고, 아무 곳에도 갈 곳이 없다'는 것처럼 알려진 조건을 매우 분명하게 반영하는 다양한 현상이 있다. 절정에 도달할 힘 없이 흥분되는 것(성미가 까다로운 공격 등). 이러한 것들은 필요로 하지 않는 비정상적인 것이다.

많은 사람이 이러한 것들에 관해 상당 부분 알고 있지만, 본능적 경험의 더 많은 간접적 결과에 대한 어떤 것에 관해서는 모르고 있을 것이다. 나는 지금 만족과 불만족의 경험을 통하여 성격의 풍요로움이 쌓여 가고 있음을 언급하고 있다.

처음에 유아의 본능적 경험과 함께 가는 흥분되고 매우 파괴적인 생각은 죄의식 없이 어머니의 젖가슴을 향하고 있다는 사실에 집중하기 위해 여기에 초기의 거친(ruthless) 단계를 가정하는 것이 도움이 될 것이다. 그러나 건강에 있어 유아는 금방 두 가지를 함께 두고 자신이 판타지 속에서 거칠게 공격한 것이 사랑받아야 하고 필요로 하는 것임을 알게 된다. 이 거친 단계는 관심의 단계로 간다.

유아는 만족스러운 흥분된 경험 후에 두 세트의 현상을 다루어야 한다. 좋은 것이 습격받고 상처 입고 손상되었고, 더욱이 유아는 이 경험에 대해 더 풍요롭게 되었다. 어떤 좋은 것이 내부에서 쌓이고 있는 것이다. 유아는 죄의식의 감정을 견더 낼 수 있어야 한다. 이러는 동안 고통에서 한 방법이 나타나는데, 유아는 보상을 하는 것, 고치는 것, 돌려주는 것, (판타지 안에서) 빼앗긴 것을 돌려놓은 것의 방법들을 발견할 수 있기 때문이다(독자들은 이 모든 것에서 멜라인 클라인을 인정하게 될 것이다).

이때 만일 유아가 이 모든 것을 통과하고 성장하려면 환경이 지원을 해야 한다는 특별한 필요성을 볼 수 있다[전문적으로 말하면, 감정적 발달에 있어 '우울증적 자리(depressive position)'에 도달하기 위해]. 유아는 죄의식의 감정을 견디어 낼 수 있어야 하고, 보상을 만들어 내어서 이 문제의 상태를 바꿔야 한다. 만일 이것이 발생한다면, 어머니(또는 어머니의 자리에 있는 어떤 사람)는 이 죄의식 기간 동안 생동감 있고 주의를 게을리하지 않고 거기에 머물러 있어야 한다. 있는 그대로 말하면, 병원에 있는 한 아이가 몇몇 간호사에 의해 멋지게 돌봄을 제공받고 있는데, 만일 아침에 경험한 것에 대한 죄의식이 다른 간호사가 있는 저녁 시간에 회복되려고 발생한다면, 그 보상은 실패가 된다. 자신의 유아에 대한 어머니의 돌봄은 대체로 항상 있어야 하고 자발적으로 건설적이고 보상적인 충동들을 알아야 한다. 그래서 어머니는 그러한 충동들을 기다릴 수 있고, 그것들이 오는 것을 알 수 있다.

모든 것이 잘 될 때 경험되는 것은 죄의식이 아니지만, 책임감은 발달한다. 죄의식은 숨어 있지만, 보상이 파괴가 될 때 나타난다.

죄의식과 보상에 대한 것과 유아의 내부에 쌓여 있는 많은 불안에 대해 말할 것이 많이 있다. 유아의 내부를 살펴보면 유아의 분노 충격에서 발생하는 깜짝 놀라운 것들을 또한 발견할 수 있다. 그러나 지금은 중요한 다른 것에 관심을 갖기 위해 흥분된 상태와 흥분된 경험의 결과에 대한 생각을 남겨 두려고 한다. 이 분야에서 고통스러운 갈등들의 억압과 연관되어 있는 어려움을 지나가는 것은 다양한 신경증적 표현과 기분장애(mood disorders)로 이끈다. 그러나 흥분되지 않는 상태의 자료를 연구하면 정신이상의 연구에 더 가깝게 될 것이다. 흥분되지 않은 상태의 표제 아래 내가 설명한 분열들은 질적 면에서 신경증적 환자보다는 특성이 정신이상으로 되어 있는 조현병 환자에게 나타날 것이다. 그러나 나는 여기서 분열을 다루지 않는다. 대신 간략하게 유아들이 정상적인 건강한 발달을 만들기 위해 수행해야 하는 과업을 설명한다.

🌷 흥분을 제외한 발달

우리가 다소 인위적으로 **흥분되지 않은 상태**(unexcited state)에 몰두하면 무엇을 발견할 수 있을까? 우리가 연구하면서 발견한 한 가지는 자율성(autonomy)을 향하고 있는 자기(the self)의 여정 안에 있는 자아(the ego)가 있다는 것이다. 예를 들어, 우리는 유아의 발달에서 **통합되었다고**(integrated) 느끼는 능력인 성격의 통일감을 연구하고 있다. 또한 유아는 점차적으로 우리가 쉽게 유아 자신의 몸으로 보는 것에 자신이 거주자라는 것을 느끼기 시작한다. 이러한 모든 것은 시간이 걸리고 몸, 목욕, 운동 등과 같은 민감하고 지속적인 관리에 의해 크게 도움을 받는다.

그리고 외부의 현실과 연관 지으려는 능력의 발달이 있다. 모든 유아가 성취해야 하는 이것은 복잡하고 어렵고, 유아에게 집중을 할 수 있는 자질이 있는 헌신된 어머니가 절대적으로 필요하다. **객관적으로**(objectively) 인식된 세계는 마음속으로 상상한 것, **주관적으로**(subjectively) 본 것과는 **결코 같지 않다**. 이것은 모든 인간이 가진 큰 문제이다. 그러나 유아는 처음에 어머니가 덧붙이는 외부적 현실에 능동적으로 적응함으로써 상상을 한다. 어머니는 이것을 충분히 잘하고, 자주 충족하게 해서 유아는 이 문제에 만족하게 되고, 후에 이 문제가 철학이라고 불리는 유희의 부분으로 취해지도록 남겨 두고 떠난다.

한 가지 더 있다. 만약 환경이 잘 작동한다면, 유아는 **존재의 연속성**(continuity of being)의 느낌을 유지할 기회를 가진다. 이 말은 자궁에서의 첫 번째 동요로 곧장 거슬러 올라갈 수 있다. 이런 것이 있을 때 개인은 다른 어떤 것에서 얻을 수 없는 안정성을 가지게 된다.

만일 외부적 현실이 작은 부분으로 유아에게 소개되었다면, 정확하게 유아나 아동의 이해로 분류되면, 유아는 현상에 대해 과학적 접근을 할 수 있게 성장을 할 수 있고, 아마도 인간 각 문제의 연구에 과학적 방법조차 가져올 수도 있다. 만일 이것이 발생하고 성공적이라면 기초를 놓은 헌신적인 어머니에게 상당 부분 그리고 좋은 부모, 그러고는 관리인과 선생님의 연속성에 빚을 진 것이다. 이들 모두는 유아에게 혼란을 발생케 하는 사람들이었고 유아가 과학적 태도의 궁극적 달성을 하는 데 어려움을 만든 사람들이었다. 그러나 우리 대부분은 적어도 인간 본성의 일부를 과학적 질문 영역 밖에 두어야 한다.

🌷 과학과 인간 본성

이 문제에 대한 주된 걱정은 만일 인간 본성에 있는 것이 진실되고 선하고 자연스러운 것이라면, 성장하는 인간에 대한 관리가 과학에 의해 뭉개지는 것으로부터 구하는 것이며, 이것은 인간 본성에 대한 전 분야에서 오직 과학적 질문의 확대를 통하여 가능하다. 우리 모두는 같은 것을 향하는 여행을 하고 있다고 생각한다. 이것을 다시 말하면, 우리는 인생의 시간 안에 그리고 개인 자신의 방법 가운데 궁극적으로 견고한 방법 안에서 자신의 정체성을 발견하고 정착하는 것을 가능하게 만드는 것을 원한다. 이것이 사회의 구성원이 되는 능력에 도달하게 될 것이다. 건강과 내부에서 오는 자유감에 대한 상실 없이 그리고 개인적 자발성의 상실 없이 우리는 활동적이고 창의적인 구성원이 되는 것이다.

🌷 임상적 결과

독자들이 당혹감을 가지게 되는 것은 당연한 것 같다. 유아가 통과해야 할 것은 많이 있고, 다양한 단계에 적합한 환경을 제공하는 어머니, 아버지, 간호사 그리고 교사의 책임은 너무 큰데, 이것을 어떻게 관리해야 할까? 그러나 우리가 지금 하고 있는 것처럼 우리의 일을 잠시 멈출 때마다 우리 목적에 대해 평가를 할 때마다 부자연스러운 상황이 있다는 것을 반드시 명심해야 한다. 그래서 실제로 돌아가 보고, 다소 어린 남자아이(또한 여자아이가 될 수 있다)에 대한 설명으로 결론을 맺는다.

이 아이는 주먹을 빨고, 손가락을 빨고, 배 주변의 피부를 긁고, 배꼽과 생식기를 잡아당기고, 커버 천을 잡아당기는 모든 일상적인 것을 하고 있는 아이이다. 아이는 8개월이 되었고 장난감 곰과 인형들을 아직 가지지 않았다. 그러나 아이가 어떤 부드러운 물체를 발견했고, 그것을 대상으로 적응하였다. 결국 이 대상에 특별한 이름이 지어질 것이다. 이 대상은 몇 년 동안 아이에게 필요한 것으로 남을 것이고, 결국에는 늙은 노병처럼 사라질 것이다. 이 대상은 모든 것 중에 중간이다. 이 대상이 이모로부터 왔다는 것을 우리는 알고 있다. 그러나 아이의 관점에서 이것은 완벽한 타협이다. 이 대상은 자기의 부분도 아니고, 세계의 부분도 아니다. 그러나 양쪽 다이다. 이 대상은 아이에 의해 생각되지만, 아이는 대상을 만들 수는 없고, 그것은 그냥 주어진 것이다. 대상이 온 것이 아이에게 무엇을 생각해야 하는지를 보여 주었다. 대상은 하나이지만 동시에 주관적이고 객관적이기도 하다. 이것은 안과 밖 사이의 경계선에 있다. 이것은 꿈이고 현실이다.

우리는 이 대상과 함께 아이를 둔다. 대상과의 관계 안에서 아이는 개인적 및 정신적 현실과 실제적이고 공유된 현실 사이의 동화 세계 같은 분위기(celtic twilight) 속에서 평화 가운데 있다.

제**4**장

안전과 부모에 대하여

유아와 아동들의 기본적 필요성을 말해야 하는 시도가 있을 때마다 우리는 '아이들에게 필요한 것은 안전(security)'이라는 말을 듣는다. 우리는 때로 안전이라는 말이 그럴듯하지만 때로는 그것에 대해 의심을 품을 수 있다. 그래서 '안전'이 무엇을 의미하는가라는 질문을 받는다. 신뢰할 수 없는 부모가 자녀들을 혼란스럽게 하고 두렵게 하는 것과 같이, 확실히 아이들을 과잉보호하는 부모는 아이들을 괴롭게 한다. 그러면 분명하게 부모는 너무 많은 안전을 제공하는 것이 가능하지만, 그 아이들이 안전을 느끼는 것을 필요로 하고 있다는 것을 알고 있다. 어떻게 이것을 구별할 수 있을까?

사실은 가정을 지키려고 관리하는 부모는 그들의 자녀들에게 매우 중요한 어떤 것을 함께 제공하는 것이고, 가정이 해체될 때 자연적으로 아이들에게 피해가 있다. 그러나 만일 우리가 그냥 단순히 아이들에게 안전이 필요하다고 말하면 이 말에서 매우 중요한 것을 놓치고 있다는 것을 느낀다. 아이들은 안전 가운데 그들이 깰 수 있다는 것을 증명할 수 있는 도전의 기회를 발견한다. 안전이 좋다는 극단적 생각은, 감옥은 그 안에서 성장할 수 있는 행복한 장소라는 것이 될 수 있다. 이것은 당황스러운 것이다. 물론 어디에서든지, 심지어 감옥에서조차도 정신의 자유는 있다. 시인 러브레이스(Lovelace)[1]는 다음과 같이 말하였다.

> 돌로 만든 벽은 감옥을 만들지 못하고
> 철로 된 창살은 새장을 만들지 못한다.

이것은 꼭 쥐고 있는 현실적 사실보다는 더 생각해야 하는 것이 있다는 것을 함축하고 있다. 그러나 사람들은 상상적으로 살기 위해 자유롭게 살아야 한다. 자유는 본질적인 요소로 사람들에게 가장 좋은 것을 가져다주는 중요한 것이다. 그럼에도 불구하고 우리는 자기 자신들과 세상이 두려워 자유 가운데 살 수 없는 어떤 사람들이 있다는 것을 수용해야 한다.

이러한 생각들을 구별하기 위해 성장하는 유아, 아동, 청소년 및 성인의 발달을 생각해야 하고, 개인적인 사람으로만 아니라 이들이 발달함에 따라 환경으로부터 그들이 무엇이 필요한지에 대해 추적을 해야 한다. 확실히 아이들이 자신들에게 주어지는 점점 증가하는 자유를 즐기기 시작하는 것은 건강한 성장의 표시이다. 아이들을 양육하기 위해 우리는 무엇을 목적으로 하고 있는가? 우리

---

1) 역자 주: 리처드 러브레이스(Richard Lovelace, 1618~1658)는 영국의 시인이다. 대표작으로는 『To Althea, from Prison』『To Lucasta, Going to the Warres』 등이 있다.

는 모든 아이가 점진적으로 안정감을 획득하기를 소망한다. 각 아이들의 마음에는 중요한 것에 대한 믿음이 쌓여야 한다. 중요한 것은 좋은 것만이 아니라 신뢰 가능한 오래갈 수 있는 것이어야 하며, 혹은 상처를 받은 후에 회복되거나 혹은 사라지는 것을 허락하는 것이다. 질문은 어떻게 이 안정감을 쌓는 것이 발생하는가이다. 무엇이 아이들을 자신의 주변에 있는 것과 일 가운데서 자신감을 갖고 만족스러운 관심사로 이끄는 것일까? 우리가 자기확신이라고 부르는 것의 질적인 것을 가져올 수 있을까? 타고난 것이나 개인적인 요인들 아니면 도덕적 가르침이 중요한 것일까? 우리가 본받아야 할 표본이라는 것이 있을까? 바라는 효과를 가지기 위해 외부 환경적 준비가 필요할까?

우리는 모든 어린아이가 건강하고 궁극적으로 성인이 되기 위해 통과해야 하는 감정적 발달의 단계에 대한 정밀검사를 할 수 있다. 이 검사를 하는 동안 개인 안에 있는 선천적 발달에 대해 말할 수 있으며, 이러한 방법 안에서 인간은 그 자신의 권리 안에서 사람이 되어 간다. 그러나 여기에 인간과 관계 속에서 인간이 맡아서 하는 역할과 사회가 맡아서 하는 역할을 하는 환경적인 준비에 대해 언급하고 싶다. 이것은 각 아이들이 성장할 수 있도록 만드는 환경들인데, 적합한 환경적 신뢰성 없이 아이들의 개인적 성장은 이루어질 수 없다. 혹은 이루어지더라도 그것은 왜곡될 것이다. 더욱이 똑같은 아이가 없는 것처럼, 각 아이들의 필요에 대해 특별하게 적응해야 하는 것이 필요하다. 이것은 아이를 돌보는 사람은 아이와 개인적 삶의 관계에 기초하여 아이를 알고 노력해야 하지, 어떤 배운 것과 기계적으로 응용된 것에 기초해서는 안 된다. 신뢰할 수 있고 일관성 있게, 우리는 아이들에게 엄격하지 않고, 살아 있고, 인

간적인 안정성을 제공하고, 이것은 유아들에게 안전을 느끼게 한
다. 이러한 관계성 안에서 유아는 성장을 할 수 있는 것이고, 이 관
계성을 흡수하고 본받는 것이다.

우리가 아이들에게 안전을 제공할 때는 한 번에 두 가지를 하
는 것이다. 한편으로는 우리의 도움으로 인해 아이들은 수없이 많
은 환영하지 않는 방해와 예기치 않은 사건으로부터 그리고 자신
들에게 알려지지 않고 이해도 할 수 없는 세계로부터 안전하다
는 것이다. 그리고 다른 한편으로 아이들은 자신들의 일시적 감정
(impulses)과 그것이 가져올 결과로부터 우리에게 보호를 받는다는
것이다. 아주 어린 유아들은 돌봄이 절대적으로 필요하고 스스로
살아가는 것이 불가능하다는 것은 말할 필요조차 없다. 이들은 잡
아 줘야 하고, 움직여 줘야 하고, 깨끗하게 닦아 줘야 하고, 먹여 줘
야 하고, 정확한 온도를 유지해야 하고, 굉음으로부터 보호받아야
한다. 아이들은 자신들의 일시적 감정을 만나야 할 필요가 있고, 그
들의 자발성이 도리에 맞기 위해 우리가 필요하다. 초기 발달단계
에서는 많은 어려움이 없다. 왜냐하면 대부분의 경우에 유아에게
는 어머니가 있고, 어머니는 당분간은 유아의 필요에 대해서 전적
으로 관심을 가지기 때문이다. 이 단계에서 유아는 안전하다. 어머
니가 처음에 했던 돌봄을 계속적으로 한다면, 그 결과는 그 어려움
이 세상의 침해에 있는 것이 아니라 살아 있는 감정과 함께 가는 갈
등과 삶 속에 속하는 아이들일 것이다. 유아의 돌봄이 안정적이고
충분한 가장 만족스러운 환경 속에서 유아는 인격과 개인 고유의
삶을 살기 시작한다.

곧 유아는 불안전에 대해 자신들을 방어하기 시작한다. 그러나
처음 몇 주와 몇 달에 인간으로서 아주 연약하게 정착되기에, 만일

지원을 받지 못하면 적당하지 않은 일들이 발생할 때 유아들의 발달이 왜곡된다. 이 초기 단계에서 안전을 알고 있는 유아는 가능성을 진행시키기 시작하고 노력을 '늦추지' 않을 것이다. 좌절은 불가피하지만 노력을 늦추지는 않는다!

　여기서 우리가 관심을 가지는 질문은, 안전이 아이에게 정착되면 무슨 일이 발생하는가이다. 나는 이것을 말하고 싶다. 여기에는 안전에 저항하는 긴 싸움이 따라온다. 말하자면, 안전은 환경 속에서 제공된다는 것이다. 어머니는 유아를 보호하는 처음 기간이 지난 후에 점진적으로 유아가 외부 세계를 경험하도록 하고, 개인적으로 유아는 자유로운 표현과 추진력 있는 행동을 위해 자신이 경험하는 모든 새로운 기회에 덤벼든다. 안전과 통제에 대항하는 이 전쟁은 아동기 동안에 계속되지만, 통제는 계속 필요로 하게 된다. 부모는 돌로 만든 벽과 쇠로 된 철창을 가지고 훈련의 구조를 통해 준비하는 것을 계속하지만, 부모들이 각 아이들의 특성이 어떠한가를 아는 한 그리고 부모가 사람인 아이들의 발달에 관심을 가지고 있는 한 부모는 아이들의 대담한 반항을 환영한다. 부모는 평화의 안내자로서의 역할을 계속하지만, 아이들은 규칙에 얽매이지 않고 변혁적인 것을 기대한다. 다행스럽게, 대부분의 경우 안도감은 부모와 아이들 모두 상상과 놀이의 삶과 문화적 경험을 통하여 획득된다. 시간이 되면, 건강한 가운데 아이는 분명한 불안전의 면전에서, 예를 들면 부모가 아프거나 사망했을 때, 어떤 사람이 예상밖의 행동을 했을 때, 혹은 가정이 어떤 이유로 깨졌을 때 안전감을 가질 수 있게 된다.

안전 척도 테스트의 필요성

아이들은 자신들이 여전히 부모에게 의존할 수 있는지 발견하려는 것을 계속하는 것이 필요하다. 그리고 이러한 테스트는 후에 자녀들이 부모가 되어 그들의 자녀에게 안전을 제공할 준비가 되었을 때까지 지속될 수 있다. 청소년들은 매우 특이하게 모든 안전에 대하여, 모든 법, 규례 그리고 훈련에 대해 테스트를 한다. 그래서 아이들은 대개 안전을 가장 기본적인 가정으로 받아들이고 있다. 아이들이 좋은 초기 어머니 역할과 아버지 역할을 믿고 있는 것은 이미 부모가 이런 것들을 가지고 있기 때문이다. 아이들은 안전감에 대한 것을 항상 가지고 있으며, 이 안전감은 자신들의 부모와 가족, 학교 선생님, 친구들 등 아이들이 만나는 모든 종류의 사람에 대한 테스트에 의해 지속적으로 촉진된다. 아이들은 자물쇠와 나사가 안전하게 잠겨 있다는 것을 확인하고, 그들 자신을 풀고, 깨고, 개방한다. 아이들은 갑자기 말을 한다. 그리고 되풀이해서 말한다. 그렇지 않으면 침대에 쓰러져서 블루 재즈 음반을 틀어놓고 시시하다고 느낀다.

왜 청소년들은 특별히 이러한 테스트를 하는 것일까? 주요하게는 이들이 끔찍한 소식과 자신 안의 강한 느낌을 만났기 때문인 것 같다. 그리고 이들은 외부적 통제가 아직 거기에 있는지 알기를 원한다. 그러나 동시에 이들은 자신들이 이러한 통제를 부술 수 있다는 것을 증명해야 하고, 자신들로서의 자기를 확립해야 한다. 건강한 아이들은 관리를 계속 받기 위해 사람이 필요하지만, 훈련은 사랑받고 미움 받는, 거부되기도 하고 의존할 수 있는 사람에 의해 제공되어야 한다. 기계적 관리는 소용이 없고, 두려움은 아이들이 따르는 데 좋은 동기가 아니다. 사람 사이에 항상 살아 있는 관계가 진정한 성장에 필요한 충분한 여유를 준다. 진정한 성장은 점차적으로 세월이 흐르는 동안에 아동 혹은 청소년을 성인이 갖는 책임감, 특별히 새로운 세대의 작은 아이들을 위해 안전한 조건들을 준비를 위해 책임감으로 움직임이다.

우리는 이 모든 것이 모든 유형의 창의적인 예술가의 작업 속에서 진행되는 것을 볼 수 있다. 예술가들은 우리에게 매우 가치 있는 어떤 것을 한다. 왜냐하면 그들은 지속적으로 새로운 형태를 창조하고 있으며, 단지 새로운 것들을 창조하기 위해 이러한 형태들을 타개하고 있기 때문이다. 예술가들은 실제 삶의 경험이 삶에 있어서 우리가 살아 있는 감각과 실제라는 것을 파괴하려고 자주 위협을 할 때 우리를 깨어 살게 할 수 있다. 예술가는 인간이 우리의 충동과 안전감(이 양자는 인간에게 필수적이다)사이의 싸움은 영원한 싸움이고 우리의 삶이 지속되는 한 각자의 내부에서 계속되는 것이라는 것을 잘 생각나게 해 준다.

건강한 가운데 아이들은 자신들에 대한 믿음 가운데서 그리고 모든 종류의 외부적 통제를 싫어하는 사람들 가운데서 충분히 발달한다. 통제는 자제심으로 갈아타게 된다. 자제심 안에서 갈등은 이미 그 사람 내부에서 작동하고 있다. 그래서 나는 이러한 방법으로 본다. 초기 발달단계에서 좋은 조건들은 안전감으로 이끌고, 안전감은 자제심으로 안내하고, 자제심이 사실일 때 부여된 안전은 하나의 모욕(insult)이다.

제5장

다섯 살 아이에 대하여

법정에서 한 박식한 판사가 부모가 술을 홍청망청 마셨던 가정에서 성장한 거의 다섯 살 된 아이의 사건에 대한 참조 자료를 가지고 언급을 하였다. "이 나이에 있는 아이들은 잘 회복합니다." 이 사건에 대해 나는 이 판사를 비판할 의도가 없지만, 다섯 살 아이가 잘 회복할 수 있을까에 대한 질문은 토론하도록 열려 있다. 회복, 나는 이것은 오직 성장과 성숙에서만 오는 것인 것 같고, 우리는 한 아이의 발달에서 그 아이가 회복을 잘한다고 말할 수 있는 시간이 없다는 관점을 가지고 있어야 한다. 회복력은 아이의 인격 성장과 아이 특성의 정착에 있어 위험 없이 아이 편에서 협력을 기대할 수 있는 의미를 포함하고 있다.

우리가 환경적 신뢰성을 감시하는 데 경계심을 늦추지 않고 특별히 주의하게 만드는 이 다섯 살 단계의 어떤 특별한 특성이 있는데, 이에 대해 정말 논의를 해야 한다. 그 특별한 특성들이 내가 여기서 생각하고 싶은 것들이다.

부모들은 자녀들이 성장하는 것을 보고 놀란다. 성장은 모두가 천천히 이루어지지만, 어떤 때는 동시에 혼란 속에서 모든 것이 발생한다. 부모에게는 몇 주 전에 자녀들이 아기였는데, 아장아장 걷는 아이가 되고, 지금은 다섯 살이고, 내일은 학교에 가게 될 것이다. 그리고 몇 주 안에 자녀는 실제적으로 일을 하기 시작할 것이다.

여기에 흥미로운 모순이 있다. 시간이 늦게도 흐르고 빠르게도 지나간다는 것이다. 혹은 이것을 다른 방식으로 보면, 부모가 아이의 관점에서 일들을 느끼면, 실질적으로 시간은 여전히 서 있는 것이다. 혹은 시간은 여전히 움직이기 시작하였고, 단지 점진적으로 움직이기 시작했던 것이다. 영원에 대한 생각은 기억이 우리 각자가 시간이 시작하기 전 우리의 유아기를 더듬어 올라가 추적하는 것에서 온다. 그러나 우리가 이 시기를 넘어 성인 경험을 갖게 되었을 때 5년이라는 것은 거의 아무것도 아니라고 깨닫는다.

이것은 부모가 기억하는 것과 아이가 기억하는 것의 관계에 대해 흥미로운 결과를 나타낸다. 부모 자신들은 한 달 전에 어떤 일이 발생했는지 분명하게 기억한다. 그런데 갑자기 부모는 다섯 살 된 자녀가 숙모의 방문을 기억하지 못하고, 새로운 강아지의 도착을 기억하지 못한다는 것을 발견한다. 아이는 어떤 상태를 기억하고, 심지어 초기 상태도 그렇다. 특별히 그러한 일들이 이야기가 된다면 그렇다. 그리고 아이는 가족 무용담을 사용하는데, 이것은 거의 마치 어떤 누구에 관한 것이라고 배우거나 혹은 어떤 책에 나온 인물을 언급하는 것처럼 한다. 아이는 자신이 잊어버리고 있다는 것과 함께 자기 자신에 대해서 그리고 현재 시간에 대해서 더 깨닫게 된다. 이제 아이는 과거를 가지게 되고, 그의 마음속에 절반은 잊어버린 일들에 대한 암시를 가진다. 자기의 장난감 곰은 옷장 맨 밑 서랍 뒤쪽에 있지만, 아기가 갑자기 그 인형을 필요로 한 때를 제외하고 한때 그 인형이 얼마나 중요한지를 잊어버리고 있다.

아이는 둘러싼 울타리에서 나오고 있다고 말할 수 있다. 울타리의 담들은 간격을 가지기 시작했고, 담들은 두께가 불규칙했고, 아이는 밖에 있다. 둘러싼 것이 아이의 유익을 위해 다시 조립될 때 아이가 피곤하거나 아프지 않는 한, 아이가 다시 안으로 들어가거나 안으로 되돌아갔다고 느끼는 것은 쉽지 않다.

울타리는 아이의 어머니와 아버지, 가족, 집, 정원, 익숙한 광경, 소리와 냄새에 의해 제공된다. 또한 울타리는 아이 자신의 미숙함의 단계, 부모의 신뢰성에 대한 아이의 의존 그리고 유아 세계의 주관적 성향과 관계가 있다. 이 울타리는 아이가 유아였을 때 자신을 둘러싼 어머니의 손길로부터 자연스럽게 발전한 것이다. 어머니는 친근한 방법으로 유아의 필요에 적응하고, 서서히 유아가 예상치 않은 일과 새로운 일을 만나는 것을 즐길 수 있는 비율에 따라 적응을 줄여 나간다. 그래서 아이들이 정말 서로를 좋아하지 않기 때문에 어머니는 아이들이 활동할 수 있는 각각의 울타리를 만든다. 그리고 이 울타리로부터 어머니의 아들과 딸이 적어도 하루에 몇 시간 정도 새로운 종류의 울타리인 다른 종류의 집단을 만날 준비가 되게끔 출현하게 된다. 다른 말로 한다면 이제 아이는 학교에 가게 될 것이다.

시인 워즈워스(Wordsworth)[1]는 〈불사성 암시에 대한 서정시

1) 역자 주: 윌리엄 워즈워스(William Wordsworth, 1770~1850)는 자연을 노래한 영국의 시인이다.

(Ode on the Intimations of Immortality)〉에서 이 변화를 언급하였다.

하늘은 우리의 요람기에 우리에게 놓여 있고,
감옥-집의 땅거미는 성장하는 소년 위에
접근하기 시작한다…….

확실하게, 여기서 시인은 아기의 의존성을 알아채지 못하는 것과는 대조적으로 아이들의 새로운 울타리에 대한 의식을 느꼈다.

물론 부모는 자신들이 사는 근처에 좋은 곳이 있다면 보육원을 이용하여 이 과정을 시작할 것이다. 좋은 보육원에서는 유아들이 작은 집단에게 놀이할 수 있는 기회가 주어지고, 적합한 장난감이 제공되고, 집에서 이용하는 것보다 더 좋은 마루가 깔려 있다. 그리고 보육원에는 혹 아이들이 장난감으로 옆에 있는 아이의 머리를 때리는 것과 같은, 사회생활에 있어 아이들이 처음 시도하는 것을 감독하는 사람이 항상 있다.

🌷 다섯 살에 초등학교

그러나 유치원은 집과 많이 다른 것은 아니다. 이것은 여전히 하나의 특화된 시설이다. 그러나 우리가 지금 생각하는 학교는 다른 곳이다. 초등학교는 좋을 수도 있고 그렇게 좋지 않을 수도 있지만, 아마 처음 시작만 제외하고 특화되지 않은 유치원과 같이 적응할 수 있는 곳은 아닐 것이다. 다른 말로, 아이들은 초등학교에서 적응하는 것을 해야 하고, 학교에서 학생들에게 기대하는 것들에 적합하도록 해야 할 것이다. 만일 아이가 이 일에 준비가 되었다면, 학교의 새로운 경험으로부터 얻을 것이 많이 있을 것이다.

부모들은 아이들의 삶에서 발생하는 이 큰 변화의 관리에 대해 많은 생각을 제공할 것이다. 학교에 대해서 이야기할 것이고, 아이들은 학교에서 지내면서 자신들의 부모나 다른 사람들이 이미 가르쳐 준 것들을 확장하는 생각을 기대한다.

성장하면서 아이에게 발생하는 변화에 대해 환경적 변화가 적합해야 하기 때문에 이 시기의 아이에게는 어려움이 발생한다. 나는 이러한 나이에 있는 어린아이들의 어려움에 대해 해야 할 일들이 많이 있고, 이 어려움의 방대한 대다수는 치료가 되며, 진짜 질병이 아니라고 말할 것이다. 이와 관련해 해야 할 일은 어떤 아이가 필요로 하는 것은 빠르게 대처하고, 어떤 아이의 것은 천천히 하는 것이다. 몇 달간의 시간은 많은 차이를 만든다. 11월이 생일인 아이는 학교에 입학하기를 기다리는 데 몸이 달아 있을 수 있지만, 8월이 생일인 아이는 한두 달 일찍 짐을 싸서 학교에 먼저 보내야 할 수도 있다. 어떻든 간에, 어떤 아이는 몹시 깊은 물로 가기를 원하지만, 다른 아이는 가장자리에서 떠는 채로 있고 출발하는 것을 두려워한다. 곁들여 말하면, 용감하게 학교생활에 들어간 아이들 중 어떤 아이는 첫발을 학교에 들여 놓은 순간 갑자기 물러서서 자신들의 어머니 품 안으로 들어가고, 며칠, 몇 주 또는 더 길게 비슷한 울타리가 다시 등장하는 것을 거부하기도 한다. 부모는 자신들의 자녀가 어떠한 특성을 가진 아이인지 알아야 하며, 아이의 모든 것에 익숙한 학교 선생님에게 말하고, 그냥 기다려야 하고 아이의 특성을 찾아내는 놀이를 해야 한다. 중요한 것은 울타리로부터 밖으로 나오는 것은 아주 흥분되고 두렵다는 것이다. 울타리 밖으로 나왔을 때 아이가 돌아갈 수 없다는 것은 무서운 것이다. 그리고 살아간다는 것은 울타리로부터 나오는 긴 연속과정이며 새로운 위험을 감수하고 새롭고 마음 설레는 도전들을 만나는 것이다.

어떤 아이들은 개인적인 어려움이 있어 새로운 단계를 취할 수 없게 하는데, 만일 시간이 흘러도 아이가 회복되지 않으면, 혹은 다른 질병의 징후가 있으면 부모의 도움이 필요할 수 있다.

그러나 아기가 뒤로 물러설 때, 완벽하게 좋은 어머니(the perfectly good mother)에게는 대단히 잘못된 것이 있을 수 있다. 대개 어머니들은 두 가지 층(layers)에서 움직인다. 하나는(나는 이것을 위층이라고 부를까?) 단지 한 가지만 원하는 것이다. 이 어머니들은 자신들의 자녀가 성장하고, 울타리로부터 나오고, 학교에 가고, 세상을 만나기를 원하는 것이다. 내가 생각하기에 더 깊고 실제 의식적이지 않은 다른 한 층의 어머니는 자신들의 자녀를 떠나보내는 것을 상상할 수 없다. 이 깊은 층은 이성이라는 것이 중요하지 않아서, 어머니는 자신의 보석 같은 자녀에게 해 주던 어머니 역할을 포기할 수 없는 것이다. 이러한 어머니는 자신의 아이가 성장해서 분리되고, 독립적이고 반항적으로 되었을 때보다 자신에게 의존했을 때 더 쉽게 모성애를 느끼는 사람이다.

아이들은 이러한 것을 쉽게 느낀다. 아이는 학교에서 행복함에도 불구하고 숨이 가쁘게 집에 온다. 아이는 매일 아침 학교 문 안으로 들어가기보다는 비명을 지른다. 아이는 어머니에 대한 미안함을 가지는데, 어머니가 자신을 보내는 것을 견딜 수 없으며 더구나 어머니의 본성 때문에 어머니가 자신을 끄집어낼 수 있는 능력이 없다는 것을 알고 있기 때문이다. 만일 어머니가 자녀로부터 자유로워진다면 기뻐할 것인지 그리고 자녀가 (학교에서) 돌아온 것을 기뻐하는지에 대해 아는 것은 아이들에게 쉬운 것이다.

　가장 좋은 사람들을 포함해서 많은 사람은 우울한 시간들이 부분적으로 있거나 혹은 거의 하루 종일 우울하기도 하다. 사람들은 중요한 것에 대한 막연한 죄의식을 가지고 있으며, 자신들의 책임감에 대해 걱정을 한다. 집안에서 아이들의 생기는 영구하게 원기를 북돋는 것이다. 아이들의 시끄러움, 심지어 울음소리도 생명에 대한 표시이며, 그냥 올바른 안심을 주는 것이다. 우울한 사람들은 항상 매우 귀하고 본질적인 중요한 것들이 죽어야 한다고 느낀다. 그러한 시간은 이들의 자녀가 학교에 가야할 때 온다. 그래서 어머니는 자신의 가정과 자신이 공허하게 되는 것을 두려워하고, 내적인 개인적 실패감에 대한 위협은 그녀로 하여금 자녀를 대체하여 몰입할 수 있는 것을 찾도록 움직이게 할 수도 있다. 아이가 학교에서 돌아올 때, 만일 새 대체물이 나타났다면, 아이에게는 자신의 자리(place)가 없게 되거나 혹은 어머니의 중심으로 돌아가기 위해서 싸워야 할 것이다. 공통된 결과는 이로 인해 아이들이 등교 거부를 하게 된다는 것이다. 아이는 이러는 내내 학교에 있기를 갈망하고 있고, 아이의 어머니는 자신의 아이가 다른 아이들과 같이 되는 것을 갈망한다.

　혹은 앞의 문제를 복잡하게 만드는 것이 아버지가 될 수 있어, 아이는 학교를 원하지만 거기에 갈 수가 없거나 학교에 머물 수가 없다. 아이들이 등교를 거부하는 데는 다른 이유가 있지만, 그것들을 여기서 하나하나씩 열거할 수는 없다.

　　나는 끈을 가지고 물건을 연결시키는 데 점점 열정을 갖게 될 이 단계에 있는 남자아이를 알고 있다. 아이는 항상 쿠션을 벽난로 선

반에 두고 의자는 테이블에 끈으로 묶어 버려서 집 안에서 움직이
는 것이 불안하게 하였다. 아이는 어머니를 아주 좋아했지만 항상
어머니의 중심으로 돌아가는 것이 불확실했는데, 어머니는 아이가
자신을 떠나면 급속하게 우울해졌고, 그녀가 걱정하고 의심하는
어떤 것을 아들을 대신한 대체물로 만들어 버렸기 때문이다.[2]

이 유형과 같은 어머니들은 이러한 일들이 흔히 발생한다는 것
에 대한 이해를 통해서 아마 도움을 받을 수 있을 것이다. 이러한
어머니는 그녀의 아이가 어머니와 다른 사람의 기분에 민감하다는
것에 대해 기뻐할 수도 있지만, 어머니의 표현되지 않은, 심지어 무
의식적 불안은 아이로 하여금 어머니에 대해서 미안하게 만들 것
이다. 그래서 아이는 그 울타리로부터 벗어날 수 없다.

어머니는 아이가 어렸을 때 이러한 어려움을 경험할 수 있다. 예
를 들어, 어머니는 아이가 젖떼는 것을 어려워한다는 것을 발견할
수 있다. 어머니는 아이가 새롭게 발을 디디는 것 혹은 미지의 세
계를 탐험하는 것을 싫어하는 데 그 패턴이 있다는 것을 인지할 수
도 있다. 이러한 각 단계에서 어머니는 자신의 아이가 어머니에 대
한 의존성을 상실하는 위협 아래에 있다. 어머니는 아이가 독립성
과 인생에 대한 개인적 경향을 획득하는 과정에 있고, 어머니는 그
로부터 얻어지는 장점을 볼 수 있음에도 불구하고 필요한 해방감
을 가질 수 없다. 여기에는 이 막연한 우울감—규명되지 않은 불안
감으로의 몰입—과 자신의 자녀에게 전적으로 주목할 수 있는 여

---

2) 이 사례는 제 9장에서 언급되고 있다.

성의 능력 사이에 매우 밀접한 관계성이 있다. 한 사람에 대한 고려 없이 다른 한 사람을 언급하는 것은 불가능하다. 내가 생각하기에 대부분의 어머니는 관심과 걱정 사이의 경계선에서 살고 있다.

어머니는 통과해야 하는 모든 종류의 근심을 가지고 있고, 이러한 것은 유아와 아이들이 따라갈 필요가 없을 때 좋다. 아이들도 자기 자신들의 근심을 많이 가지고 있다. 실제로 아이들은 새로운 기술과 비전과 행복을 넓혀 가는 것을 좋아하는 것과 같이, 다소간 자기 자신들이 근심을 가지는 것을 좋아한다.

시인 워즈워스가 '감옥 집의 땅거미(The Shades of the Prison House)'라고 말한 것은 무엇인가? 나의 생각으로는 이것은 주관적인 세계에 있는 작은 아이의 삶에서 공동 현실 세계에 있는 더 나이 든 아이의 삶으로 전환하는 것이다. 유아기는 환경에 대한 마술적 통제 안에서 시작하고─만일 유아가 충분히 좋은(good-enough) 돌봄을 제공받으면─자신의 어머니와 문손잡이에도 불구하고 새로운 세계를 창조한다. 아이가 다섯 살이 되었을 때 자신의 어머니를 있는 그대로 인식할 수 있게 되고, 문손잡이의 세계와 자기 앞에 놓여 있는 사물들의 세계를 인식할 수 있게 되며, 아이가 정말로 독립하게 되었을 때 의존 사실을 인정할 수 있게 된다. 이 모든 것은 시간의 문제이고, 대부분의 어머니가 이것을 잘 다루고 있다. 어떻게 해서든지 사람들은 습관적으로 한다.

🌷 더 복잡함

다섯 살의 시기에는 삶이 아이들에게 영향을 미칠 수 있는 많은 다른 방법이 있다. 나는 아이들이 가지고 노는 곰 인형(teddy bear)에 대해 말한 적이 있다. 아이들은 어떤 특별한 물건에 집착하게 될 것이다. 이 특별한 물건은 한때 담요, 냅킨, 어머니의 스카프, 혹은 천으로 만든 인형은 아이들에게 첫 생일 전까지 혹은 그 후까지 중요한 것이 되고, 특별히 잠에서 깨면서부터 잠을 잘 때까지 이동하는 시기에 매우 중요하다. 이것은 정말 중요하다. 이 물건은 상태가 좋지 않고 심지어 냄새까지 난다. 아이가 어머니 자신 혹은 어머니의 귓볼이나 머리카락을 대상으로 하지 않고 이 물건을 이용하는 것은 행운이다.

이 물건은 아이를 외적 혹은 공용된 현실과 연결시킨다. 이것은 아이와 어머니 양자의 부분이다. 이러한 물건을 가진 아이는 낮 동안에 그것을 사용하지 않을 수 있다. 그러나 다른 아이는 어디를 가든지 그것을 가지고 갈 것이다. 다섯 살에 이런 물건에 대한 필요는 그치지 않을 수 있지만, 많은 다른 것이 그것을 대체할 수 있다. 아이들은 코미디를 보거나, 딱딱하거나 부드러운 매우 다양한 장난감을 가지기도 하고, 아이들의 삶의 경험을 풍요롭게 하는 전인적 문화적 삶이 기다리고 있다. 그러나 아이들이 학교에 가면 문제가 있을 수 있다. 선생님은 처음에 교실에 그 물건을 못 가지고 오게 금지하지 말아야 하고, 좀 천천히 진행하는 것이 필요하다. 이 문제는 대체로 항상 몇 주 안에 그 자체가 해결된다. 내 생각에는 아이들이 학교에 가서는 어릴 때 유아적 의존감을 가지던 때의 어머니와의 관계와 초기 유아기에 어머니를 단지 알아보기 시작한 때 그리고 세상을 자신에서 분리된 것으로 인식할 때의 관계를 약간 가지고 간다고 말하고 싶다.

　학교에 가는 것에 대한 불안이 해소되면, 남자들은 그 물건을 학교에 가지고 가지 않고 포기하는 것을 결심할 수 있고, 대신 자신의 주머니 안에 자질구레한 것을 집어넣거나, 장난감 트럭 또는 자동차를 넣거나, 끈이나 향기 나는 사탕을 넣을 것이다. 여자아이들은 자신들의 손수건을 단단히 비틀어서 어떻게 하든 넘기려고 하거나, 아마도 성경 갑 안에 비밀스러운 인형을 가지게 될 것이다. 어떤 경우에는 아이들은 이것들을 가지고 가는 것이 어렵게 되면 항상 자신의 엄지손가락을 빨거나 손톱을 물어뜯는다. 아이들은 자신감을 가지게 될 때 대개 이러한 일들을 하지 않게 된다. 우리는 아이들이 집과 어머니의 한 부분으로부터 옮겨 더 넓은 시민 신분(citizenship)으로 움직일 때 불안이 발생하는 것을 본다. 그리고 불안은 자비롭게 남아 있어 재확신을 제공하는 유아적 양상으로 돌아가려는 것으로 보일 수도 있다. 이것은 아이들에게 자애롭게 안심시키는 것을 제공한다. 이러한 양상들은 심리치료에서 효과성을 가지고 있는 한 방식이 되었는데, 이 경험은 어머니가 살아 있고, 어머니를 사용할 수 있으며, 어머니는 아이의 유아기 때의 패턴이 잔존물이 된 과거 경험과 현재 사이에 연결고리를 항상 제공해 주기 때문이다.

후기

다른 하나가 있다. 만약 아이들이 학교생활을 즐기고, 몇 시간 동안 자신들의 어머니를 잊어버리는 것을 즐긴다면 자신들을 불성실하게 느끼는 경향이 있다. 그래서 아이들은 집에 가까이 올수록 막연하게 불안을 느끼거나, 집으로 돌아가는 시간을 이유도 알지 못하고 지체한다. 자신의 아이에게 화를 내야 할 이유를 알고 있는 어머니는 아이들이 학교에서 돌아온 그 순간에 화를 표현하지 말아야 한다. 어머니 역시 그녀가 잊혔다는 것에 괴로워할 것이다. 그리고 새로운 발전을 위하여 아이에게 향하는 자신의 반응을 살펴야 한다. 식탁보 위에 올려져 있는 잉크를 아이들이 제 위치에 둘 때까지 뭐라고 하지 않는 것이 더 좋을 수 있다. 이러한 일들은 우리가 무엇이 일어날지 알고 있다면 큰 어려움이 없다. 성장한다는 것은 아이들에게 달콤한 것이 아니고, 어머니에게는 흔히 쓴 알로에이기도 하다.

제6장

가족에게 통합적이고 파괴적인 요인들에 대하여

인간 문명에 있어 가족이 본질적인 부분이라고 말하는 것은 진부한 것일 것이다. 얼굴의 그림이 개인을 묘사하는 것과 같이, 우리가 실질적으로 가족을 조정(arrange)하는 방법이 우리의 문화가 어떤 것인가를 보여 준다. 가족은 모든 시대에 중요한 것이 지속되고 있고, 우리가 한 많은 이동에 대한 것을 설명해 준다. 떠나야 할 필요성으로 우리는 갑자기 떠났고, 이민을 갔고, 동쪽에서 서쪽으로, 남쪽에서 북쪽으로 갔다. 그런 다음 정기적으로 만남을 새롭게 하기 위해서 집으로 다시 여행을 한다. 그리고 우리는 편지를 쓰고, 전보를 보내고, 전화를 하고, 우리의 친척에 대한 이야기를 듣는 데 많은 시간을 보낸다. 더욱이 긴장이 있을 때 대부분의 사람은 가족 환경에 충성스럽게 되고, 이방인들을 의심하게 된다.

이러한 공통된 정보에도 불구하고, 가족은 우리의 상세한 연구의 가치를 가지고 있는 중요한 것이다. 나는 정신분석가로서 사람들의 정서발달을 아주 세부적으로 연구하면서 개별 어머니와 함께 합병된 존재에서 어머니와 연관 있고 또 어머니와 아버지에게 함께 연관이 있는 분리된 사람으로 되는 데는 긴 시간이 걸린다는 것을 배웠다. 이 여정이 주된 구조적 특성으로서의 어머니와 아버지와 함께 가족이라고 알려진 영역을 통과한다. 가족은 그 자체의 성장이 있고, 개인인 작은 아이는 가족의 점진적인 발전 형태와 가족의 문제들에 속하는 변화를 경험한다. 가족은 아이들을 세상으로부터 보호한다. 그리고 세상은 서서히 아이에게 스며든다. 숙모, 삼촌, 이웃, 어릴 때 친척 집단과의 경험들이 앞장서서 학교로 안내한다. 이 점진적으로 환경에 스며드는 것이 더 넓은 세상과의 기간에 가장 좋게 올 수 있는 방법이며, 어머니에 의해 교육된 유아 때 채택된 방식으로 정확하게 따라간다.

　나는 우리의 관계가 종종 불유쾌한 것이라는 것을 알고 있으며, 사람은 자신들에게 주어진 짐으로 인해 불평하기가 쉽다. 그 짐으로 인해 우리가 죽을 지경에 놓일 수도 있다. 그러나 그것들은 우리에게 중요하다. 어떤 사람은 관계가 전혀 없이 남자와 여자에게 연관된 특별한 고생(예를 들어, 어떤 난민과 어떤 불법적인 아이들의 경우)을 관계의 부재로 인해 사랑하고 사랑받고, 증오하고 무서워하는 것을 불평하는 것을 봐야 하는 것은 가혹한 장애를 만든다. 이러한 것은 매우 친절한 이웃조차 의심을 하게 하는 경향으로 이끈다.

　우리가 심층을 살펴보기 시작하자마자 마주하는 진정한 스트레스를 세밀하게 분석하기를 시작했을 때 무엇을 발견할 수 있을까?

🌷 부모에게 있는 긍정적인 경향

결혼식 후에 부부가 편안할 때 아이가 생기게 되는 시간이 온다. 만일 아이가 금방 생기게 되면 환영받지 못할 수 있는데, 그것은 부부인 젊은 두 사람이 각자에게 모든 것을 의미하는 처음 단계를 아직 통과하지 않았기 때문이다. 우리 모두는 첫째 아기가 태어나면서 어머니와 아버지의 관계를 깨고, 그것 때문에 고통이 있다는 것을 알고 있다. 또한 우리는 아이들이 나타나지 않은 매우 많은 가족 장면을 만나게 된다. 아이들이 출현하고 아버지와 어머니 관계의 자연스러운 결과를 가지는 경우들을 생각해 보자. 아이들이 건강한 경우를 추측해 보자. 아이들이 귀찮다는 것은 실상과 농담처럼 자주 언급되었다. 그러나 관계에 적합한 시간이 오면 아이들은 정말 귀찮은 종이다. 인간의 본성 안에 성가신 존재를 기대하는 어떤 것이 있는 것 같다. 그리고 이 성가심이 질병이나 환경적 재앙이기보다 아이가 되는 것이 더 좋다.

한 가족의 생활과 한 가족의 분위기를 유지하는 것은 부모가 살고 있는 사회적 환경과의 관계에서 오는 결과이다. 부모가 자신들이 형성하고 있는 가족에게 '기여'를 할 수 있는 것은 많은 부분 부모 주변의 더 넓은 범주에 있는 긴밀한 사회적 환경과의 관계에 의존한다. 사람은 항상 확장하는 집단에 대해 생각하는데, 각 사회적 집단은 바깥의 다른 사회적 집단과의 관계에 대한 것이 내부에서 어떤가에 달려 있다. 물론 이 집단들은 중복될 수 있다. 많은 사람에게 가족은 지대한 관심사이지만, 생활방식이 바뀌는 것과 이주되는 것을 참지 못한다.

그러나 부모들은 사회와의 관계 속에서 단순하게 고려될 수 없다. 부모 자신들 사이의 관계에 의해 가족을 창의적이게 하고 결속시켜 주는 힘 있는 영향력이 있기 때문이다. 이러한 영향력은 매우 상세하게 연구되고 있다. 이러한 영향력은 성(sex)의 매우 복잡한 판타지(환상)에 속한다. 성은 단순히 육체적 만족을 위한 것이 아니다. 특별히 나는 성적 만족이라는 것이 개인의 감정 성장의 한 성취라는 점을 강조하고 싶다. 이러한 만족이 개인적 및 사회적으로 동의할 수 있는 것에 속하게 될 때, 그 만족은 정신건강의 정점을 나타낸다. 반대로, 성에 있어 장애(disturbances)는 신경증적 장애, 심신적 곤란, 개인 잠재성의 낭비라는 모든 것과 연관되어 있다. 그러나 성적 힘(sex power)이라는 것이 매우 중대한 중요성을 가짐에도 불구하고, 가족이라는 주제를 생각할 때 완전한 만족 그 자체는 목적이 아니다. 부모의 부분에 있어 매우 강한 신체적 만족을 기초로 세워지지 않은 가족임에도 불구하고, 많은 가족이 존재하고 좋은 가족이라고 판정되고 있다는 것을 주목하는 것은 가치 있는 것이다. 신체적 만족에 대한 극단적 예는 아마 전형적으로 가족을 형성하는 데 가장 기초적으로 필요하지 않은 로맨틱한 사랑에 속하는 것이다.

어떤 사람은 성적 기쁨에 대한 빈약한 능력을 가지고 있다. 또 어떤 사람은 솔직히 말해 자기성애적 경험이나 동성애를 더 선호한다. 그러나 부모가 용이하게 개인의 감정적 성숙에 속한 잠재성을 즐길 수 있을 때, 관심을 가진 모든 사람에게 성적 기쁨은 풍요로운 경험과 행복한 것이다. 여기에 더해서, 우리는 부모들 사이의 관계에서 자연스럽게 가족 구성 쪽으로 기울어지는 다른 것들이 있다는 것을 알고 있다. 예를 들어, 어른이 된다는 의미에서 부모처럼 되기를 바라는 부모의 뿌리 깊은 소망이다. 또한 우리는 상상력이 풍부한 삶 그리고 문화적 흥미와 추구의 중첩 같은 것들을 기억한다.

'성적 판타지(환상)'라고 내가 부른 것을 생각해 보기 위해서 잠시 멈춰 보자. 여기서 정신분석 작업에 속하는 예외적인 솔직함에서 나타나는 것에 대해 언급해야겠다. 정신분석이 정신분석적 치료의 소산물이나 정신의학적 사회복지 업무와 함께 가는 특별한 경우는 제외하고, 어떻게 부부의 사례가 정확하고 적합한 과거사로 사용될 수 있는지에 대해 의심하게 만든다. 전체적인 성적 판타지는 의식적이든 무의식적이든 거의 무한적으로 다양하고, 중대한 의의를 가지고 있다. 다른 여러 가지 중에서 우려감(sense of concern) 혹은 죄책감은 사랑 충동(love impulse)이 신체적으로 표현될 때 함께하는 파괴적인 요인들(대개 무의식적)에서 일어난다는 것으로 이해하는 것이 중요하다. 이 우려감과 죄책감이 각 부모의 필요, 부모 양쪽의 필요 그리고 가족의 필요에 대해 좋은 거래를 제공한다는 것은 쉽게 인정될 수 있다. 다른 어떤 것보다 성장하는 가족은 해로움에 대한 무서운 생각, 사체 파괴, 괴물이 나타나는 것에 대한 생각을 무력화시킬 수 있다. 부인의 출산 시기에 남편이 갖게 되는 매우 현실적인 불안은 단지 육체적 현실에 대한 것이 아니고, 성에 대한 환상에 속하는 것을 반영하는 것이다. 분명히 아기가 부모의 삶에 가져다주는 큰 기쁨은 아기가 온전하고 인간이라는 것 그리고 더 나아가 아기가 삶을 살게 하는 중요한 것—생존하는 것과 분리하여 사는 것, 숨 쉬고 움직이고 성장하려는 선천적인 경향—을 지니고 있다는 사실을 기반으로 한다. 사실 아기는 당분간은 모든 선하고 악한 판타지를 다루고, 각 아기들의 천부적 생동감은 부모가 점차적으로 생동감을 믿는 것처럼 커다란 안도감을 준다. 부모의 죄책감 혹은 무가치감에서 발생하는 생각으로부터의 안도감이다.

자녀에 대한 부모의 태도는 그 행동을 만든 개념에 대한 부모의 의식적이고 무의식적인 판타지의 관점에서 각 아이들의 의미에 대한 고찰을 제쳐 놓고 아이들에 대한 부모의 태도를 이해하는 것은 불가능하다. 부모는 이것에 대해 아주 다르게 느끼고, 각 자녀들에게 매우 다르게 행동한다. 이것은 임신이 되었을 때, 어머니의 임신 기간 동안, 출산 때 그리고 그 이후로 부모 사이의 관계에 어떠했는가에 많이 달려 있다. 부인의 임신이 남편에게 미치는 영향은 이렇다. 어떤 극단적 경우에는 부인이 임신을 했을 때 남편은 부인에게서 돌아선다. 때때로 남편은 부인에게 더 가깝게 한다. 모든 경우에 부모 사이의 관계에는 실랑이(altercation)가 있다. 이것은 자주 서로가 가지는 책임감을 풍요롭고 깊게 한다.

우리는 부모가 같고, 같은 집과 가정에서 성장했음에 불구하고 아이들은 각각 다르다고 말하는 것을 듣는다. 이것은 성의 중요한 기능에 대한 상상력을 전체적으로 고려하지 않은 것이며, 각 아이는 물리적 환경의 모든 것이 그대로 있을 때조차도 결코 두 번씩이나 같을 수 없는 어떤 명백한 상상적이고 감정적인 환경에 적합할 수 있거나 그렇지 않다는 것을 고려하지 않은 것이다.

이러한 주제에 대한 많은 다른 다양성이 있다. 어떤 것은 복잡하지만 어떤 것은 분명하다. 예로, 유아가 남자인가 혹은 여자인가는 부모 사이의 관계에 완전하게 영향을 미친다. 때때로 부모 양자가 다 원하는 남자이지만, 때로 어머니는 남자 아기에 대한 그녀의 사랑에 놀라는 것을 느끼게 되어, 이 때문에 모유 수유의 친밀함에 대한 즐거움을 수용하지 못하게 된다. 때로 아버지는 여자아이를 원하고 어머니는 남자아이를 원하거나 혹은 그 반대일 수 있다.

　가족은 개개인의 아이들, 이 아이들 각자는 다른 아이들과 유전적으로 구분될 뿐만 아니라 또한 아이의 감정적 성장 안에서 정말로 많은 영향을 받는다. 이 영향은 새로운 아이가 부모의 판타지에 잘 들어맞거나 맞지 않는 방식으로 그들이 가진 신체적 관계를 각각 다른 것에 대해 풍부하게 하고 정교하게 하는 방법에 의해서 아이의 감정적 성장에 의해 영향을 받는다. 이 전체 중에 항상 가장 중요한 것은 살아 있는 인간 아기는 사실이라는 것을 깨닫게 한다. 진짜이고, 내가 말한 것과 같이 당분간 판타지를 무력화하고 재난의 예상을 없애 준다.

　입양 자녀를 가지고 있는 사람들은 어떻게 그 아이들이 결혼에서 발생하는 상상적인 필요에 있는 빈틈을 채울 수 있는지 알게 될 것이다. 그리고 결혼했지만 아이가 없는 사람들은 사실상 가족을 가지는 모든 종류의 다른 방법을 찾을 수 있고 또 찾을 것이다. 그들은 때때로 모든 가족 중에서 가장 큰 가족을 가진 것으로 발견될 수 있다. 그러나 그들은 그들 자신이 낳은 아이를 갖는 것을 더 좋아했을 것이다.

　지금까지 내가 이야기한 것은 부모 두 사람은 서로에게 자신들의 관계의 발전에서 **실제 자녀가 필요**하며, 이러한 방법에서 작동하는 긍정적 힘은 매우 강하다는 것이다. 의도하는 목적을 위하여 부모가 자녀를 사랑한다고 말하는 것은 충분치 않다. 종종 부모는 자녀를 사랑하기 위해 돌아다니고, 모든 종류의 다른 감정을 가지고 있다. 아이들은 부모로부터 사랑받는 것보다 부모를 더 필요로 한다. 아이들은 미움을 받고 증오로 가득 찼을 때조차도 그것을 이월시키는 어떤 것이 필요하다.

🥀 부모로부터 오는 파괴적인 요인

　부모의 어려움을 고려함에 있어 부모가 결혼과 가정을 이루었다는 이유만으로 완전히 성숙한 것은 아니라고 생각하는 것이 항상 값진 것이다. 우리는 성인 공동체의 각 구성원은 성장하고 있고, 일생을 통해 계속 성장을 지속하는 것을 바라고 있다. 그러나 성인은 초기 성장단계의 성취물을 버리지 않으면 성장에 있어 큰 어려움을 가지게 된다. 만일 어떤 사람이 결혼하고 아이를 가질 정도로 충분히 성숙하고 그들이 있는 곳에 만족해야 하고, 자신들에 대하여 행복하지 않다면 자신들의 손실을 잘라 내야 한다고 말하는 것은 쉽다. 그럼에도 불구하고 우리는 사실 남성과 여성이 조금 일찍 결혼한다면 결혼 뒤에 따르는, 수십 년 동안 성취해야 할 많은 성장을 가지고 있다는 것을 알고 있다. 결혼을 일찍 하는 것은 가족 정착을 위해 좋다. 아이들은 자신들보다 20년 혹은 30년 나이가 더 많고 현명치 못한 부모에게서 잘 자란다. 이러한 부모는 아이들을 통하여 배우고, 이 배움에 대해 말할 것이 많이 있다. 여성과 남성은 그들이 부유해지고 자부심을 가질 때까지 결혼을 기다려야 할까? 그렇다. 대부분의 경우에 여성과 남성은 플랫폼(결혼하고 가족을 가지는 것)을 정착시키는 것이 필요하고, 이 플랫폼에서 결국 더한 개인적 성장을 만든다. 그들은 종종 그들의 아이들이 가족을 위해 그들을 필요로 하는 동안 기꺼이, 쉽게, 몇 년을 기다리려고 하고, 그리고 나서 앞으로 분발한다. 그러나 때때로 부모 혹은 한 부모는 새로운 성장의 시기를 재출발하기 전에 큰 압박의 기간이 있다.
　청소년기 동안에 온전한 성장을 달성하는 것은 정말 어렵다. 사회는 청소년들 사이에서 자유로운 실험(free experiment)을 좋아하지 않고, 아이들처럼 다정해야 한다는 사람들이 있다. 청소년기에 '다정해야' 한다는 것은 '생각 없이(thoughtlessly) 관계를 형성하지 않는 것'을 의미한다. '생각 없이'라는 단어는 조심하지 않는 임신 그리고 사생아를 말하는 것이다. 많은 아이는 그들의 청소년기를 다소 억압된 방법으로 통과한다. 결혼을 한 미완의 남자나 여자의 경우 많은 사람이 큰 안위와 즐거움을 가진다. 그러나 이들의 자녀들의 성장이 궁극적으로 부모 자신들의 성장과 함께 더 나아가기 위해 부모에게 도전한다면 놀라지 말아야 한다.

여기에 사회적 요인이 작용한다. 최근 전 세계에서 큰 도전들이 발생하고 있다. 우리가 더 이상 전쟁을 원치 않는다면, 전쟁이 만드는 청소년기의 문제로부터 주의를 돌리지 않을 것이다. 그래서 우리는 모든 곳에서 반드시 중요하게 고려해야 할 발달단계로서 청소년기를 정착시켜 나아가고 있는 것을 발견한다. 이 단계는 본질적으로 어려우며, 의존과 저항이 혼재하고, 청소년이 성인이 되면서 통과하는 단계이다. (우리는 새로운 청소년기가 찾아와서 계속 끓어오르게 한다는 사실에 현혹되지 않도록 해야 한다.)

우리가 보는 복잡한 가정생활의 많은 부분은 부모들이 그들의 아이들을 위해 모든 것을 희생할 수 있는 능력이 끝날 때 나타나는 것이라고 말하고 싶다. 부모 중 한 명 또는 양자에게 지연된 사춘기가 스스로 느껴지지 시작한다. 아마 이것은 특히 아버지를 말하는 것일 것인데, 왜냐하면 어머니는 흔히 모성에 속하는 예기치 않은 신체적이고 감정적인 사건 안에 있는 자신을 자주 발견하기 때문이다. 그러나 그녀 역시 후에 로맨틱하고 열정적인 사랑에 대한 경험이 상당하게 필요할 때 지연된 사춘기가 올 것이다. 이 사랑은 그녀의 아이들을 위해 적합한 아버지를 원하였기 때문에 초기에 회피한 것이다.

이제 가족에게 무슨 일이 일어난 것인가? 나는 많은 경우에 부모들에게는 그들의 부모들이 가족을 정착시키고 유지하기 위해 희생하였듯이 자녀들을 위해 희생할 수 있는 성숙이 충분하게 존재한다는 것을 깨달았다. 그렇게 해서 아이들은 한 가정에서 태어난 것만이 아니라 가족 안에서 성장하고 청소년기에 도달하고, 가족과의 관계에서 독립된 생활과 결혼생활을 성취하게 되는 것이다. 그러나 이것이 항상 가능한 것은 아니다.

우리는 결혼할 때 아주 성숙하지 않고, 무한히 기다릴 여유가 없는 그리고 개인적인 성장에 새로운 박차를 가하거나 혹은 퇴보하는 사람들을 경멸하면 안 된다. 결혼생활에서 어려움은 발생하며, 아이들은 이러한 혼란에 적응할 수 있어야 한다. 때때로 부모는 자신들이 결혼의 구조를 부수고 싶은 필요성이나 아마 재혼에 대한 필요성을 발견한 사실에도 불구하고 자녀들을 만족스러운 독립된 성인으로 보려 할 수 있다.

물론 경우에 따라서는 결혼한 젊은 사람들이 결혼을 해서 어떤 가치 있는 것에 도달했지만 결혼이라는 것이 불안정한 것임을 알기에 신중하게 아이들을 가지지 않으려 한다. 이들 각자는 가정을 꾸릴 준비를 하기 전에 새로운 실험을 할 수도 있다는 것을 알게 되고, 결국 그렇게 하려고 한다. 그들은 부분적으로 가족을 정착시키려고 하는데, 이것이 자연스러운 것이며, 부분적으로 다른 부모들처럼 되기를 원하고 공동체와의 조화를 원하기 때문이다. 하지만 가족은 로맨틱한 사랑의 자연스러운 결과가 아니다. 더 불행한 경우는 부모 사이의 극단적인 어려움에서 혼돈이 발생하는 것이다.

이런 어려움은 자신들이 좋아하는 자녀들의 돌봄에서조차 협조할 수 없게 만든다.[1]

나는 이 설명에서 의도적으로 파괴적인 신체적·정신적 질병의 여파를 빼놓았다.[2] 그러나 나는 가족생활을 위해 통합 혹은 통합적이고 해체적인 요인들에 대한 연구가 얼마나 중요한지 보여 주려고 노력하였다. 그 요인들은 결혼한 한 남자와 여자 사이의 관계에서 오는 요인들 그리고 그들의 성적 생활의 의식적이고 무의적인 판타지에 오는 요인들이다.

🪴 아이에게 있는 긍정적인 경향

문제의 다른 절반, 즉 가족생활에 연관되어 있는 아이들에게서 오는 통합적이며 파괴적인 요인들을 고려할 때, 각 부모는 아이였으며 어느 정도는 여전히 아이라는 것을 기억해야 한다.

가족의 통합이 개별 아이의 통합적 경향에서 온다는 것을 아무리 강조해도 지나치지 않다. 개인의 통합은 당연하게 되는 일이 아니다. 개인적 통합은 정서적 성장의 문제이다. 모든 사람의 경우

---

1) 영국의 경우에 1948년 「아동법(Children Act)」 이래로 국가는 영국, 스코틀랜드, 북아일랜드에서 가정생활을 빼앗긴 모든 아동에 대해 책임을 지도록 하였다. 그리고 이 제도는 국가를 통해 전 지역에 안착되었다. 아동부(Children's Departments)는 먼저 아동들 각자에게 가능한 아이의 가정생활을 유지할 수 있는 것을 찾았고, 이것이 아동들을 수양 가정에 두기에 불가능하고 혹은 특수한 요구를 필요로 하는 사람들에게 주거 관리를 제공할 수 없는 곳을 유지하고자 한다.
2) 가족에게 미치는 다양한 정신질환에 대해서는 제7장, 제8장, 제9장에서 논의한다.

에 시작이 통합되지 않는 상태에서 이루어진다. 유아의 자아가 처음 확립되고 있지만, 여전히 개인적 성장을 위한 모성보호에 절대적으로 의존하고 있는 유아발달의 초기 단계에 대한 많은 연구가 이루어지고 있다. 보통 선호하는 조건들(어머니가 자신의 아이와 밀접한 관계를 가져야 하고, 후에 두 부모의 관심이 조화되어야 함) 안에서 인간 유아는 조화를 향한 천부적 성향의 증거를 줄 수 있게 되는데, 이것은 성장과정의 한 부분이다. 성장의 과정은 각 아이에게서 반드시 발생한다. 의존을 많이 하는 초기 단계에서 만일 조건이 좋으면 인격의 조화가 발생하며, 이 개인의 조화는 격렬한 에너지를 포함하는 활동적인 과정이고 환경에 영향을 준다. 잘 발달한 아이는, 특히 인격이 개인적 성장에 속하는 내부에 있는 천부적 힘에서 조화를 이룰 수 있는 아이는 가까운 환경에 대해 통합적인 영향을 줄 수 있는 것을 가지고 있다. 이러한 아이는 가족의 상황에 '기여'할 수 있다.

각각의 개별 아이로부터 기여하는 것은 한 사람이 아프거나 결함이 있는 아이의 충격을 경험하고, 이런 저런 이유로 기여하지 않는 아이의 충격을 경험할 때까지 잊힐 수 있다. 이때 결과적으로 그 사람은 어떻게 부모와 가족이 고통받고 있는지를 관찰할 수 있다. 아이가 부모에게 기여하지 않은 곳은 모두 자연스러운 것이 아닌 과업의 짐을 짊어지는 것이다. 이 개별 아이로부터 나오는 도움이 없다는 사실에도 불구하고 부모는 가정환경과 이 환경을 유지하기 위해 가족을 부양하기 위해 노력해야 한다. 부모들이 그러한 일에 성공할 것이라고 기대할 수 없는 한계가 있다.

사회는 가족 단위의 통합에 의존하지만, 이 가족 단위는 결국 각 가족 구성원의 성장에서 발생하는 통합에 의존한다는 것을 기억하는 것이 중요하다. 다른 말로 하면, 민주주의가 번성할 수 있는 건강한 사회에서는 상당수의 개인이 자기 자신의 만족스러운 인격발달의 통합을 이뤘음에는 틀림없다. 민주주의의 생각과 삶의 민주주의 방식은 개인의 자연스러운 발달과 몸과 마음이 건강한 데서 생겨나고, 개인 인격의 통합을 제외한 어떤 방법에 의해서 유지되지 않는다. 물론 공동체에 속할 수도 있는, 몸과 마음이 건강하거나 상대적으로 건강한 개인에 의해 민주주의는 증가할 수 있다. 우리 사회에는 통합되지 않은 인격을 지닌, 기여할 수 없는 충분하게 건강한 개인이 있고 또한 민주주의를 퇴보하게 하는 사회도 있다.

공동체를 민주적으로 만든다는 것이 불가능한 것은 필연적 결과로 보일 것이다. 왜냐하면 민주주의적 공동체를 만드는 일은 이미 몸과 마음이 건강한 개인의 안에서 올 때만 효과적인 외부적 힘을 적용하고 있기 때문이다. 그러나 건강한 사회는 각 구성원의 부분을 수행하고 있다. 몸과 마음이 건강한 가족 역시 통합적 경향이 약한 아이들을 동반하고 있다.

개별 아이는 건강한 감성적 발달과 만족스러운 방법 안에서 인격발달에 의해 가족과 가족 분위기를 증진시킨다. 가족을 확립하려는 부모의 노력 가운데, 부모는 아이들의 통합적 경향의 합으로부터 혜택을 얻는다. 이것은 단순히 유아나 아동의 사랑스러움에 대한 것이 아니다. 아이들이 항상 달콤하지는 않지만, 아이들이 주는 그 이상의 것이 있다. 유아와 어린 아동들 그리고 나이가 있는 아동들은 우리가 반응하는 어느 정도의 의존성과 유용성에 대한 기대에 의해 우리를 기쁘게 한다. 나는 이것이 부분적으로 우리가 아이들과 동일시하는 능력 때문이라고 가정한다. 아이들과 동일시하는 이 능력은 다시 부모가 아이들의 나이와 같았을 때 우리 자신의 성격발달을 충분히 좋게 경험했는가에 달려 있다. 이러한 방법으로 우리의 자녀들로부터 기대된 것에 의해 우리 자신의 능력은 강해지고, 나타나고, 개발된다. 수없이 많고 매우 미묘할 뿐만 아니라 분명한 방법에 의해 유아와 아동들은 그들 주변에 가족을 만들어 내는데, 이는 우리가 기대와 완성에 대해 알고 있는 것 때문에 주는 중요한 어떤 것을 필요로 함에 의해서이다. 우리는 아이들이 가족 안에서 놀이를 할 때 창조하는 것을 보며, 아이들의 창의성의 진짜 상징을 만들고 싶어 한다.

부모는 자주 자신들의 부모에게서 경험한 방식으로 또는 더 나은 정도로 자기 아이들의 기대치를 맞춰 줄 수 있다. 그러나 여기에는 위험이 있다. 자신들에게 해 준 부모보다 어느 정도를 넘어 더 낫게 할 때, 불가피하게 자신들의 선함에 대하여 분개하기 시작하고, 실지로 그들은 자신들이 잘하고 있는 것을 해체하려고 한다. 이러한 이유로 어떤 사람들은 자신의 아이들보다 다른 아이들에게 더 잘해 줄 수 있다.

🌺 아이로부터 오는 파괴적인 요인

이것으로부터 아이의 질병이나 발달 결핍에 의해서 발생하는 가족의 붕괴에 대한 생각으로 넘어가게 된다. 아이들의 어떤 정신적인 질병에는 아이의 입장에서 적극적으로 필요한 것으로 어떤 좋은 것, 안정되고 신뢰할 만한 것, 혹은 어떤 형태로든 가치 있는 것을 파괴함으로써 자신들을 나타내고 발달시키려는 제2의 본성이 있다. 눈에 띄는 예는 가장 파괴적인 가족생활을 한 박탈된 아동의 반사회적 경향이다. 그 아이 자신의 것이든 대리 가족(substitute family) 혹은 공동체든, 가족은 지속적으로 검사를 하고, 검사를 했을 때 신뢰할 만한 것이 발견되면 아이의 파괴적인 분노의 목표가 된다. 이것은 반사회적 경향을 가진 아이들을 위해 준비하는 데 큰 문제에 접하게 한다. 마치 아이가 어떤 파괴하기에 가치 있는 무언가를 구하는 것과 같다. 무의식적으로, 아이는 어린 발달단계에서 상실한 어떤 좋은 것을, 그것이 없어져 버렸기 때문에 분노하고 있는 것, 구하고 있는 것이다. 물론 이것은 별개의 주제이지만, 그것은 아동발달의 부족이나 왜곡된 성장에서 오는 가족생활 붕괴의 모든 유형에서 반드시 언급되어야 한다.

🌷 두 주제에 더한 발달

이러한 다양한 요인—부모 및 부모와 사회와의 관계, 가족을 갖고자 하는 바람 그리고 개인 성장에 속하는 통합을 향한 선천적 경향에서 발생하는 요인들—의 상호작용에 관해 이야기되어야 할 많은 것이 있다. 그러나 이것은 처음 시작 때 어느 정도든지 충분히 좋은 환경을 준비하는 것에 달려 있다. 만일 아이들이 잘 발달하여 준다면 온전하게 남아 있는 많은 가족이 있다. 그러나 가족은 병든 아이를 참을 수 없다.

아이의 정신치료의 적합성을 평가하는 데 있어서, 우리 자신들이 질병의 진단에 대한 생각만이 아니라 그 아이의 질병을 견디는 가족의 능력 그리고 사실 아픈 아이를 '붙들어 주고' 심리치료가 효과를 나타내기 전의 기간 동안 아이의 질병을 참아 낼 수 있는 것에 대해 생각하는 우리 자신들을 발견한다. 많은 경우에 가족은 그 자체가 아이의 질병을 수용하거나 아이들 중의 하나를 치료하기 위해서 요양원이나 심지어 정신병원으로 변해야 한다고 말한다. 그리고 많은 가족이 그렇게 할 수 있지만, 심리치료가 비교적 단순한 일임에도 다른 가족에서는 그것을 할 수가 없다. 그렇게 되면 우리는 아이를 가족에게서 떼어 놓아 다른 장소에 두어야 한다. 이렇게 떼어 놓을 경우 심리치료는 훨씬 더 복잡해지고, 정말 기여할 수 없는 아이들을 위한 장소에 적합한 집단을 찾는 것은 극단적으로 어려운 것이다. 아이들이 상대적으로 이 집단에 가져오는 통합적 경향이 적을 때, 그 집단은 그 아이와 질병을 붙들어 줘야 한다.

많은 사례에서 건강한 아이를 낳고 좋은 가정환경을 꾸리는 능력 있는 부모들의 경우 그들을 비난할 수 없는 것은, 사실 그들의 삶 가운데 아픈 아이, 불안한 아이, 정신질환이나 우울증이 있거나 인격이 많이 통합되지 않은 아이, 반사회적인 그리고 그 밖의 문제를 가진 아이들이 있다는 것을 발견하기 때문이다. 그러면 우리가 아이를 돕는 동안에 부모에게 이 어려운 아이를 양육할 것인지 혹은 극단적으로 사실 부모들이 정상적인 아이를 위해 가정을 만들고 유지할 수 있지만 그럼에도 불구하고 그들이 만든 가족이 아픈 이 특별한 아이를 관용할 수 없다는 것을 그들에게 알려 주고 이 과업을 포기할 것인지 묻는 것이 필요하다. 그러면 그들은 당분간 책임감으로부터 벗어나 안도하게 될 것이다. 종종 이러한 방식으로 부모는 대안도 견딜 수 없지만, 도움 받은 것을 참을 수 없어하는 경우가 있다.

이러한 종류의 사례와 관련해 어려운 관리의 문제가 있는데, 이는 핵심 문제인 모든 개인이 아이들의 건강한 발달에 중요한 것은 가족 단위의 통합에 기초하고 있다는 것을 강조하기 위해 언급한 것뿐이다. 같은 방식으로 넓은 통합, 모든 종류의 더 넓은 집단, 때때로 중복되거나 서로 적대적이지만 항상 사회적 망을 넓혀 나가는 세균(germ)을 가지고 있는 것은 건강한 가족이다.

물론 부모 없이 그리고 부모 자신들의 상호 관계성에서 나오는 바람 없이 아이가 마술에 의해 이 가족을 만들어 낼 수는 없다. 그럼에도 불구하고 각 유아와 아동은 가족을 창조한다. 부모가 가족의 존재를 가져오는 것은 진실이지만, 부모는 각 유아와 아동으로부터 어떤 것을 필요로 한다. 나는 이것을 개별 아이가 창조하는 것이라고 말한다. 이것이 실패하면 부모는 마음과 의지를 상실하고 단지 비어 있는 가정환경을 꾸리게 될 것이다. 물론 부모는 아이를 입양하거나 가족과 동일한 간접적인 다른 수단을 찾을 것이다. 가족의 힘은 아버지와 어머니의 관계에서 발생하는 어떤 것뿐만 아니라 내가 개별 아이의 감정적 발달에 속한 통합을 향한 경향으로 움직이는 요인과 합친 것에서 나오는 어떤 것 사이에 만나는 장소가 있음에서 오는 것이다.

제**7**장

부모의 우울증으로 영향받는 가족

앞 장에서 부모와 아이들에게 있어 가족생활을 파괴하게 만드는 요인들에 대해 살펴보았다. 정신질환이 가족의 붕괴를 가져올 수 있다는 것을 생각하면서 앞으로 나오는 세 절의 설명에서 일반적 주제를 따라오기를 제안한다. 우리가 가족 역동성의 실패 증거가 있는 상황에서 요청을 받았을 때 우리의 도움이 가장 적합하기 위하여 우리에게 제시되는 어려움의 근본적인 요인을 이해하려고 한다. 우리는 이러한 일들에 관해 도덕적 판단을 하는 것에는 관심이 없다. 또한 이러한 맥락에서 경제적 부담 문제—어떤 경우에도 스트레스의 유일한 원인으로 밝혀진 경우는 매우 드물다—에 따라 생각하지도 않는다.

여기서 부모 중의 한 명이나 양자가 우울증이 있는 가족에 대한 영향을 살펴보고자 한다. 먼저, 어떤 형태의 정신질환의 특징에 대해 간단히 언급을 하려고 한다.

🌷 정신질환의 분류

정신질환은 인위적으로 정신신경증(psychoneurosis)과 조현병(psychosis)으로 분류할 수 있다. 정신병은 광기(madness)나 성격에 숨은 광기의 요소와 연관이 있다. 정신신경증은 온전한 개인 성격 안에 구성된 방어기제에서, 환상에서나 실제 대인관계서 발생하는 불안감을 물리치거나 대처하는 것에서 그 패턴을 가지고 있다. 어머니나 아버지에게 있는 정신신경증은 성장하는 자녀에게 합병증(complication)을 가져오지만, 부모에게 있는 조현병은 건강발달에 더 예민한 위협을 가져다준다.

조현병[1])이라는 용어에 의해, 나는 더 깊은 방어선을 언급하는 것이다. 아마 너무 일찍 발생한 압박과 압박 패턴 때문에 보통 방어기제를 다룰 수 있는 개인의 능력을 넘는 압박에 직면해서 개인의 성격에서 발생하는 변화를 말하는 것이다. 극단적인 조현병은 정신병원 사례이다. 아주 심한 정신병적 분열은 오히려 질병으로 쉽게 인지할 수 있는 하나의 신체질환과 같고, 의료 전문가는 이러한 분명한 분열과 마주하게 될 때 어떻게 책임감을 다해야 하는지 알고 있다.

여기서의 주제인 우울증은 감정 혹은 기분의 장애이지만, 이 점에 대해 내가 언급하고 싶은 두 가지 특별한 것이 있다.

하나는 정신착란적(psychopathic) 장애이다. 여기서 이것은 주로

---

1) 부모와 아이들에게 있는 정신병과 가족생활에 대한 그것의 영향은 제8장과 제9장의 주제이다.

아버지와 연관이 있는 반면, 우울증은 주로 어머니와 연관이 있다. 사이코패스는 아동기의 범죄에서 회복하지 않은 성인이다. 이 범죄는 원래 박탈된 아동에게 있는 반사회적 성향(개인의 역사에서)이다. 처음의 박탈은 실제였고, 아동에 의해 그렇게 인지가 된다. 박탈은 어떤 좋았던 것의 상실이고, 어떤 것이 발생했는데 이후에 다시는 같은 것이 어떤 것도 없다는 것을 나는 암시하려고 한다. 그래서 반사회적 성향은 빠르게 망각되어서 단순한 번복으로는 고칠 수 없게 된 원래 트라우마를 외부적 실체를 만들어서 고치려는 아동 안에 있는 충동을 대표하는 것이다. 사이코패스 환자에게는 실패한 것을 좋게 만들도록 강요하는 강박관념이 계속되고, 우리는 부모 중 한 사람이나 두 사람 안에 있는 이 강박관념의 영향으로 발생한 문제에 자주 사로잡히게 된다.

　다른 하나는 우울증 혹은 학대의 망상이나 의심과 연관이 있는 반사회적 성향을 동반할 수 있는 특별한 뒤틀림(particular twist)이다. 학대받았다고 느끼는 이 성향은 우울증의 합병증이며, 전반적으로 우울증을 그렇게 분명치 않게 만드는데, 왜냐하면 이 약간의 광기(박해의 망상)는 우울과 우울한 사람들의 특징인 죄의식을 다른 곳으로 돌리기 때문이다. 이러한 상태에 있는 아픈 사람들은 한편으로 자신들이 터무니없이 나쁘다는 것과 다른 한편으로는 자신들이 부당한 대우를 받는다는 것에 격렬히, 미친듯이 느끼는 것을 교대로 한다. 이 양자를 치료하기 위해 우리가 할 수 있는 것은 아무것도 없다는 것을 알게 될지도 모른다. 우리는 이 상태를 수용해야 한다. 정상적인 경우 개인은 우울한 기분과 외부의 어떤 것이 나쁜 영향을 미치거나 자신이 박해받는 행위자라는 느낌 사이에서 유연성과 더 쉬운 대안을 제시하기에, 우울증이 의심이나 학대의 망상에 의해 복잡해지지 않을 때 더 희망이 있다.

어머니 혹은 아버지의 우울증

나는 이제 우울증의 주제로 왔다. 우울증이 더 흥미로운 것은 그
것이 일상생활과 더 밀접하게 연관되어 있기 때문이다. 척도의 한
쪽 끝에는 우울(melancholia)이 있고, 다른 한쪽 끝에는 모든 통합
된 인간에게 공통적 조건인 우울(depression)이 있다. 키츠(Keats)가
세상에 대해 "생각 외에는 슬픔과 절망으로 가득 차야 할 곳"이라
고 말했을 때 그것이 아무 가치도 없다는 뜻도, 심지어 마음의 상태
도 좋지 않다는 것을 의미하지는 않았다. 여기 사물을 깊이 느끼고
또한 책임을 지는 위험을 감수하는 사람이 있었다. 그래서 한 극
단에서는 우울증이 있는 사람들이 있는데, 이들은 세상의 모든 병,
특별히 자신들과 전혀 상관없는 병들에 대한 책임감을 가지고 있
는 사람들이다. 다른 한 극단에는 자기 자신들의 증오, 지겨움, 잔
혹성, 사랑하고 구성해야 하는 자신들의 능력과 공존하는 일들을
수용하는 세계에 대해 정말 책임감을 가지고 있는 사람들이 있다.
때때로 자기 자신들의 끔찍함을 느끼는 것이 그들을 우울하게 만
든다.

만일 우리가 우울증을 이러한 방향으로 보게 되면, 우울증을 가
지고 있는 가족의 어머니나 아버지를 포함해서 우울을 겪는 세상
에 있는 사람들은 정말로 가치 있는 사람이라고 볼 수 있다. 그들이
우울해하는 것은 유감스럽지만, 의심할 수 없거나 혹은 의기소침
하는 것은 더 나쁜 조건이다. 우울증을 부정하는 억지로 꾸민 명랑

함은 설령 크리스마스 파티 장소에 있더라도 시간이 지나면 지겨워진다.

아이에 대한 어머니 혹은 아버지의 절망과 삶과 삶의 목적에 대한 일반적 의심 사이에 분명한 선은 없다. 실제로 사람은 염려에서 절망으로 왔다 갔다 하는 움직임을 보이고, 때로는 친구나 의사의 작은 도움처럼 개인의 삶에서 희망과 절망 사이에 당분간의 차이를 만들어 낸다. 아마 내가 언급한 것은 삶에서 일반적 경험과 함께 있는 공통된 우울과 연관될 것이다. 나는 우울증이라는 것이 치료를 요하는 심각하게 손상을 주는 병이 될 수 있다는 것을 안다. 그러나 그것은 우리 모두가 훨씬 더 공통적으로 그리고 때때로 느끼는 것이다. 우리는 우리 기분에서 흔들리거나 지그재그로 끌려가는 것을 원하지 않지만, 진정한 친구는 우리를 용인해 주고 도와주고 기다린다.

나는 지난 30년 넘는 기간 동안 아동병원에서 나를 찾는 외래 환자들을 보아 왔기 때문에 어머니와 아버지가 가진 우울증을 관찰하는 기회를 가졌다. 수천 명의 어머니가 이 병원에 내원을 했고, 아이들은 신체적이고 심리적인 모든 종류의 장애를 가지고 있었다. 흔히 아이들이 아프지 않은데도 오늘 아이에 대해 걱정하는 사람은 어머니이다. 내일은 어머니가 걱정해야 하지만 걱정하지 않는다. 나는 빠르게 어머니와 아버지의 지나친 걱정(심기증, hypochondria)을 관리하는 담당 부서로서 나의 진료를 생각하는 것을 배웠다. (물론 자연적으로 아이들을 병원에 데리고 오는 사람은 주로 어머니이지만 항상 그렇지는 않은데, 편의를 위해 아버지를 빼놓았다.)

어머니들이 다소 우울할 때 아이들을 의사에게 데려올 수 있는 것은 중요하다. 아마 그들은 성인병원에 갈 수 있고, 자신들의 체내

기관이나 완전하게 건강하지 않는 몸의 부분들에 대한 염려를 표현할 것이다. 정신과 의사에게 갈지도 모르고, 공개적으로 우울감에 대한 불만을 표시할 것이다. 이들은 성직자에게 가서 자신들의 선함에 대한 의심을 의논할 수도 있다. 혹은 엉터리 특효약을 먹을 수도 있다. 사실 의심한다는 것은 그것의 반대인 **신뢰**(belief) 가치 그리고 보존 가치가 있다는 느낌과 정반대에 아주 가깝다.

그래서 우울증에 대한 접근을 하면서 나는 심각한 정신질환에 대한 것만을 언급할 뿐 아니라 좋은 일을 할 때 우울해지지 않는 능력과 긴밀하게 연관되어 있는, 건강한 사람에게도 있는 보편적인 현상에 대하여서도 언급할 것이다.

사람들이 스스로 하고 있는 일들 중의 하나는 가족을 안착시키고 유지하는 것이다. 그래서 가족은 남편이나 부인이 우울할 때 스스로 위험에 처할 수 있는 것들 중 하나이다. 예를 하나 들어 보자.

어떤 어머니가 병원에 남자아이를 데리고 왔는데, 상담 전 일주일 동안 살이 빠졌기 때문이다. 나에게 분명한 것은 이 여성은 장기적으로 우울에 있다는 것이었다. 그리고 나는 그녀가 당분간 그녀의 아이에 대해 걱정을 하고, 더구나 그녀는 대개 막연하게 그녀 자신에 대해 걱정하기 때문에 이것이 그녀에게 어떤 안도를 줄 것이라는 것을 당연하게 생각하였다. 나는 아이와의 만남을 통하여 아이의 병은 아버지가 갑자기 두 아이에게 아버지와 어머니가 이별하려는 의도를 포함하고 있는 "너희들은 나랑 살래, 아니면 엄마랑 살래?"라는 질문을 했을 시점에 아버지와 어머니 사이에 재현되는 충돌이 있는 가족생활 속에 있는 이 심한 상태에서 시작했다는 것을 발견하였다. 사실 그 아버지는 지속해서 자신의 아내를 학대하였다. 아버지는 미숙하고 무뚝뚝한데, 꽤 행복하다. 그러나 여기서 내가 관심을 가지는 것은 어머니이고, 그녀가 가진 만성적인 우울 상태였다.

그녀의 아이의 체중 감소에 관한 관심에 대한 나의 치료는 무엇일까? 나의 임상에서 치료는 심리치료로 어머니의 우울증을 다루는 것이 아니라 아이를 검사하는 것이다. 대개 나는 아무 질병을 발견하지 못한다. 내가 이 사례를 선택한 것은 사실 이 아이가 당뇨병을 앓기 시작했기 때문이다. 아이의 상태에 대한 내 객관적인 연구와 이에 따른 치료는 어머니가 필요한 것이다. 그녀는 남편에 의해 계속 학대를 받을 것이다. 그녀는 만성적으로 우울한 것이 지속될 것이고 때로는 심하게 우울하게 될 것이다. 그러나 나는 나타난 문제의 범위 내에서 그녀의 걱정을 다루었다. 자연적으로 아이는 당뇨병 치료를 받는 것 외에 가정 상황에 대한 이해와 관련하여 도움을 받았다. 그러나 나는 내가 하는 일이 더 큰 문제인 어머니의 만성적 우울증을 해결하지 못한다는 것을 알고는 놀라지 않았다.

🌷 사회복지(social work)의 제한된 책임

많은 경우에 어떤 어머니에게 있는 우울증은 그녀가 걱정하고 있는 일을 조사하고, 그 일을 처리함으로써 성공적으로 다루는 것이 가능하다. 예를 들어, 그녀는 집안 살림에 혼란에 생겼을 수도 있고, 부정직을 매우 싫어함에도 무심코 빚을 졌거나, 아니면 남편이 실직해서 할부금을 낼 수 없을지도 모른다.

다른 한 어머니는 그녀의 작은 딸을 데리고 왔는데 왜 데리고 왔는지가 분명하지 않았다. 불편해하는 증상은 그녀가 병원에 어떤 부서로 가는가에 따라 다르다고 말할 수 있다. 그녀는 목과 코를 치료하는 외과 의사에게 아이의 임파선에 주의가 필요하지 않을까 물어보았을 수도 있다. 그녀는 안과 의사에게 아이가 잘 보고 있다고 생각하는지 물어보았을지도 모른다. 그녀는 빠르게 외과 의사의 기대를 따라갈 수 있고, 의사에게 흥미롭게 보이는 어떤 증상을 설명할 수 있다. 나는 이러한 것에 대한 그녀의 과거를 살펴볼 수 있었고 이것이 그녀에게 자신의 아이에 대하여 좌절을 가지는 것에 대한 통찰을 주었다. 그녀가 때때로 딸에 대한 걱정을 많이 하고 있다는 사실에도 불구하고 전반적으로 그녀의 딸이 잘 성장하고 있다는 것을 볼 수 있다. 딸은 약간의 증상을 가지고 있고, 이것들은 식욕 감퇴를 포함한다.

이 사례의 경우에 내가 할 일은 다음과 같이 그 어머니에게 말하는 것이다. "당신이 딸에 대해 걱정할 때 딸을 이곳에 데리고 온 것은 우리가 원하는 것입니다. 현재 내 생각에 이 아이는 매우 건강합니다. 그리고 다음 주에 다시 오고 싶다고 느끼면 나의 의견을 기꺼이 다시 고려해 볼 것입니다."

여기에서 어머니는 내가 그녀의 딸을 검사하고, 그녀가 말한 것을 심각하게 생각했다는 사실에 의해 재확신을 가지게 되었다. 그녀는 자신이 딸이 괜찮다는 것을 믿기 어렵다는 것을 발견하였지만, 내일은 아마 그녀의 불안을 잊어버릴 것이다. 그래서 의사가 특히 그녀가 그럴 때 이러한 사람에게 어리석은 쓸데없는 소리라고 말하는 것은 아무 소용이 없는 것이다.

　더구나 부모에게 정신적인 문제가 있고, 만일 우리가 그 집안에 도움을 주는 것으로 느끼려면 권위에 대하여, 혹은 어떤 기관이든 어머니나 아버지의 천적이 되는 것에 맞서서 가족의 편에 서는 것을 준비하는 것을 기억하는 것이 중요하다.

　때때로 우리는 내가 지금 묘사한 이러한 사람들은 자연적 방법으로 도움을 얻는 것에 실패하는지 궁금해할 수 있어서, 혼란과 절망의 축적이 마비 상태가 되는 것이 아닌가 하는 의문을 가질 수 있다. 한 친구는 평범한 일상에서 우리가 직업적인 관계에서 하는 같은 일을 했을 것이다. 그러나 어떤 사람들은 쉽게 친구 관계를 만들지 못한다. 그들은 자신들을 자신 안에 갇히게 하거나, 물러나거나 혹은 아마도 거주지를 여러 차례 옮기고, 이웃과의 만남을 가질 수 있는 기술이 없다. 사람들은 대개 사소한 곤란에 즈음하여 방법을 찾지만, 실패는 오로지 너무 쉽게 잠재된 우울증을 유발한다. 그리고 임대 구매계약의 할부금을 지불하지 못하는 것은 삶과 삶의 의미에 대한 절망을 불러일으킬 수 있다. 매우 중요한 어떤 것이 어떤 물품을 구입하는 것보다 훨씬 더 깊은 문제에 속한 것을 건드리기 때문이다.

　우리가 지금 하는 것은 단지 하루하루의 관리에만 관심을 두는 것이 아니라, 하루하루의 관리가 사람들이 우울증과의 싸움에서 사용하는 방법 중에 하나라는 것을 분명하게 하는 것이다. 하루의 성공적인 관리는 희망을 의미한다. 그러나 그냥 약간 혼란스럽거나 완전히 혼란한 상태의 위협은 회복이 불가능하다는 느낌이 든다.

🏆 사회복지치료

우리의 많은 전문적 일에서 무의식의 해석을 하지 않음에도 불구하고 우리는 심리치료자들이다. 우리는 사람들의 우울을 다루고, 우울증을 막고, 사람들이 그것으로부터 나올 수 있도록 다루고 있다. 우리는 정신간호사이다. 정신병원에서 정신간호사들의 어려움은 치료가 성공하기 매우 어렵다는 것이다. 다행히도, 우리는 종종 성공할 때가 있다. 정신간호사들의 중압감은 그들 일의 많은 부분이기도 한 실패를 인내하는 것이다. 정신병원의 정신간호사는 우리가 성공해야 할 기회를 부러워할 것이다. 왜냐하면 우리는 스스로 치료하려는 경향이 있는 우울증과 접촉하기 때문이다. 그리고 이러한 경향은 종종 우리가 하는 어떤 작은 일에 도움을 받고 재촉될 수 있다. 동시에 일들 중에 우리 역시 혹독한 사례를 가질 수 있다는 것을 명심해야 하고, 우리 역시 실패를 인내해야 하며, 결과가 나올 것임을 확신하기 전까지 어떻게 기다려야 하는지 확실하게 알아야 한다. 정신분석가로서 나는 기다리고, 기다리고, 또 기다리는 일에 매우 필요한 훈련을 받았다. 또한 서류상으로는 성공 같지 않은 성공들이 있다. 우리가 한 것이 가치가 있다고 확신했을 때, 결국 그 사람은 다시 감옥으로 가거나, 어떤 여성은 자살을 하거나, 혹은 결국 아이들은 돌봐야 하는 상태 또는 보호관찰 상태가 되기도 한다.

희망 없는 정신병의 경우와 우리가 흔히 도울 수 있는 희망이 있는 우울증 사이의 차이는 무엇일까? 이 두 가지 유형의 경우에 심리학 관점에서는 본질적인 차이는 없다. 병원에 있는 우울증 환자는 몇 달 혹은 몇 년 동안 아무 일도 할 수 없어서 자신의 주먹으로 가슴을 치면서 "나는 저주받았어"라고 말을 한다. 그녀는 특별히 자신의 문제에 대한 중요한 점에 관한 걱정을 할 수 없는데, 왜냐하면 자신의 병에 대한 진짜 원인에 가까이 갈 수 없기 때문이다. 그 대신에 무제한의 죄의식을 느끼고, 고통스러워하고 고통당하는 것을 계속하고, 결국에는 그녀의 고통으로 인해 모든 사람이 고통을 당한다. 때때로 그녀는 자신이 정말 좋아하는 사람을 죽였다고 말하거나, 일본에서 기차사고가 발생했는데 그것이 자기의 허물 때문이라고 말한다. 이 사례를 논해도 소용이 없다. 우리가 하는 것이 쓸데없는 것이기 때문이다.

다른 한편에서 다소 희망적인 사례들은 우울증에 걸린 여성이 무언가에 대해 우울해할 수 있고, 그 무언가에 대해 어떤 감각을 가지고 있는 경우이다. 그녀는 집을 깨끗하게 치울 수 없다는 것에 대해 걱정을 한다. 여기에 우리는 현실이 판타지와 함께 짜인 증강현실이 있다는 것을 이해할 수 있다. 우울증은 그녀로 하여금 일을 완수하지 못하도록 하고, 일을 할 수 없는 것은 그녀를 우울하게 만드는 것이다.

사례가 희망적인 경우는 우울증이 어떤 중요한 것에 대한 걱정의 형태를 가진 경우이다. 이 경우는 우리가 그 사람의 안으로 들어갈 수 있는 길이 있다. 그녀가 가진 죄의식에 대한 진실한 근원을 찾도록 도와주는 것—몇 해 전 정신분석치료에서 행해진 것처럼—은 우리의 일이 아니다. 우리가 할 수 있는 것은 개인이 자신의 실패를 보고한 바로 그 자리에서 약간의 도움을 주는 것이며, 그렇게 함으로써 희망을 전달하는 것이다.

어떤 어머니가 걱정과 모든 것이 혼란스럽게 된 것에 대해 우울중을 호소할 때 내가 하고 싶은 가장 중요한 것은 이 우울증을 다룰 수 있는 방법이 있다는 것이다. 우리는 이 걱정이나 혼란스럽게 된 것에 대해 끼어들어간다. 그러나 **보통 이러한 방법으로 우울증을 깨끗하게 치료하지는** 못할 것이다. 기껏해야 우리가 흔히 할 수 있는 것은 혼잡스럽거나 아이들에 대해 소홀한 것이 우울감을 활성화시키거나 먹이를 제공하지 않도록 악순환의 고리를 끊는 것이다. 우리의 올바른 정신을 위해서, 우리는 문제가 되는 것은 우울증이지 걱정을 표현하는 것이 아님을 알아야 한다. 우리는 자주 우울증이 걷히는 것을 보곤 한다. 그리고 몇 주 또는 몇 달 동안 그녀를 좌절시킨 세부적인 일들을 다룰 수 있는 것을 본다. 혹은 그녀는 친구의 도움을 받기 시작한다.

우울증이 완화됨에 따라 그녀는 채소가게 주인의 부인이 추천해 준 약초를 먹음으로써 치료된 침체(constipation) 때문이라고 우리에게 말할 것이다. 그 말에 신경 쓰지 말라. 우리는 그녀의 질병에 간접적으로 영향을 미치고, 그녀의 무의식에 전적으로 작동하고 있는 내적 투쟁을 해결하기 위해 그녀의 힘을 강하게 하는 데 부분적 역할을 하고 있다는 것을 알고 있다.

🎗️ 임상 사례

한 여성이 치료를 받기 위해 왔다. 나는 우울감에 대한 그녀의 책임 때문에 장기적 분석에 대해 언급하지 않았다. 그녀는 1년간 있었던 정신병원에서 지금은 나온 상태이고 일터로 돌아갔지만, 짧은 우울증 단계가 재발하기 쉬운 상태에 있었다.

최근에 그녀는 우울해졌다. 사건의 발단은 그녀의 새로운 아파트 난방 문제였다. 그녀는 오래된 옷을 수선해서 돈을 절약하려고 노력했고, 지금은 새로운 옷을 사야 하는 상황에 직면하였다. 어떻게 그녀가 살기 위해 충분히 돈을 벌 수 있을까? 그녀는 자신의 미래가 보이지 않았다. 단지 패배한 전투이고 외로운 삶이기에, 그녀는 상담 기간 내내 흐느꼈다.

그런데 그녀가 집에 도착했을 때 그녀의 난방 문제는 이미 해결되었고, 또한 어떤 사람이 그녀에게 돈을 보내 주었다. 우리에게 중요한 것은 난방과 물질적 선물을 발견하기 전 그녀의 우울감이 집으로 가는 길에 완화된 것이다. 이러한 환영 선물이 왔을 때 그녀는 희망으로 가득 차 있었고, 비록 그녀의 실제 처지에 변화가 일어나지 않았지만 그녀가 생계를 유지할 수 있다는 것에는 의심이 없었고, 나는 그녀의 절망적인 단계를 공유하였다.

나는 만약 우리가 우울한 사람 안에서 스스로 해결해야 하는 무거운 우울감의 무게를 마음에 새기고, 동시에 즉각적인 문제가 되는 것을 도우려고 노력한다면, 우리의 일이 이해될 수 있을 뿐만 아니라 보람도 있을 수 있을 것이라고 제안한다. 우리의 일에는 경제적 의미가 있고, 우리가 적절한 순간에 옳은 일을 한다면 우리가 해야 할 일을 할 수 있다. 그러나 만일 우리가 불가능한 것을 시도한다면 그 결과로 우리는 스스로 우울해지고 그 사례는 변하지 않은 채로 있을 것이다.

두 가지 예를 더 들어 보자.

나에게 상담을 의뢰한 아주 좋은 가족이 있다. 그들에게는 매우 좋은 가족 전통이 있고, 정원이 있는 좋은 집에서 거주하고 있고, 모든 물질적 혜택도 있다. 두 아들 중에 한 아이를 내게 데리고 왔는데, 부모는 이 아이가 잘못된 길로 가고 있다는 것을 볼 수 있었기 때문이다. 이 아이의 태도는 완벽했지만, 어떤 이유에서인지 아동기가 상실되었다.

내가 주목하는 것은 몇 번씩 아이 둘 다를 보았는데 점차적으로는 차츰 어머니가 아닌 다른 사람이 그들을 돌볼 필요가 있다는 것이었다. 어머니는 우울증을 앓고 있었다. 그녀는 치료를 받고 있었고 의심할 것 없이 회복할 것이다. 그러나 내가 치료하는 이 남자아이들은 지금까지는 성공적이었지만 어머니를 심각한 실패자로 남게 하였다. 다른 사람이 그녀의 아이들을 돌봐야 한다는 것은 그녀에게 트라우마가 되어 버렸다. 그녀가 지금 두려워하는 하는 것은 그녀의 정상적인 둘째 딸에 대한 걱정이다. 어머니는 나에게 딸에게 관심을 달라고 부탁했고, 나는 그녀에게 때때로 모든 면에서 이 아이를 다시 생각하고 있다는 것을 알게 하였다. 그러나 이 아이에 대해 내가 볼 수 있는 모든 것은 아이가 정상적인 아이였다는 것이다. 내가 표현할 수 있는 어떤 의심도 이 어머니는 그 아이가 정말로 전혀 좋지 않다는 자신의 불안감을 확인시켜 주는 것으로 해석될 것이다. 물론 그녀는 좋은 사람이고, 그녀와 남편은 자녀들이 청년기부터 우리가 성인 삶이라고 부르는 독립 때까지 잘 통과할 수 있도록 하는 가정을 가지고 있다. 이 어머니는 내가 이 글을 쓴 이후로 나를 보았다. 그녀는 치료를 받고 있고, 옛날보다는 훨씬 덜 우울해한다. 그녀는 다음과 같이 말하였다. "이 집은 수리되었고, 한 방의 천장에 금이 간 것이 이제는 더 이상 집의 특징이 아닙니다." 딸인 작은 여자아이가 들어와서 말하였다. "이제는 금이 간

곳이 없으니 예쁘지 않아요?" (이 아이는 이 금 때문에 두려워하였다.) 나는 어머니에게 말하였다. "당신의 아이는 분명하게 당신 자신이 향상된 것을 알아챘습니다."

내 친구 중의 한 명은 오랫동안 심리적 문제들에 대해 거부하였다. 그는 외과 의사였는데, 어느 날 자신의 아이들이 심리적 증상이 많아서 나를 보기를 원하였다. 내가 발견한 것은 부모 사이에 많은 긴장을 가진 건강한 가족이지만 안정성은 충분하다는 것이었다. 아이들이 가진 증상들은 아이들 나이에 발생할 수 있는 것들이고, 우리는 아이들이 두 살, 세 살 그리고 네 살 때 가질 수 있는 증상들이 많다는 것을 알고 있다. 이 사례의 경우에는 내가 거의 아버지에게 우울증을 놓칠 뻔했는데, 이것은 남편과 아버지가 되는 능력에 대한 의심의 형태를 가진 것이었다. 다행히 나는 이것을 적합한 시기에 보았고, 그에게 "아이들은 정상입니다."라고 말하였다. 그의 안도감은 엄청났고 오래 지속되었으며, 그 가족은 성장했고 건강해졌다. 만일 아이들의 삶과 부모들의 관계에서 어려움을 본 후 내가 이 모든 것을 처리하려고 시작하였다면 재앙이 되었을 것이다. 나는 제한된 임무를 맡았고 이 경우 내가 해야 할 일을 잘했다고 생각하지만, 그것은 반드시 신속하고 지체 없이 그리고 확실히 조용하게 해야 했다. 나의 생각에는 지능검사라 할지라도, 내편에서 가지는 어떤 의심의 표현조차도 이 사건을 장기간에 걸쳐 관리하는 데 있어서 매우 복잡한 문제로 만들었을 것이다. 만일 내가 아이들이 심리치료를 받아야 한다고 제안했다면 이 남자의 아내가 나를 얼마나 증오했을지 알고 있다.

　　이 시점에서 나는 다른 사람들이 심하게 상처받지 않고, 개인이 억제할 수 있는 우울증의 양에 관심을 가질 것이다. 여기에 한 예가 있다.

　　이것은 특히 지적 분야에서 뛰어난 여성이 교육에 있어서 매우 책임감 있는 자리를 차지할 수 있었던 것에 관한 것이다. 그러나 그녀는 결혼을 선택했고, 세 자녀를 길렀고, 자녀들 모두는 결혼을 하였다. 그녀는 여덟 명의 손자·손녀가 있다. 사람들은 특별히 아이들을 양육하여 가족을 정착시킬 수 있었던 점에서 성공적이라고 말할 수 있다. 그녀는 남편이 일찍 사망한 것을 참아 낼 수 있었고, 미망인으로서의 삶을 유지하기 위해서 일을 할 필요가 있을 때 그녀의 아이들에게 너무 많이 의존하는 것을 피하였다. 내가 우연히 안 것은 지금 그녀가 매일 아침 심각한 우울증으로 고통받고 있다는 것이다. 이런 것은 그녀 삶의 특징이 되어 버렸다. 아침에 잠을 깨서 아침식사를 할 때까지 그녀는 자신이 가장 깊은 우울증에 빠져 있고, 울 뿐 아니라 자살 충동이 일어날 때 위험하다는 것을 세상이 인정하는 것처럼 보이게 하였다.

　　나는 사람들이 그녀가 깨어나서 아침식사까지 정신병원에 있는 많은 우울증 환자처럼 자신이 아프다고 말할 수 있다고 생각한다. 그녀는 심하게 고통을 받고 있고, 의심할 것 없이 그녀의 가족은 그녀가 이 질병과 싸우지 않았다면 훨씬 더 잘 대해 주었을 것이다. 그럼에도 불구하고 그녀의 경우는 다른 많은 사람의 경우처럼 우울증이 주로 그녀 자신에 의해 느껴진 자급자족(self-contained)의 것이다. 그리고 가능한 한 그녀의 인생이 그렇다는 것을 받아들이게 되었다. 사람들은 남은 하루 동안 그녀가 매우 가치 있는 사

람이며 그녀의 책임감은 아이들이 안정감을 느끼기 위해 필요한 것
이라는 것 외에는 그녀에 대해 거의 알지 못할 것이다.

그러나 우울증을 앓고 있는 이 다소 평범한 사람들에게는 친구
가 있다. 그들의 친구들은 그들을 알고 있고, 좋아하고, 가치 있게
여기고, 그래서 필요한 도움을 제공할 수 있다. 그러나 친구를 만
드는 것과 이웃과 함께 지내는 것에 대해 어려움을 가지는 개인들
은 어떤가? 이것이 우리로 하여금 전문적으로, 그러나 제한적으로
친구가 줄 수 있는 것과 같은 종류의 도움을 주는 것을 필요로 하
게 만드는 복잡한 것이다. 우정을 어렵게 만드는 이 같은 의혹은 종
종 우리를 전문적으로 사용하는 사람의 능력에 방해가 될 것이다.
혹 우리가 친구로서 받아들여지고 이상화되어 있다는 것을 알게
될 수도 있다. 그래서 우리는 다른 사회복지사, 지방 자치단체, 주
택 위원회, 또는 아래층에 아파트를 가지고 있는 어두운 곳에 사는
사람들, 또는 시댁 식구들을 비하하는 소리를 항상 들어야 한다. 여
기 편집중적 시스템이 있는데, 여기서 우리는 우연히 선과 악을 구
분하는 선의 우파이다. 우리가 나쁜 편에 있을 때 우리는 소외될 수
있다.

우울증의 심리학

우울증의 심리학을 간단하게 설명하면서 결론을 맺고자 한다.
물론 이 우울증은 매우 복잡한 주제이다. 그리고 더구나 다양한 우
울증이 있다.

- 심각한 우울증
- 조병과 함께 번갈아 나타나는 우울증
- 우울증을 부정하는 것으로 나타나는 우울증(경조병 상태, hypomantic state)
- 다소간 편집적 불안과 함께 나타나는 장기 우울증
- 정상적인 사람들에게 있는 우울 기간
- 애도와 결부된 반응성 우울증

이 모든 임상적 상태에는 확실하게 공통된 특성들이 있다. 주된 것은 우울증은 개인이 인간 본성에 있는 폭력적이고 파괴적인 요인에 대한 책임감을 받아들이고 있음을 나타낸다는 것이다. 이것은 우울한 사람은 일정량의 죄의식(주로 무의식적인 내용들)을 감내할 수 있는 능력이 있다는 것을 의미하는데, 이는 건설적인 활동의 기회를 주변에서 모색할 수 있도록 한다.

우울감은 개인의 감정적 발달에 있어 성장과 건강함의 증거이다. 아주 어렸을 때 감정적 발달의 단계가 만족하게 성취되지 않았을 때 개인은 우울해질 정도로 멀리 가지 않는다. 만일 내가 걱정 의식의 발달을 언급한다면 내 의미는 더 명확해질 것이다. 만약 개인의 성장이 모두 잘된다면 그리고 만사가 다 잘된다면 어린아이는 성장의 어떤 단계에서 자기 자신에 대한 관심과 사랑의 결과들에 관하여 관심을 가지기 시작할 것이다. 사랑한다는 것은 단지 애정적 접촉의 문제가 아니다. 사랑은 그들에게 생물학적 뒷받침이 되는 본능적인 충동을 스스로 모아야 하고, 유아와 어머니(혹은 아버지나 다른 사람) 사이에 발전하는 관계는 파괴적인 생각을 가지고 있어야 한다. 사랑하는 것과 함께 가는 파괴적인 생각과 충동에 대

한 죄의식을 가지는 것은 더 성인 같은 방식에서 주고, 고치고, 사
랑하는 충동에 의해 따라오는 것이다(물론 '사랑하는 것'은 '사랑받는
것'과 유사하다). 건설적인 활동의 기회는 이러한 개인의 성장의 일
부이자 부분이며, 죄의식과 의심을 느끼고 우울해질 수 있는 능력
과 밀접하게 연결되어 있다.

그러나 많은 부분은 항상 무의식적이고, 기분으로서의 우울증은
많은 것이 무의식적이라는 사실을 반영한다. 공격과 파괴성은 인
간 본성의 부분이고, 인간관계에서 때때로 모호하다. 이러한 것들
이 개인발달로 도달했지만 그것이 깊게 억압되어 있고 접근할 수
없게 될 때 우리는 질병으로 나타나는 우울증을 가지게 된다. 그러
한 질병에서, 길고 깊은 정신분석을 통한 치료를 제외하고는, 죄의
식이라는 감각은 더 이상 이용할 수 없다.

그러나 우울감이 있는 곳에 약간의 건강이 있다는 것을 기억하
는 것이 중요하다. 그래서 우울감은 그 자체가 치료하려는 경향이
있고, 외부로부터의 약간의 도움이 많은 차이를 만들고 우울감이
걷히도록 돕는다. 이 도움의 근본은 우울증 환자를 수용하는 것이
지, 우울증을 치료하라고 강요하는 것이 아니다. 이것은 우울증 환
자가 우리로 하여금 우울증의 경우 정말로 우리가 마음을 끌 수 있
는 것은 정신적 간호라는 것을 기억하면서, 간접적 도움을 줄 수 있
는 기회를 가지고 도울 수 있는 여지를 보도록 해 주는 것이다.

제8장

정신이상이 가족에 미치는
영향에 대하여

아마 정신이상이라는 단어가 나에게 무엇을 의미하는지 먼저 설명하는 것이 좋을 것 같다. 정신이상은 심리적 본성의 질병이지만 정신신경증(psychoneurosis)은 아니다. 어떤 경우에 정신이상은 신체적 기반을 가지고 있다(예를 들어, 동맥경화증). 이것은 사람의 병이고 병이 걸린 사람들은 정신신경증이 될 만큼 건강하지 않다. 만일 우리가 정신이상은 '매우 아픈 병'이고 정신신경증은 '다소 아픈 병'이라 말한다면 이것은 단순화하는 것이다. 그러나 여기서 복잡한 것은 건강한 사람들은 정신이상과는 함께 놀 수 있지만, 정신신경증과는 자주 발생하지 않는다. 정신이상은 정신신경증보다 훨씬 더 인간의 존재와 성격의 요인에 관심을 가지고 있고, (내 자신의 말을 인용하자면) 우리가 제정신일 때 이런 요인에 대해 관심을 거의 가지지 않는다.

정신이상은 조현병(schizophrenia), 조울병(manic depression) 그

리고 다소 편집증적 복잡함에 대한 대중적 용어로 생각될 수 있다. 질병과 질병 사이에 명확한 선은 없다. 그러나 예를 들어 강박적인 사람이 우울해지거나 혹은 혼란해지고 다시 강박적이 되는 것은 자주 발생한다. 여기에 정신신경증 방어는 정신이상적 방어로 변하여 다시 돌아온다. 혹은 조현병 환자는 우울해진다. 정신이상은 방어 조직을 나타내는 것이고, 모든 조직된 방어 뒤에는 사실 통합의 파괴가 되는 혼돈의 위협이 있다.

정신이상이 가족생활에 미치는 영향은 실제 사례의 토의에서 대부분 분명하게 나타난다. 이러한 문제에 대하여 관심을 가지고 있는 사람들은 많은 가족이 그들 가족 중 한 명이 정신이상의 경향을 가지고 있어서 가족이 깨진 것을 알고 있기에 이러한 참을 수 없는 경향에서 회복될 수 있다면 그들 대부분이 그대로 있을 것이다. 이것은 매우 큰 실질적 문제이다. 예방책에 대한 긴밀한 필요가 있으며, 특별히 아이들을 위한 정신병원 돌봄을 준비하는 것이 요구된다. 나는 아이들을 무기한 보호할 수 있고, 정신분석학자들이 매일 치료를 위해 데려갈 수 있는 주거센터의 관점에서 생각한다. 동시에 성인들을 포함한 다른 유형의 환자들도 치료를 받을 수 있을 것이다.

정신이상으로 나타난 문제들은 주된 정신적 결함에 의해 발생한 것들에 병합되는데, 다발성 경화증(spastic diplegia)과 결합된 장애와 같은 신체적 결함, 뇌염의 후유증(다행히도 1920년대보다는 훨씬 덜 흔하다) 그리고 박탈에서 발생하는 반사회적 성향의 다양한 임상적 형태에 의한 결함이다. 그러나 여기서 나의 목적은 정신이상은 뇌가 손상되지 않는 초기 단계에서 정서적 발달의 장애를 나타내는 것이라는 것이다. 어떤 사례의 경우 정신이상의 유전적 경향이 강한 반면, 다른 사례의 경우는 유전적 특징이 아니다. 나는 지난 수년 동안 어떤 변화도 없는 것을 본 사례를 소개하겠다.

한 아이가 다소 남성적인 여성에게서 태어났고, 자기 아버지를 모방하는 사람이 되어 버렸다. 그의 아버지는 자신의 아내에게 매우 의존했고, 자신이 결정하는 것이 거의 없고 책임감이 없었다. 그럼에도 불구하고 그는 아주 특화된 일에 전문가로서 생활비를 벌 수 있는 사람이었다. 아이는 매우 좋은 머리를 가진 초기 신호와 조현병의 초기 신호가 있었다. 아이의 장애는 초기에 인지되지 않았는데, 모든 신호가 아버지의 아동기 성향이 재생산된 것으로 보였기 때문이다. 할머니는 항상 이렇게 말하였다. "그러나 아이의 아버지도 그렇게 했어요." 예를 들어, 특징적인 정신병적 방식으로 그는 그림 그리는 방 안에 있는 그의 할머니에게 와서 "할머니가 할머니 바지를 더럽게 했어요."라고 말하였다. 그의 아버지도 일을 잘못된 방향으로 돌려놓았고, 그가 소년일 때 같은 말을 하였다.

아버지의 특수성은 결실이 있었던 반면, 아이는 그렇지 않았다. 예를 들어, 아이는 런던에 있는 38개의 교통신호를 분류하였다. 그러나 그는 유용하게 전문화하는 것을 놓쳤다. 물론 아이는 합산을 하지 못했는데, 왜냐하면 '1'이라는 것이 무엇을 의미하는지 몰랐기 때문이다. 하지만 운 좋게도 그는 합계를 넘고 고등 수학에 발을 들여 놓았거나 체스 신동이 되었을 수도 있다. 그러나 그는 그렇게 하지 않았다. 지금 그는 서른 살이지만 부모는 지금 당장의 문제와 미래의 자신들에게 집중해야 하였다. 부모는 아이의 치료를 위해 돈을 저축하고 있다. 더 많은 아이를 가질 엄두를 낼 수 없다. 게다가 많은 사람이 그러하듯이 그들 스스로 성장했을 수도 있고, 인생의 후반기에 헤어지고 각자 좀 더 성숙한 종류의 결혼을 다시 시작했을 수도 있다. 그러나 가족 가운데에 있는 정신이상은 악 가운데 이 두 책임 있는 사람을 붙잡고 있다. 여기에서 탈출할 수 없다.

이 사례를 제공하면서 나는 결혼과 재혼에 대한 약간의 개인적 관점을 놓쳤다. 진정으로 성장을 믿는 사람들이 있다. 그러한 사람들은 청소년기를 놓쳤기에 만약 필요하다면 중년기의 어떤 시점에서 그것을 겪게 될 것이다.[1] 이익으로 균형을 맞추기 위해서는 얼마나 많은 고통이 수반되는가? 정신이상이나 유사한 분열이 지배한다면 무능력한 사람을 제외하고 대처하는 방법에는 다른 방법이 없을 것이다.

여기에 장기간 지속된 다른 사례가 있다.

머리에 손상을 가지고 태어난 일곱 살 반 정도의 남자아이를 상담하였다. 의뢰를 받았을 때 그 아이는 정신적으로 결함이 있다고 생각했지만 명석한 몇 가지 사실을 보였다. 아이는 약 여덟 살 무렵에 읽을 수 있게 되었다. 왜냐하면 그에게 해를 끼친다 해도 책을 읽어 줄 수 있는 간호사가 있었기 때문이다. 책을 읽을 수 있다는 것은 중요했고 그의 부모에게 안도감을 주었다. 아이 (이제는 스무살) 는 매우 어릴 때에 문제들을 보이기 시작하였다. 내가 추측하기에 부모는 아이를 가지려고 하지 않았거나 준비가 되어 있지 않았다. 그들은 일, 말(horses)과 물건에 완전히 몰두하였다. 인생에

---

1) 이 주제에 대한 전반적 논의는 제6장을 보라.

대한 그들의 생각은 아주 작은 아파트에 살면서 주중에 사무적 일에 몇 날과 밤을 집중하는 것이고, 주말에는 있는 인생 그대로 영국의 중심부에서 유흥을 즐기는 것으로(foxes and hunt balls)[2] 모든 것이 혼재된 사이에 끼워져 있었다. 이것이 두 사람이 살았던 주말이다.

지금 이 모든 것을 매일 밤 비명을 질러대고, 모든 것을 혼란하고 젖게 하고, 나라에 전혀 쓸모가 없고, 개를 무서워하고, 말 위에 앉지 않는 조현병 아이에게 집중해야 하였다. 이것들은 소용이 없다.

좋은 사람들이 이 소년에게 적합한 가장 인위적인 것을 만들었지만 물론 소용이 없었다. 이들은 어떤 치료를 그에게 제공하기 위해 희생했지만 치료하지 못하였다. 아이의 아버지는 그의 경력이 절정에 달했을 때 뇌졸중으로 사망했고, 어머니는 아이를 혼자 감당해야 하는 책임을 가지고 좌초되었다. 한 학교가 이 아이를 구하고자 왔고, 아이는 어떤 책임감이 주어지는 성숙한 사람이 될 수 없음에도 불구하고 학교에 머물렀다. 최악의 것은 이 아이가 사람들이 상처를 줄 수 없는 매우 사랑스러운 아이였지만, 그는 항상 다섯 살의 평범한 아이에게 관심을 주는 수월한 관심을 필요로 할 것이지만, 한 아이에게 영원히 주는 것이 쉽지 않은 관심을 항상 필요로 할 것이다.

조금 더 희망적인 사례를 선택해 보도록 하겠다.

2) 역자 주: 전통적으로 지방의 부유한 사람들이 말을 타고 여우사냥을 하면서 동료의식을 고취하며 취미생활을 하는 것으로, 여기에 hunt balls로 알려진 춤 파티, 술, 음악, 다양한 음식이 곁들여진다.

상당한 책임감을 가진 부모를 둔 한 작은 남자아이는 어머니의 임신 시기와 일치해 보이는 그의 발달과정의 어떤 시기에 앞으로 걸어가는 대신 뒤로 가기 시작하였다. 철저한 어린 시절에 정신병이 발생했으며, 최근까지 이 소년은 문제가 있는 것으로 여겼다.

정신치료를 하는 것이 가능했고, 치료는 비교적 성공적이었다. 부모는 이 치료를 돕기 위해 할 수 있는 모든 것을 하면서 결과를 기다렸다. 그러나 병원 연금을 통한 합의가 없었더라면, 그들은 집을 함께 보존할 수 없었을 것이다. 일주일에 몇 차례 아이가 특정 시간에 병원에 올 때 차를 타고 왔고(이미 2년이 되었다), 약 20마일 정도를 이동하고 돌아갔다. 이 비용은 엄청났지만 확실하게 정당한 것이다.

이 특별한 사례의 경우 가족은 아이의 질병을 견뎌 낼 수 있었다. 아이를 성공적으로 치료하는 것은 부모 중 한 명 또는 둘 다에게 정신적 충격을 줄 수 있다는 것을 여기서 언급하고 싶다. 잘 지내던 성인의 잠복 조현병은 아이 건강의 깊은 변화로 인해 생기를 잃고 인식과 관심을 요구하기 시작한다. 다음 사례의 경우 기숙학교에서 아동을 받아들였다.

공립학교의 어떤 교장선생님은 어떤 사람에게도 잘 맞지 않을 만큼 심각해서 그의 경력을 거의 무너트린 자신의 아이가 하나 있었다. 몇 자녀 중 막내인 이 소년은 혼란스러운 상태에 빠졌고, 이 상황이 지속되어 마을에 있는 자신의 학교와 그가 저녁에 거주했던 학교를 다니기가 불가능하였다. 그의 어머니는 평범한 아이를 한 명 더 관리했을지 모르지만, 너무 나이가 들어 이 마지막 아이를 다루기에는 버거운 상태였다. 그의 아버지는 연구를 지속하였고, 습관에 따라 마치 망원경으로 잘못된 목표를 통하여 보는 것처럼 원거리에서 보았다.

이 어머니는 엄청난 추진력을 가지고 있으며, 항상 자신과 같은 어려움에 처한 부모를 위한 도움을 조직하려고 노력하고 있다. 가족은 헤어졌을 것이지만, 학교가 이 소년을 데리고 그가 자산이 될 것이라고 기대하지 않고 그를 그대로 받아들였다는 사실 때문에 유지가 되었다. 지금 그 아이는 거의 스무 살이지만 여전히 학교에 있다.

더욱더 기숙학교들은 그들의 아들딸들이 잘하기를 원하거나 혹은 적응하지 못하는 아이들을 관리하기 위해 만들어졌다고 생각한다. 이 아이는 부적응자도 아니었으며, 반사회적 성향도 보이지 않았다. 그는 애정이 있었고, 항상 그렇게 되기를 기대하였다. 그러나 아이는 자주 혼돈스러워하였다. 혹은 잘해야 관계없는 몇몇 조각을 조립하는 정도였다. 이 아이가 치료를 받아야 했는가? 나는 이 아이를 몇 차례 보았지만 아이를 어디에 두어야 할지 발견치 못해서 매일 나와 동료를 만나러 오는 동안에 아이를 지켰다.

이러한 사례들은 좋지 않다. 왜냐하면 그들은 어떤 권위가 감정적이든 신체적이든 간에 그들 주위에 계속적으로 존재하게 될 때까지 계속되는 반사회적 성향의 속성을 가지고 있지 않기 때문이다. 이 아이의 병은 그냥 지속되어 가족의 구조를 갉아먹고, 아이는 노력이나 성공 혹은 실패로부터 즐거움과 혜택조차 가질 수 없었다. 이러한 가족에 있는 또 다른 아이들은 가능한 한 빠르게 달아나고, 나이 들어 가는 부모는 이 상황을 견디지 못했을 때 어떤 일이 일어날지를 걱정한다. 만일 아이 병의 원인이 되는 것이 부모에게 있는 어떤 것이라 해도 차이는 없다. 이런 것이 흔한 경우이다. 그러나 그 피해는 계획해서도 또는 원해서도 생긴 것이 아니다. 그냥 발생해 버린 것이다.

　　북쪽 지역에 사는 어떤 교수와 그의 아내는 좋은 가족 환경을 가지고 있었고, 감지되지 않는 유아의 크레틴병(cretinism)[3]이 원인이 된 아동기 정신이상이 발생하기 전까지는 모든 것이 좋았다. 부모는 어린 딸에게 발생한 정신이상을 단순하게 대처하지 못하였다.
　　이 경우에 나는 운이 좋게 아동 사무국의 한 사람과의 우정을 활용할 수 있었다. 영국 남쪽 지역에서 이 소녀를 위탁할 수 있는 노동자 가정을 빠르게 찾을 수 있었다. 이 가정에서는 후진적이지만 발육이 잘 된 아이가 질병으로부터 회복된 것으로 받아들여질 수 있었다. 이 교수의 가족은 이 방법으로 구원을 받았고, 교수는 자신의 일을 지속할 수 있었다. 사실 부모와 위탁부모의 사회적 지위 차이가 문제가 되지 않는 것 같다는 것에 관심을 가졌다. 그리고 확실히 이 작은 소녀에게 어떤 누구도 학문적으로 총명하다는 기대를 하지 않은 것이 중요하였다. 더욱이 집과 위탁가정 사이에 거리가 있었다는 것이 기뻤다.

　　흔히 부모는 그들 자녀의 상태에 대해 죄의식을 느끼는 복잡함이 있다. 부모가 이것을 설명할 수 없다. 그러나 부모는 예상되는

---

3) 역자 주: 갑상선 호르몬 분비 부족이 원인이 되는 질병이다.

징벌로부터 아이의 상태를 분리할 수 없다. 위탁부모는 이러한 짐이 없기 때문에 아이들이 버릇없고, 이상하고, 발전이 더디고, 자제하지 못하고, 의존적인 것을 수용하는 데 훨씬 자유롭다.

그러나 아무리 명백하더라도, 나는 이 관찰을 다시 하고 싶다. 어떤 가족도 아이나 부모에게 있는 정신이상으로 인해 무너지게 두는 가족은 없다는 것이다. 어쨌든 우리는 현재로서는 보통 할 수 없는 안도감을 줄 수 있어야 한다.

내 마음에서 나온 대부분의 사례가 왜 남자아이의 것인지 그 이유에 대해서 나도 알지 못한다. 이것이 그냥 우연히 발생한 것일까? 아니면 여자아이들은 자신들을 더 잘 숨기고, 엄마처럼 보이고 행동하며, 항상 자신들 안에 태어나지 않은 아이가 있는 것처럼 그들의 정체성을 보존하는 어떤 방법을 가지고 있는 것일까? 나는 소녀들이 순응하고 모방함으로써 그들의 거짓자기로부터 멀어지는 것이 남자아이들보다 낫다는 이론에 어느 정도 진실이 있다고 생각한다. 다시 말하면, 여자아이들은 더 쉽게 소아정신과 의사에게 가는 것을 피할 수 있다는 것이다. 소녀가 거식증이나 대장염에 걸리거나 청소년기에 성가시게 굴거나 우울증이 있는 젊은이가 되었을 때 정신과 의사가 이곳에 올 가능성이 있다

열세 살이 된 소녀는 지역 책임 의사로부터 이제 더 이상 치료할 자원이 없다고 해서 100마일을 달려 나를 만나러 왔다. 나는 대기실에서 나에게 터질 것 같은 마음을 가지고 있는 아버지와 함께 있는 매우 의심에 차 있는 소녀를 보았다. 내가 빠르게 행동해야 하는 것이 필요하였고, 나는 아버지에게 기다리라고 하였다(가엾은 남자!). 그리고 그 여자아이를 한 시간 동안 보았다. 이러한 방법으로

이 아이의 옆에 앉아서 수년간 지속된 깊은 접촉을 만들 수 있었고, 여전히 이 방법을 사용할 수 있다. 나는 그녀의 가족에 대한 편집증적 망상과 결탁해야 하였다. 그러한 망상은 아마 정확하게 그녀의 가족에 대한 사실을 포장하고 있었다.

한 시간 후에 그 소녀는 나에게 거만하고 방어적인 태도를 취하고, 지방정부에서 중요한 인물이지만 딸이 모든 사람에게 말하는 것으로 인해 그의 사회적 위치는 완전히 타격을 입은 상태가 되었다. 아버지의 정치적 위치가 지역의사가 원하는 대로 하는 것을 거의 불가능하게 했기에, 정말로 이 문제에 대한 분명한 답은 없었다.

내가 할 수 있는 한 가지는 이 소녀에게 집에 다시 가지 말라고 말하는 것이었다. 이에 기초하여 그 아이는 한 집에 1년 혹은 2년간 매우 훌륭한 돌봄교사와 있었는데, 여기서 아이는 행복했고, 작은 아이들을 돌보는 것으로 신뢰를 받을 수 있었다.

그러나 결국 그 소녀는 집으로 갔고, 무의식적으로 엄마와 결속된 것이 양쪽 모두 무의식적으로 존재했을 가능성이 있었다.

내가 다음으로 들은 것은 그 소녀가 많은 젊은 매춘부와 함께 있는 공인된 학교에 있다는 것이었다. 아이는 여기에 1년 혹은 2년을 머물렀지만 매춘부가 되지는 않았는데, 반사회적 성향을 가진 박탈된 아이가 아니었기 때문이다. 이 아이의 주변에 있는 충동적인 양성애적 아이들은 이 아이가 길거리 삶은 살지 않는다고 비웃곤 하였다.

그러나 이 소녀는 여전히 예민한 편집증 환자였다. 소녀는 질투하는 상황을 만들고 도망을 쳤다. 결국 이 소녀는 잘못 적응된 자를 위한 보호소(hostel)에 보내졌고 그 후 간호사가 되었다. 그녀는 나에게 전화를 자주 했고, 병원에서 자신이 문제가 있다고 말하였다. 돌봄교사들과 자매들은 좋았고, 그녀의 일을 좋아했고, 환자들이 그녀를 좋아하였다. 그러나 거기에 그녀를 잡아매는 잘못된 것이 있었다. 그것은 일자리를 얻기 위해 거짓말한 것과 다양한 건강과 실업기금으로 지불되지 않은 과거 지출 문제였다. 그러나 그녀는 내가 이것에 대해 아무것도 할 수 없음을 알았기에 결국 전화를 끊었다. 그리고 다시 다른 병원에서 같은 일이 일어났고, 똑같이 희망이 없었다. 그녀는 유령의 영혼으로 남아 있었고, 그녀에게 나와의 관계에서의 기준은 내가 말한 것이었다. "너는 결코 다시 집에 가면 안 된다." 그러나 그 소녀의 집 근처에 살았던 어떤 사람도 이런 말을 할 수 없었을 것이다. 왜냐하면 그곳은 물론 나쁜 집도 아니었고, 만약 그 소녀가 편집증적인 병을 잃었더라면 보통 집이 그렇듯 그녀의 집을 참을 수 있는 것으로 볼 수 있었을 것이기 때문이다.

부모에게 있는 정신이상 질병이 흔히 우리를 좌절시키는 이유는 이 질병이 있는 사람이 책임을 지고 있는 사람이기 때문이다. 건강한 부모가 한 명이라도 수행해 가는 것이 항상 사실인 것은 아니며, 건강한 부모가 다른 부모에게 정신병에 걸린 아이를 맡기는 대가를 치르고도 자신의 제정신을 지키기 위해 밖으로 나오는 것은 쉽게 있을 수 있다.

다음의 사례는 부모에게 질병이 있는 경우이다.

이것은 한 소년과 소녀에 대한 것인데, 이들은 나이 차이가 겨우 한 살밖에 나지 않는다. 소녀가 한 살이 더 많았는데 이 자체가 여기서는 재앙이었다. 이들은 두 아픈 부모의 아이들이었다. 아버지는 사업에서 매우 성공한 사람이었고, 어머니는 결혼 때문에 자신의 경력을 희생한 예술가였다. 어머니는 숨겨진 조현병을 앓고 있었기에 어머니로서는 매우 적합하지 않았다. 그녀는 결혼을 했고, 자신을 가족 안에서 사회화하기 위해 두 자녀를 가졌다. 그녀의 남편은 과한 우울증 성향의 사람이었고, 거의 사이코패스였다.

남자아이가 비로소 지저분한 것을 탈피하자 어머니는 그 아이에 대해 견딜 수 있었다. 그녀는 어린아이에게 어떻게 해야 할지 몰랐다. 내가 아는 한 이 어머니는 신체적으로는 아니어도 아들을 지속적이고 과하게 사랑하였다. 그리고 이 남자아이는 청소년기 때 조현병이 발병하였다. 여자아이는 그녀의 아버지에게 강하게 애착을 형성하며 많은 영향을 받았고, 이것이 그녀에게 두 번째 기회를 주었다. 이에 기초하여 그녀가 마흔이 될 때까지 기다렸고, 그녀의 부모는 그녀가 이 관계를 무너뜨리기 전에 사망하였다. 그러는 동안 그녀는 아버지가 사망한 후 아버지의 일을 이어받아 수행하면서 성공적인 여성 사업가가 되었다. 그녀는 남자들을 경멸했는데, '남자들이 월등하게 생각될 이유가 없다'는 것을 알고 있었다. 그리고 그녀는 일을 통해 자신이 부족한 것이 아무것도 없다는 것을 증명하였다. 반면, 그녀의 남동생은 남자가 필요로 한 모든 것이 부족한 사람이었다. 남동생은 결혼을 했고 가족을 가졌으나, 자신이 잘할 수 있었던 아이들 양육을 잘하기 위해 부인을 배제시켜 버렸다.

결과적으로 과거의 모든 것은 파괴되어 버렸고, 거짓자기를 가진 매우 아픈 이 사람은 치료를 받으러 왔다. 그녀는 자신의 조현병을 찾아내는 데 성공하게 되었다. 나에게 그녀를 보낸 의사는 내가 그녀를 치료하기 전에 편지를 그에게 보냈을 때 만일 치료가 잘 되면 그녀는 무너질 것이고 돌봄이 필요하다고 했지만 이 결과에 그렇게 인상을 깊게 받지 않았다. 그녀는 자신을 인증받았고, 그러고

나서 빠르게 마음을 가다듬고, 그녀가 지적으로 싫어하는 전두엽
절제술(leucotomies)과 충격을 받기 전에 인증을 취소하고 퇴원
하였다.

　지금 나이가 거의 마흔다섯 살이 된 매우 총명한 두 아이 안에
부모의 조현병 자체가 작용하는 것이다. 이 여성은 아마 한 진정한
인간으로서 이끄는 인생을 아마 살 수도 있겠지만, 나는 아직 확신
할 수 없다.

　이와 같은 또 다른 사례가 나에게 온다면, 나는 현명하게 환자가
감정이 붕괴되도록 도울 수 있는 책임 있는 사람을 찾을 것이다. 그
러나 나는 이러한 붕괴가 극도의 거짓자아를 가진 사람에게 안도
감을 줄 수 있다는 것을 증명하게 되어 기쁘다.

　질문은 이것이다. 우리가 이 간단한 설명으로부터 무엇을 배울
수 있는가? 중요한 것은 그녀의 부모가 사망하기 전까지 이 소녀에
게 안도감이 불가능했다는 것일 것이며, 그녀가 독립적인 한 사람
으로서 정착되었다는 것이다. 기다림의 대가는 엄청난 것이었다.
그녀는 시각예술과 음악을 통하여 얻은 몇몇 현실의 일견을 제외
하고는 시시하고 비현실적이라고 느꼈다.

　이것은 끔찍하지만 사실이다. 때때로 아이들에게는 부모가 죽기
전까지 희망이 없는 경우도 있다. 이러한 경우의 조현병[4]은 부모에
게 있는 것이며, 이 아이가 가지는 유일한 희망은 거짓자기를 발달
시키는 것이다. 물론 아이가 먼저 죽을 수도 있지만, 적어도 아이의

---

4) 제9장을 참조하라.

진정한 자기는 숨겨진 방식으로 통합을 유지하였고, 침해로부터 안전하다.

　이러한 사례들은 사람들과 함께 하는 임상 작업의 과정에서 피할 수 없는 절망의 중요한 것을 보여 준다. 때때로 심각한 질병과 직면했을 때 우리는 모든 것을 놔두고, 아마도 그 긴장감 때문에 가족이 갈라질 때까지 기다려야 한다. 때때로 우리의 임무는 상황이 더 악화되기 전에 이 상황을 갈라놓는 것이다. 다른 경우에는 남아 있는 혼란을 다루려고 노력할 수도 있다. 모든 것에서 자주 희망에 대한 근거를 찾지 못한다. 그리고 이것을 수용하는 것이 필요하다. 왜냐하면 우리 자신들이 절망에 의해 마비된다면 우리가 어떤 사람에게도 선을 행하지 못하기 때문이다.

제**9**장

정신병적 부모가 아동의 정서발달에 미치는 영향에 대하여

  앞 장에서 가족 삶과 정신이상을 고려하면서 대부분의 사례가 아이에게 있는 정신이상 질병에 의해 발생한 문제들에 따른 것임을 다루었다. 이제는 더 나아가 부모에게 있는 정신이상이 아동의 정서발달에 미치는 영향에 대하여 살펴보려고 한다.

  시작하면서 열한 살의 소녀가 쓴 시에서 중요한 것을 살펴보도록 하자. 이 지면에 그 소녀가 쓴 시를 다시 사용할 수 없는 것은, 그 시가 이미 그 소녀의 이름으로 어디에선가 출판되었기 때문이다. 그러나 그것은 한 행복한 가정환경에서 가정생활의 완벽한 그림을 일련의 간결한 시에서 제공한다. 살펴본 감정은 다양한 연령의 아이들이 있는 가족이고, 아이들은 서로 교감을 하고, 질투심을 경험하지만 그것을 인내하며, 가족은 잠재적 삶으로 맥박이 뛰고 있다. 결국 밤이 오고, 분위기는 개와 올빼미 그리고 집 밖의 세상으로 전해진다. 집 안에서는 모든 것이 조용하고, 안심되고, 고요하였다. 시는 어린 여성 작가의 삶에서 바로 온다는 인상을 준다. 그렇지 않으면 어떻게 그녀가 이런 것들을 알 수 있을까?

에스더의 이야기

작가 에스더에게 성장 배경에 대해서 물어보았다. 그녀는 지적인 중산층 부모가 입양한 아이였는데, 부모는 이미 남자아이를 입양하고 있었고, 지금은 다른 입양한 여자아이를 양육하고 있다. 아버지는 항상 에스더에게 헌신했고, 에스더를 이해하는 데 매우 민첩하게 하였다. 질문은 에스더의 어린 시절이 어떠했으며, 어떻게 환경에 대한 모든 것 그리고 가족생활의 세부적인 것이 가득하게 이 시의 평온함을 가질 수 있었을까이다.

에스더의 친모는 쉽게 몇 가지 언어를 구사할 수 있는 매우 지적인 여성이었다. 그러나 결혼이 슬퍼졌고, 그 후 부랑자처럼 살았다. 에스더는 합법적인 결혼에서 얻은 아이가 아니라 이 부랑자 생활에서 태어난 아이였다. 그래서 그녀의 초기 몇 달 동안 에스더는 전적으로 혼자였던 어머니에게 남겨졌다. 어머니는 마지막이지만 많은 아이 중의 하나였다. 어머니가 임신을 했을 때 치료 관리를 받아야 한다고 했지만 그녀는 이 제안을 받아들이지 않았다. 어머니는 출산 때부터 에스더를 스스로 돌보았고, 돌보는 주변 간호사들의 보고에 의하면 자신의 아이를 우상화하는 것처럼 보였다.

이런 상태는 에스더가 5개월 되었을 때까지, 어머니가 이상하게 행동하고 거칠고 모호하게 보이기 시작할 때까지 지속되었다. 밤에 잠을 이룰 수가 없어 운하 근처의 벌판을 방황하고 있었는데 그

때 전직 경찰이 계속해서 땅을 파는 것을 보고 있었다. 그때 그녀는 운하 쪽으로 걸으면서 아이를 운하에 던져 버렸다. 그 전직 경찰이 이것을 보고 즉각적으로 아이를 상한 데 없이 구조하였지만, 에스더의 어머니는 이 일로 인해 구류되었고, 결과적으로 편집증적 성향을 가진 조현병으로 판정받았다. 그래서 에스더는 5개월 때 지역당국(보육원)의 돌봄을 받게 되었는데, 입양되기 전인 두 살 반까지 보육원에 머무르는 동안 그녀의 상태는 육아 돌봄에 '어렵다'고 기록되어 있다.

　보육원을 떠난 첫 몇 달 동안 입양한 새어머니는 모든 어려움을 견디어 내어야 했고, 이것은 우리에게 에스더가 희망을 포기하지 않았다는 것을 의미한다. 다른 일로, 에스더는 길거리에서 드러누워서 비명을 지르곤 하였다. 점차적으로 좋아졌지만 이 증상들은 에스더가 입양된 지 5개월 되었을 때 발생하였다. 그때 에스더가 거의 세 살이 되었을 때이고, 6개월 된 남자아이가 입양되었을 때이다. 이 남자아이는 잘 적응하였지만 에스더는 그렇지 못하였다. 에스더는 이 남자아이가 입양모를 '엄마'라고 부르지 못하게 했고, 어떤 누구도 엄마를 이 남자아이의 '엄마'라고 말하는 것을 허락하지 않았다. 에스더는 매우 파괴적이 되었고, 그러고는 돌아서서 입양된 남자 동생을 보호하게 되었다. 변화는 입양모가 현명하게 입양한 자기 동생과 같이 에스더가 아기처럼 행동하는 것을 허락하고 에스더를 6개월 된 아이처럼 대해 주었을 때 시작되었다. 에스더는 이 경험을 건설적으로 이용했고, 어머니로서 새로운 경력을 시작하였다. 이와 함께 양부와의 좋은 관계가 지속적으로 발달하였다. 그러나 동시에 양모와 에스더는 그들 사이의 갈등 때문에 어느 정도 영구적으로 엇갈리게 되었다. 정신과 의사는 다섯 살이

던 에스더가 집으로부터 떨어진 생활이 필요하다고 조언을 해 주었다. 아마 이것은 되돌아보며 무엇이 발생했는지를 볼 때 나쁜 조언이었다. 에스더에게 필요한 것에 민감한 아버지는 다시 에스더를 집으로 오게 하는 데 도움이 되었다. 이 아버지는 에스더의 어머니가 된 것 같았다. 그가 말한 것처럼 입양한 집안에서 그 아이에 대한 신뢰 전체는 죽어 버렸다. 아마 이렇게 된 것의 근원은 에스더의 아버지가 후에 발달된 편집증적 질병과 그의 망상적 구조 안에서 그의 아내가 마녀의 역할을 하는 것으로 나타난 것에 있다.

에스더는 그 후 헤어진 두 양부모와 영원한 불화를 야기한 두 양부모의 관계에 항상 존재하는 큰 긴장에도 불구하고 꾸준히 발전해 나갔다. 여기에는 역시 어머니는 항상 공개적으로 입양한 남자 아이를 좋아한다는 사실이 있고, 그 아이는 그녀에게 사랑을 담은 솔직한 방법 안에서 그녀에게 충분히 보상할 정도로 성장하였다.

이 이야기는 간단히 말해서, 내가 보기에 안정과 가정생활을 숨쉬는 것 같은 시의 작가들에 대한 슬프고 복잡한 이야기이다. 이 사례의 몇몇 함의를 보도록 하자.

에스더의 친모같이 매우 아픈 어머니는 자신의 아이를 돌보는 데 처음에 매우 예외적으로 좋은 출발을 주었을지도 모른다. 나는 에스더의 친모가 에스더에게 만족스럽게 모유를 주었을 뿐 아니라 아주 어린 발달단계에 필요한 자아 지지(ego support)를 해 줄 수 있었다고 생각한다. 이것은 어머니가 자신의 아이와 동일시를 할 때만 주어질 수 있는 것이다. 이 어머니는 아마 자신의 아이에게 매우 큰 강도로 병합되었다. 그녀는 한때 그녀가 하나가 되어 그녀가 병합된 그녀의 아기를 스스로 없애기를 원하였다. 왜냐하면 그녀는 앞에 다가오는, 자신이 관리할 수 없는 국면과 거기서 아이를 자신과 분리해야 한다는 것을 보았기 때문이다. 그녀는 자신의 아이를 던져 버릴 수 있었지만 그녀 자신을 아기로부터 분리할 수는 없었다. 그러한 순간에 매우 깊은 힘이 작용했을 것이다. 그리고 그녀가 아이를 운하에 던졌을 때(던질 시간과 장소를 택할 때 아이가 구조될 것이라 거의 확신을 가졌다), 그녀는 어떤 힘 있는 무의식 갈등과 다투려고 노력하였다. 예를 들면, 그녀가 아이로부터 분리되는 순간에 자신의 아이를 먹어 버리는 그녀의 충동과 같은 것이다. 이런 일이 있더라도, 5개월 된 아기는 운하에 던져진 그 순간에 이상적인 엄마를 잃었을지도 모른다. 그 이상적인 엄마는 아직 아기로부터 물리고, 거부당하고, 밀려나고, 갈라지고, 뜯기고, 빼앗기고, 증오하고, 파괴적인 사랑을 받지 못한 엄마이다. 사실 이상적인 엄마는 이상화 속에서 지켜질 것이다.

그리고 이 아이가 보육원에 맡겨져 여전히 힘들었다는 것을 제외하고는 세부 사항에 대해 알 수 없는 긴 기간이 있었다. 말하자면, 이 아이는 어떤 첫 좋은 경험을 가지고 있었다. 아이는 희망을 포기했다는 것을 의미하는 불평 상태로 넘어가지 않았다. 양 어머니가 왔을 때는 매우 큰 일이 발생하였다. 자연적으로 양어머니가 중요한 의미가 되었을 때, 에스더는 자신이 그동안 하지 못한 것—물어뜯고, 거부하고, 밀쳐 버리고, 부수고, 훔치고, 미워하는 것—을 하는 데 양어머니를 이용하기 시작하였다. 확실히 이 순간에 양어머니에게 절실하게 필요한 것은 그녀가 무엇을 위해 있는지, 무엇을 예상해야 하는지, 무엇을 준비해야 하는지 말해 줄 사람이었다. 아마 무엇이 발생하고 있는지 양 어머니에게 알려 주는 시도가 있었겠지만, 우리에게 이것을 말해 줄 기록이 없다. 그녀는 이상적 어머니

(ideal mother)를 상실한 아이, 5개월부터 두 살 반까지 뒤죽박죽된 경험을 가진 아이를 양육하였고, 물론 어린 유아 돌봄 때부터 자신과 기본적으로 관련되지 않은 아이를 맡았다. 사실 양어머니는 입양한 남자아이는 잘 돌보는 반면, 에스더와는 전혀 좋은 관계를 가지지 못하였다. 후에 양어머니는 다른 세 번째 여자아이를 입양했는데, 에스더에게 "이런 아이가 내가 항상 원했던 아이야."라고 반복적으로 말하였다.

에스더에게 좋은 것은 아버지였고, 에스더의 삶에서 이상화된 어머니가 아버지였으며, 이 관계는 가족이 깨지지 전까지 지속되었다. 아마 가족이 분열된 것은 양아버지가 에스더가 필요한 돌봄을 제공하려고 무리를 했고, 양어머니는 에스더의 삶에서 더욱 박해자의 역할을 하도록 되었기 때문이다. 이 문제는 입양된 양아들과 두 번째 입양된 딸과 잘 지내는 만족스러운 양어머니의 존재를 또한 망쳐 버렸다.

에스더는 명백하게 자신의 어머니에게서 유전적으로 글 쓰기 재능을 물려받았다. 나는 어떤 사람도 그녀를 정신병환자라고 말할 사람이 없다고 생각한다. 그럼에도 불구하고 그녀는 그녀의 문제 중에 하나인 도벽 충동의 박탈로부터 고통을 당하고 있다. 또한 그녀는 학업의 문제를 보였다. 에스더는 그녀를 매우 소유하고 싶어하고, 아버지가 그녀에게 접근하는 것을 거의 불가능하게 하는 양어머니와 살았다. 이로 인해 아버지는 난처하게 되었고, 편집증적 망상 성격의 심각한 정신병을 앓게 되었다.

양부모는 에스더의 어머니가 정신병에 걸렸다는 것을 알고 있었다. 말하자면 그녀는 확증된 환자였다. 그러나 상세한 내용은 양부모에게 알려지지 않았다. 왜냐하면 당시 정신과 담당자는 에스더가 어머니의 정신질환을 유전적으로 물려받지 않았을까 하는 두려움이 있었기 때문이다. 이러한 사례들에서 정신병의 유전에 관한 걱정은 입양이 시작되기 전 머무르는 보육원에 있는 기간에 아이를 많은 심각한 문제에 휩싸이게 한다. 에스더의 경우는 이 기간 동안 아이의 관점에서 의심할 것 없이 아주 간단하고 혼란스러운 곳이지만, 거기에는 단순하고 매우 확실하고 개인적인 무언가가 있었어야 했다.

🌱 정신이상 질환

부모의 정신이상은 어린 시절 조현병을 유발하지 않는다. 병인학(aetiology)은 그렇게 단순하지 않다. 정신질환은 검은색 머리카락 혹은 혈우병과 같이 직접적으로 전수되지 않으며, 또한 아이에게 모유를 제공하는 어머니의 돌봄에 의해 아이에게 전수되지도 않는다. 그러나 사람들에게 관심이 별로 없는 정신과 의사들, 즉 마음의 질병이 있다고 불리는 사람들에게 관심이 많지 않은 사람들은 삶이 비교적 쉽다. 그러나 우리는 정신이상을 다른 많은 질병과 같이 생각하지 않고, 정신이상 환자들은 삶과 적응을 위한 발달에 있어 생존과정에서의 피해자들이라고 생각하는 우리의 일은 무한적으로 복잡하다고 본다. 우리는 정신이상 환자를 보았을 때 '여기에 하나님의 은혜가 함께하기를' 간절히 느낀다. 우리는 강조한 사례에서 본 것처럼 장애를 알고 있기 때문이다.

다양한 유형의 질병을 구분하는 데 있어 분류는 도움이 될 수 있다. 첫째로, 정신이상 부모를 아버지와 어머니로 나눌 수 있는데, 이것은 어머니와 유아의 관계에만 관련된 어떤 효과가 있기 때문이다. 왜냐하면 이 관계는 아주 일찍 시작한다. 아니면 그들이 아버지에 대해 염려한다면, 그들은 아버지가 어머니 대신 역할을 하는 것에 관심을 두기 때문이다. 아버지에게 더 중요한 역할이 있는데, 거기서 그는 어머니 안에 있는 아이를 중요한 인물로 만들 수 있고, 어머니로부터 마술적이고 잠재적이고 어머니의 자애로움을 망칠 수 있는 요소를 떠나가게 한다. 아버지들은 자신들의 질병을 가지고 있고, 이런 것이 아이들에게 주는 영향은 연구될 수 있지만, 자연적으로 이러한 질병은 아주 어린 유아기에 아이들의 삶을 침해하지 않는다. 다만, 아이가 한 남자로서 자신의 아버지를 볼 수 있을 정도로 충분히 나이가 든 후에 영향을 미치게 된다.

이제 나는 대략 정신이상을 임상적으로 조울증적인 정신이상(manic-depressive psychoses)과 다음 단계까지 가는 정신분열 자체를 포함하는 정신분열장애로 나누고 싶다. 이러한 장애와 함께 박해의 가변적인 망상이 있는데, 그것은 저혈압과 번갈아 나타나거나 일반적인 편집증적 과민성으로 나타난다.

이제 가장 심각한 병인 조현병의 임상적 상태를 살펴보겠다(여기서는 우리의 관심이 아닌 정신신경증을 빼도록 한다).

조현병이 있는 사람의 특성을 살펴보면, 주관적으로 생각한 것과 객관적으로 인식한 내적 현실과 외적 현실 사이의 경계에 대하여 취약하게 기술하는 특징이 있다. 그리고 환자의 비현실적 감정을 발견하게 된다. 또 조현병이 있는 사람은 일반 사람들이 하는 것보다 더 사람이나 일에 쉽게 동화되고, 거기로부터 분리되는 스스로가 더 힘든 경험을 한다. 더 나아가 이들은 신체-자아(body-ego)를 기본으로 자신을 정립하는 것에 있어 상대적인 실패를 본다. 또한 정신이 신체의 기능과 조직과 함께 분명하게 연결되어 있지 않고, 정신과 신체가 관계성 혹은 연결성에서 빈약하게 작동한다. 아마 이것은 정신의 경계가 신체의 조직에 정확하게 응답하지 않는 것이다. 다른 면에서는 지적 과정도 없는 것 같다. 조현병 남성과 여성은 쉽게 관계를 맺지 못하고, 또한 그들 자신이나 보통의 의미에서 실제와 같은 대상들과 관계를 잘 유지하지 못한다. 그들은 다른 사람들의 자극에 의해서가 아니라 그들 자신의 조건에 따라서 관계를 맺는다.

이러한 성향을 가진 부모는 자신들의 유아를 돌보면서 섬세한 부분을 실패한다(자신들의 부족을 알고 아이들을 타인에게 넘겨주는 것을 제외하고).

아픈 부모로부터 아이를 멀리해야 할 필요성

내가 지적하고 싶은 다른 사항이 있는데, 임상에서 나는 부모, 특히 조현병 혹은 심각한 신경증이 있는 부모를 아이로부터 떼어놓는 것이 필수적인 경우를 항상 인지하고 있다는 것이다. 이에 대한 사례가 아주 많이 있지만 심각한 식욕부진을 겪는 소녀에 대해 간략하게 서술하겠다.

내가 소녀의 어머니로부터 아이를 분리했을 때 그 아이는 여덟 살이었고, 분리하자마자 아이가 아주 정상적이라는 것을 알았다. 아이의 어머니는 우울증 상태에 있었는데, 남편이 참전을 해서 부재한 것에 따른 반작용이었다. 어머니가 우울하게 될 때마다 이 아이는 식욕부진이 발생하였다. 후에 어머니는 남자아이를 가지게 되었는데, 그녀가 아이들에게 음식을 채워 넣음으로써 자신의 가치를 증명하려는 미친 필요성에 대한 방어로 이 아이도 교대로 같은 현상이 나타났다. 이번에는 치료를 위해 이 소녀가 자신의 남동생을 데리고 왔다. 나는 이 남자아이를 짧은 기간이라도 어머니로부터 떨어뜨려 놓을 수 없었고, 그래서 아이는 어머니로부터 전적으로 독립적으로 자신을 확립할 수 없었다.

사실, 흔하게 아이들이 부모의 병 때문에 희망 없이 묶여 있고 아무것도 할 수 없다는 사실을 수용해야 한다. 우리는 우리 자신의 온전한 정신을 가지기 위해 이러한 사례들을 인정해야 한다.

다양한 방법으로 부모에게 있는 이러한 조현병적 성향들 그리고 특별히 어머니에게 있는 것은 유아와 아동들의 성적에 영향을 미치게 된다. 그러나 앞서 언급한 사례의 식욕부진의 경우 환경적 실패가 전적인 문제임에도 불구하고 아이의 질병은 아이에게 속한다는 것을 명심해야 한다. 아이는 환경적 요소에도 불구하고 건강한 성장의 방법을 찾을 수 있거나 혹은 좋은 돌봄에도 불구하고 아플 수 있다. 우리는 조현병 부모로부터 떨어져 돌봄을 받도록 정리를 할 때 아이와 함께 치료하는 것을 기대한다. 그러나 우리는 그 아이가 병든 부모로부터 떨어져 나갔을 때, 앞의 사례처럼 아이가 정상이라는 것을 발견하는 경우는 드물다.

'혼돈 상태의' 어머니

아이들의 삶에 심각하게 영향을 미치는 어머니의 매우 충격적인 상태는 어머니가 혼돈 상태—사실 체계화된 혼돈(orgranized chaos) 상태—에 있는 것이다. 이것은 방어이다. 혼돈된 상태의 일들이 잘 정리되어 꾸준하게 유지되는 것인데, 의심할 것 없이 이것은 지속적으로 위협하는, 더 심각하게 밑바닥에서 해체하는 것을 숨기려는 것이다. 이러한 것으로 인해 병든 어머니는 함께 살기가 정말 힘들다. 다음에 예가 있다.

나와 장기간의 분석을 마친 한 여성은 혼돈 상태의 어머니가 있었다. 이러한 상태의 어머니는 사람에게 가장 어려운 부류의 사람이다. 가정은 좋은 것처럼 보였고, 아버지는 꾸준하고 자비가 있었고, 많은 자녀가 있었다. 모든 자녀는 한 가지나 혹은 다르게 어머니의 정신적 상태에 의해 영향을 받았고, 이것은 어머니 자신의 어머니와 같은 정신적 상태였다.

이 잘 짜인 혼돈은 지속적으로 어머니가 모든 것을 파편으로 부숴 버리도록 강요했고, 자녀들의 삶에서 끝없는 산만함의 연속을 만들어 내었다. 모든 면에서 그리고 특히 언어가 사용되자마자, 이 어머니는 나의 환자를 계속해서 뒤죽박죽으로 만들어 놓았고, 다른 어떤 것도 하지 않았다. 어머니는 항상 나쁘진 않았다. 때로 그녀는 보통 어머니처럼 좋은 사람이었다. 그러나 그녀는 항상 산만했기에 모든 것을 뒤죽박죽으로 만들었고, 예측할 수 없었고, 그래서 트라우마 행동을 하였다. 아이들에게 이야기할 때 말장난, 터무니없는 운율, 소리 및 반쪽 진실, 공상과학 그리고 상상으로 치장한 사실을 사용하였다. 어머니가 초래한 대혼란은 거의 완성되었다. 그녀의 아이들 모두는 슬프게 되었다. 아버지는 무력해졌으며, 다만 아버지 자신의 일을 함으로써 그로부터 숨을 수 있었다.

우울한 부모

우울증은 만성 질병일 수 있고, 부모들에게 가용한 애정의 빈곤을 주거나 혹은 관계 형성에서 다소간 갑작스럽게 움츠림을 나타내는 심각한 질병이다. 내가 여기서 언급하는 우울증은 정신분열적 우울증이 아니라 반향성으로서의 우울증이다. 유아가 어머니의 돌봄을 필요로 할 시기에 어머니가 자신의 개인 삶에 붙들려 선점된 어머니를 유아가 갑자기 발견한다면 이것은 유아에게 심각한 문제가 될 수 있다. 이러한 상태에 있는 유아는 무한하게 밑으로 떨어지는 것과 같은 기분을 느낀다. 다음 사례는 다소 늦은 나이의 두 살 된 아이가 이 상태에 있을 때 그러한 요인들이 발생하는 것을 보여 준다.

토니가 일곱 살 때 나에게 왔을 때 강한 집착을 가지고 있었다. 그는 위험한 기술을 가진 변태로 변할 지경에 이르렀고, 이미 그의 여동생을 목 졸라 죽이는 장난을 쳤다. 이 집착은 내가 토니의 어머니에게 해 준 충고에 따라 어머니가 토니에게 말을 했을 때 멈췄다. 이것은 어릴 때의 몇몇 분리의 결과였다. 최악의 분리 그리고 중요한 분리는 아이가 두 살 때 어머니의 우울증에 따른 것이었다.

어머니의 우울 질병에서 예민한 기간에는 어머니를 토니로부터 가장 효과적으로 분리시켰고, 말년에 우울증이 다시 찾아오는 것은 무엇보다도 토니의 끈에 대한 집착을 되살리는 경향이 있었다. 토니에게 끈은 분리될 것 같은 것을 함께 합치게 되는 마지막 수단 이었다.[1]

그래서 그것은 좋은 집에 있는 훌륭한 어머니의 만성적인 우울 중의 우울한 단계였고, 결국 토니의 경우 현재의 증상을 불러일으 켰다.

어떤 부모에게는 기분 나쁜 우울한 분위기가 그들의 자녀들에게 문제의 원인이 되도록 작용한다. 나이 어린 작은 아이가 자신들의 부모의 분위기를 판단하는 것을 배운다는 것은 놀라운 일이다. 아 이들은 이것을 매일 아침이 시작될 때마다 하고, 때로는 자신들의 눈을 거의 모든 시간 자신들의 어머니와 아버지에게 향하는 것을 배운다. 후에 나는 이들이 BBC 방송의 일기예보를 듣거나 하늘을 쳐다보는 것을 상상하였다.

네 살 된 매우 민감하고 자기 아버지처럼 신경질적인 아이의 사 례가 있다. 이 아이는 내 상담실에서 어머니와 내가 아이에 관하 여 이야기를 하는 동안에 마루에서 기차를 가지고 놀고 있었다. 아 이가 쳐다보지도 않고, 갑자기 "의사 선생님, 피곤하세요?"라고 말 하였다. 나는 아이에게 "무엇 때문에 너는 그렇게 생각했니?"라고 물어보았고, 아이는 "의사 선생님 얼굴."이라고 말하였다. 아이가 나의 방으로 들어올 때 나의 얼굴을 분명하게 잘 쳐다본 것이다. 실

1) D. W. Winnicott, ‘String’, in *The Maturational Processes and the Facilitating Environment* (London: Hogarth Press, 1965) 참조.

제로 나는 피곤했지만, 이러한 얼굴을 감추고 싶었다. 어머니는 아이의 아버지(훌륭한 가정의학과 의사이다) 때문에 아이가 사람들이 어떻게 느끼는지를 판단하는 것이 특성이 되었다고 말하였다. 그의 아버지는 그가 자유롭게 놀이 친구가 되기 전에 잘 평가되어야 하는 사람이었다. 정말로 그는 자주 피곤해했고, 다소 우울해하였다.

그래서 아이들은 유의 있게 부모를 관찰함으로써 부모의 분위기에 따라 처신할 수 있지만, 트마우마적인 부모들의 경우에는 예측이 불가한 것이다. 한때 아이들이 초기 성장단계에서 최고의 의존적 과정을 거치게 될 때, 일정하게 유지되거나 예측될 수 있는 거의 부정적인 요인을 가지고 표현하는 방식을 가질 수 있다. 자연적으로 높은 지능을 가진 아이들은 낮은 지능을 가진 아이들보다 예측에 있어서 장점을 가질 수 있지만, 때때로 높은 지능을 가진 아이들의 지적 힘이 지나치게 긴장되고 있다는 것을 발견한다. 이들의 지능은 복잡한 부모의 기분과 성향을 예측하기 위해 팔려 버린 것이다.

치료자로서의 병든 부모

몇몇 정신질환이 어머니나 아버지가 자신들의 아이들을 위해 도움을 구하는 것을 확실히 방해하지는 않는다.

예를 들어, 퍼시벌은 열한 살 때 극심한 정신병 증세로 나를 찾아왔다. 그의 아버지는 스무 살에 조현병을 겪었고, 나에게 퍼시벌을 소개한 사람은 아버지의 정신과 의사였다. 아버지는 쉰 살이 넘었고, 그의 만성적 정신질환을 받아들였다. 아버지는 아프게 될 때 그의 아들을 극진하게 동정하였다. 퍼시벌의 어머니는 현실 감각이 매우 떨어지는 조현병 환자였다. 그럼에도 불구하고 그녀는 아들이 충분히 잘 양육받고 집에서 떨어져 치료받을 때까지 초기 아들의 병 기간에 양육할 수 있었다. 양쪽 부모의 질병과 함께 묶여 있던 퍼시벌의 개인적 질병으로 회복하는 데 3년이 걸렸다.

　내가 이 사례를 말한 이유는 부모가 아픔에도 불구하고 부모 모두를 이용할 수 있었기 때문이다. 비록 그들이 아프거나, 그들이 아프기 때문이었겠지만, 그의 질병의 첫 번째 결정적인 단계를 통해 퍼시벌의 모습을 볼 수 있었다. 어머니는 훌륭한 정신적 간호를 했고, 아이의 성격이 그녀가 필요했던 방법으로 정확하게 녹아들 수 있도록 해 주었다. 그러나 나는 어머니가 이러한 것을 오랫동안은 할 수 없을 것이라는 것을 알고 있었다. 정확히 6개월 후 예상했던 비상전화를 받았을 때 나는 즉시 퍼시벌을 집에서 격리시켰지만, 중요한 일은 이미 발생하였다. 조현병을 경험한 아버지는 남자아이에게 있는 극단적 광기를 참을 수 있게 했고, 어머니의 상태는 그녀가 자신을 위한 정신적 간호의 새로운 국면을 필요로 할 때까지 아들의 질병에 관여할 수 있었다. 물론 아이가 회복함에 따라 그는 자신의 부모 모두가 아프다는 것을 알았어야 했고, 이 사실을 그의 성장과정에 가지고 있었다. 지금은 아이가 사춘기에 잘 안착했고, 그의 아픈 부모에게 감사하게 생각하며 건강하다.

　그러면 나의 임상 경험에서 온 다소 다른 사례는 어떨까?

　아버지는 암에 걸렸지만, 조현병 환자는 아니었다. 의사들은 이

아버지를 지난 10년간 암에 걸렸음에도 불구하고 기적적으로 살
게 하였다. 결과적으로 많은 자녀를 가진 부인은 지난 15년간 남편
의 병으로 인해 휴일을 가지지 못했고, 결국 희망을 포기해 버렸다.
그녀는 그냥 생존하는 것이고, 침대에 누워 있는 남편을 간호하고,
어둡고 비좁으며 우울한 가정을 관리하는데 전적으로 시간을 보냈
다. 일이 잘못될 때마다 혹은 자녀들이 집을 떠날 때 그녀는 죄의
식으로 가득 찼다. 한 남자아이는 사춘기 때 알코올 중독자가 되었
다. 그러나 나머지 자녀들은 행동을 잘하였다. 그녀의 생에서 단지
행복을 가져다주는 것은 아침 6시에서 8시까지 일하는 것이다. 그
녀는 돈을 벌기 위해 밖으로 나가는 것처럼 했지만, 집안의 환경과
다른 변화 때문에 나가는 것이었고, 이것만이 그녀에게 주는 휴식
이었다. 내 관점에서는 아버지의 암이 가족의 삶을 효과적으로 방
해하는 핵심인 것 같다. 아버지의 침대에 가장 높이 자리하여 웃고
있는 전능함을 가진 암 때문에 아무것도 할 수가 없다.

　　이것은 정말 끔찍한 상황이지만, 그럼에도 불구하고 부모 중 한
사람이 신체적으로 건강하지만 정신분열을 가지고 있다면 더 악화
될 것이다.

🎁 발달단계와 부모의 조현병

　　이러한 고찰 이면에 있는 이론에 의하면 트라우마 요소들이 작
동할 때 유아들의 발달단계에 항상 관심을 가져야 한다는 것이다.
유아는 어머니에게 병합되어 거의 전적으로 의존적일 것이고, 혹

은 일반적으로 종속적일 수 있을 것이며 점차적으로 독립성을 가지게 되거나 혹은 아이가 이미 어느 정도 독립적이 될 수도 있다. 이러한 단계들의 관계에서 조현병 부부의 영향에 대해 고려해야 한다. 그리고 다음에 있는 대략적인 방법에 따라 부모의 질병에 등급을 정해야 할 것이다.

- 매우 아픈 부모. 이 경우 다른 사람들이 유아와 아이들을 보호해야 한다.
- 조금 덜 아픈 부모. 다른 사람들이 아이들을 관리해야 하는 기간이 있다.
- 부모가 충분히 건강해서 아이들을 질병으로 보호하고 도움을 청할 수 있는 부모
- 부모의 질병이 아이에게 영향을 미치기에 부모가 자신들의 아이에 대한 권리를 위반하지 않고는 아이들에게 할 수 있는 것이 아무것도 없을 때

나는 잔인함이나 누적되는 자녀 돌봄에 대한 심각한 태만으로 사회의 양심을 들끓게 하는 것을 제외하고는 부모로부터 자녀를 옮기는 법적 힘을 원하지 않는다. 그럼에도 불구하고 나는 조현병 부모로부터 아이들을 떼어 놓아야 하는 결정을 알고 있다. 각 경우에는 매우 유의 깊은 조사가 필요하거나 혹은 다른 말로 사례에 대한 고도의 기술을 가진 복지가 필요하다.

제**10**장

청소년기에 대하여:
적도 무풍 지대의 몸부림

　현재 세계는 청소년기와 청소년기의 문제에 대해 폭넓은 관심을 가지고 있다. 대부분의 나라에서 이런저런 방법으로 청소년 자신들을 분명하게 하는 청소년기 집단들이 있다. 이러한 발달단계에 대해 많은 연구가 행해지고 있고, 젊은이들이 쓴 자서전이나, 10대 소년 또는 소녀의 삶을 다루고 있는 소설이 나오는 새로운 문학이 떠오르고 있다. 이러한 현상은 우리의 사회적 인식과 우리가 살고 있는 시대의 특별한 사회적 환경 사이에 연결이 있다고 추측한다.

　청소년기를 이야기하면서 우리가 반드시 인식해야 할 것은 이 분야의 심리학을 연구하는 사람들에 의하면 청소년기의 남자나 여자 아이들은 이해받는 것을 원하지 않는다는 것이다. 성인들은 청소년기에 대해 이해한 것을 스스로 숨겨야 한다. 청소년을 위해 청소년기에 대해서 책을 쓰는 것은 불합리한 것인데, 인생에서 이 기간은 반드시 살아야 하는 것이고 본질적으로 개인 발견의 시간이기 때문이다. 각 개인은 존재하므로 문제가 되는 살아 있는 경험 속에 들어가 있는 것이다.

청소년기를 위한 치료

청소년기를 위해 하나의 진짜 치료가 있고 단 하나인데 청소년기의 고통 속에 있는 남자아이나 여자아이들에게는 관심이 없다는 것이다. 청소년기의 치료는 시간의 통과와 점진적 성숙과정에 속한 것이다. 이런 것들이 같이하여 마지막에 성인의 출현을 낳게 된다. 이 과정은 정말로 부서질 수 있고 파괴될 수 있고, 정신적 질병으로 자신의 내부에서 시들어 버릴 수 있음에도 불구하고 서두르거나 늦게 되는 것이 아니다.

청소년기가 우리와 항상 함께 있는 중요한 것임에도 불구하고 각 청소년 남자아이와 여자아이들은 몇 년의 기간을 통하여 성인으로 성장한다는 사실에 대하여 때때로 우리 자신들을 상기하는 것이 필요하다. 부모들은 어떤 사회학자들이 하는 것보다 더 이것을 잘 알고 있고, 청소년들의 현상으로 인한 대중의 짜증이 사회적으로 책임 있는 사람들의 공적 비난과 값싼 저널리즘에 의해 청소년을 문제로 언급하게 만든다. 그리고 중요한 사실은 청소년 개인은 책임 있는 사회적 마음을 가진 성인으로 되어 가는 과정에 있다는 것이 논의에서 빠져 있다는 것이다.

🎍 이론적 정의

개인의 감정적 발달 면에서 청소년기의 일반적 정의에 관하여 역동심리학에 관심을 가진 사람들 사이에 괄목할 만한 의견 일치가 있다.

이 나이 기간에 있는 소년과 소녀는 자신들의 개인적 사춘기 변화를 다루고 있는 것이다. 이 시기의 청소년들은 성적 능력의 발달이 있고, 개인 과거의 역사와 함께 두 번째 성적 출현의 발달이 있다. 그리고 이것은 다양한 종류의 불안에 대한 방어기제 조직에서의 개인적 경향을 포함한다. 특별히 가운데 건강한 부모(혹은 부모 대체 인물)와의 삼각관계에서 두 중요 위치의 전혈성(혈기왕성한) 오이디푸스 콤플렉스의 잠재적 시기 이전의 경험이 각 개인에게 있다. 그리고 이러한 본질적으로 복잡한 조건에 내재된 갈등을 수용하고 용인하거나 고통을 피하는 조직적인 방법들이 있다.

또한 각 청소년들의 유아기 및 유년기의 경험에서 파생된 것으로서, 어떤 유전되고 후천적인 개인적 특성과 경향, 선천적인 유형의 본능적 경험에 대한 고정관념, 유아 의존의 잔류물 및 유아적 무자비함이 있다. 더욱이 오이디푸스와 전오이디푸스(pre-Oedipal) 단계 차원의 성숙에 대한 실패와 연관된 모든 종류의 질병이 있다. 그래서 소년들과 소녀들은 유아기와 초기 아동기의 경험 때문에 예비적으로 정해진 모든 경향을 가지고 사춘기에 이르게 된다. 여기에는 무의식적인 것이 많이 있고, 이것들의 대다수는 아직 경험되지 않았기에 모르는 것이다.

결과가 될 문제의 형태와 정도에 대해서는 각 개인에 따라 다양하지만, 일반적 문제는 다음과 같다. 어떻게 이 자아(ego) 조직인 새로운 본능(id)을 만족시킬 것인가? 문제의 소년이나 소녀에게 특유한 성격 패턴에 어떻게 공공의 변화가 수용되어야 하는 걸까? 어떻게 사춘기의 변화가 문제가 있는 소년 혹은 소녀들의 특이한 성격 유형에 적응될 것인가? 어떻게 사춘기 소년 혹은 소녀가 걸음마 시기에는 복잡한 감정이 아니었으나 사춘기에는 파괴적이거나 심지어 죽이고 싶은 새로운 힘을 다룰 것인가? 이것은 새로운 포도주를 낡은 병에 붓는 것과 같다.

환경

사춘기 단계에 환경에 의해 작용되는 것들은 정말 중요하다. 설명을 하면 아이의 아버지와 어머니 그리고 더 넓은 가족 조직의 관심과 지속되고 있는 생활을 당연하게 여기는 것은 가장 좋은 것이다. 사춘기의 어려움으로 인해 전문가의 도움을 구하는 것은 환경적 실패에서 오는 것이다. 그리고 이 사실은 비록 사춘기에 있는 아이들이 부모에게 두통을 주는 과정에서일지라도, 실제로 성인의 성숙을 이루는 대다수 청소년의 경우 환경과 가족 환경의 중요성을 강조할 뿐이다.

저항과 의존

관찰 대상이 되는 사춘기 나이 집단의 특성은 저항적 독립과 후퇴적 의존, 아니면 이 극단적인 상태가 한 번에 공존하는 것이다.

개인의 고립

본질적으로 사춘기는 고립 상태이다. 이것의 시작은 개인들 사이에 그리고 결국 사회화로 귀결될 수 있는 고립의 위치로부터 만들어진다. 이러한 관점에서 유아는 고립된 상태이고 이 상태는 적어도 내가 아니다(not-me)라는 것을 재교육할 때까지, 사춘기는 유아기의 본질적 기간을 반복하는 것이다. 그리고 분리되어 떨어져 있는 개인으로서 정착하게 되는 것이고, 자기 밖에 있는 외부적 대상들 및 전능성 통제의 범위 밖에 있는 것과 관계를 형성할 수 있다. 즐거움-고통 원칙이 현실 원리에 자리 잡기 전에 아이는 환경의 주관적 성격에 의해 고립된다고 말할 수 있다.

젊은 청소년들은 취향이 무엇인지에 대한 정체성을 채택함으로써 집합체를 형성하기 위해 다양한 방법을 시도하는 고립의 집합체이다. 이들은 집단으로서 공격을 받게 되면 집단화를 할 수 있다. 그러나 이것은 그 공격에 대한 편집증 집합체의 반응이다. 학대 후에 개인들은 고립의 집합체 상태로 돌아간다.

섹스 준비 전의 섹스

젊은 사춘기 청소년들의 성에 대한 경험은 소외/고립의 현상에 의해 물들여진다. 그리고 소년 혹은 소녀들은 자신들이 동성애자, 이성애자 혹은 단순히 자기애적인 것이 될 것인지에 대하여 알지 못하는 사실에 놓여 있다. 많은 경우에 성 충동이 나타날지 여부는 오랜 기간 동안 불확실하다. 이 단계에서 급한 자위행위는 성 경험의 형태라기보다는 성을 제거하려는 반복이며, 이 시기에 충동적

인 동성애나 이성애적 행위는 전인적 인간 사이에 일치의 형식을
추구하기보다는 성에 대한 것을 제거하려는 목적을 가지는 데 도
움을 준다. 전인적 인간 사이의 결합은 우선 목표가 억제된 성 놀이
(aim-inhibited sex play) 또는 정서를 강조하는 애정 행동 안에서 나
타날 가능성이 더 높다. 여기에 다시 본능들과 함께 결합하려고 기
다리는 개인적 경향이 있다. 그러나 오랜 기간 동안 성적 긴장으로
부터 어떤 형태로든 안도감을 찾아야 한다. 그리고 만약 우리가 사
실을 알 수 있는 기회가 주어진다면, 많은 경우에 충동적인 자위행
위가 기대될 것이다. (이 주제에 대한 조사를 하는 사람들을 위한 모토
는 질문을 하는 어떤 사람들이든 거짓말을 듣게 될 것임을 예상해야 한다
는 것이다.)

  본능의 변화에 대처하는 자아(ego)에 의해서 사춘기를 연구하는
것은 확실히 가능하다. 그리고 심리분석은 분석적 환경에서 아이
에 의해 표현된 자료 안에 유의 깊게 나타난 것, 아이의 삶에 명백
하게 나타난 것, 아이의 의식과 무의식적 판타지 안에 있는 것 그리
고 개인 정신이나 혹은 내적 실체(inner reality)의 가장 깊은 가운데
있는 핵심적 주제를 만나는 것을 잘 준비해야 한다. 그러나 여기서
나의 목적은 다른 방법으로 사춘기를 돌아보는 것이고, 과거 50년
간의 사회 변화에서 사춘기 주제가 가지는 오늘의 중요성에 연관
시키는 것이기에 나는 이 접근을 하지 않을 것이다.

🎬 사춘기를 위한 시간

  10대들이 적합한 시기에, 다시 말하면 사춘기 성장을 포함하는

나이에 사춘기가 될 수 있다는 것은 건강한 사회의 신호가 아닐까? 원시인들은 사춘기의 변화가 터부(taboos) 혹은 사춘기가 몇 주 혹은 몇 달 안에 어떤 의례나 신탁에 의해 어른으로 변화할 수 있는 것으로 감추어졌다. 오늘날의 사회에서 성인은 성장 경향 때문에 앞으로 나아가는 청소년의 자연적 과정에 의해 형성된다. 쉽사리 이것은 오늘날 새로운 성장은 힘, 안정성 그리고 성숙성을 가지고 있다는 것을 의미할 수 있다.

자연적으로, 이 성장에 대한 대가는 있다. 많은 청소년의 문제는 인내와 치료를 요구한다. 그리고 주변에 꽃다운 사춘기에 있는 소년과 소녀를 보는 것이 사춘기를 사취당한 성인들에게는 괴로움이기에 또한 이 새로운 발달은 사회에 부담을 준다.

🌷 세 가지 사회적 변화

내 의견으로, 사춘기에 있는 청소년을 위한 전반적 풍토를 변경하기 위한 세 가지 주요 사회적 발달이 있다.

첫째, **성병**은 더 이상이 걸림돌이 아니다. 성병은 (50년 전에는 확실히 그렇게 느꼈지만) 더 이상 하나님이 내리는 질병이 아니다. 지금은 페니실린과 적당한 항생제로 치료될 수 있다.[1]

---

1) 나는 제1차 세계대전 후에 한 소녀와 나눈 대화를 분명하게 기억한다. 그녀가 매춘을 하지 못한 것은 성병에 대한 두려움 때문이었다. 그녀는 내가 성병은 언젠가는 예방할 수 있거나 치료될 수 있다는 간단한 대화를 했을 때 당황하였다. 그 소녀는 자신이 두려움 없이 똑바로 가고 싶은 사춘기를 어떻게 견디어 낼 수 있을지 상상할

둘째, **피임약 기술의 발달**은 청소년들에게 성에 대한 탐험의 자유를 주었다. 이 자유는 부모가 되려는 욕구의 부재만이 아니라 원하지 않는 아이 그리고 부모가 없는 유아를 세상에 태어나는 것을 피하려고 할 때 성욕과 관능성을 발견하려는 매우 새로운 것이다. 물론 사고는 발생하고 일어날 것이며, 이러한 사고는 불행하고 위험한 유산 혹은 합법적이지 않은 아이의 출생으로 이끈다. 그러나 사춘기의 문제를 조사하면서, 만일 그들이 생각이 있다면, 현대의 청소년들은 우발적 임신을 포함하는 정신적 번민에 대한 고통 없이 감각적인 삶의 전체 영역을 탐험할 수 있다. 이것은 부분적으로만 맞는데, 우발적 사고의 두려움과 연관된 정신적 번민은 남아 있기 때문이다. 그러나 이 새로운 요인에 의해 지난 30년 동안 문제들이 바뀌었다. 지금 정신적인 번민은 개인 아동의 천부적 죄의식에서 온다는 것을 볼 수 있다. 그렇다고 모든 아동이 선천적인 죄의식을 가지고 있다는 것은 아니다. 그러나 건강한 상태에서 아이들은 매우 복잡한 방법으로 바르고 틀린 것들, 죄의식과 이상들, 미래에 자신들이 원하는 이상들을 발달시킨다.

셋째, **원자폭탄**은 아마 내가 지금까지 목록에 올린 우리 시대의 두 가지 특성보다 훨씬 많은 변화를 낳고 있다. 원자폭탄은 성인 사회에 영원히 들어오는 것 같은 사춘기 조류 사이의 관계성에 영향

수 없다고 하였다(그녀는 단지 사춘기를 헤쳐 나가고 있을 뿐이었다). 지금 그 소녀는 대가족의 어머니이고, 정상적인 평범한 사람이다. 그러나 그녀는 사춘기와 그녀 자신의 본능을 이겨 내야 했다. 그녀는 어려운 시간을 가졌다. 사춘기 동안에 약간의 도둑질과 거짓말을 했지만, 이 단계를 통과하였다. 그러나 성병 억제를 고수하였다.

을 미친다. 우리는 다른 전쟁이 없을 것이라는 것을 기초로 해서 수행해야 한다. 이제 세계 어느 곳에서든 언제 전쟁이 일어날지 모른다는 주장이 나올 수 있지만, 우리는 더 이상 새로운 전쟁을 조직하는 것으로는 사회 문제를 해결할 수 없다는 것을 알고 있다. 그래서 아무리 편해도 우리 자녀들을 위한 강력한 군대나 해군 훈련의 제공을 정당화할 수 있는 근거는 더 이상 없다.

여기에 원자폭탄의 영향이 있다. 만약 어려운 청소년들을 왕과 국가를 위해 싸우기 위해 준비시키는 것으로 우리의 청소년들을 다루는 것은 더 이상 합리적이지 않다. 다른 이유도 있는데, 그것은 우리가 사춘기 그 자체에 문제가 있다는 것에 대해 다시 생각하게 된다는 것이다. 그래서 우리는 청소년기에 대해 '탐구'해야 한다.

청소년은 우성 유전력(pre-potent)을 가지고 있다. 상상적인 생활에서 남자의 효능은 성관계에서 적극적이고 수동적인 문제가 아니다. 이것은 남자에 대한 남자의 승리 그리고 승자에 대한 소녀의 감탄이다. 지금 이 모든 것은 카페 바(cafe bar)의 신비함과 가끔씩 발생하는 칼을 들고 소란을 피우는 것으로 마무리되어야 한다고 제안한다. 사춘기는 그 어느 때보다도 훨씬 더 자체를 억제해야 하고, 또 그 자체가 상당히 폭력적인 구성 요소이다. 그것은 만일 세상에 그것을 공개한다면 결코 아름답지 않은 다소 개인에게 억압된 무의식과 같은 것이다.

우리가 현대 젊은이들의 악명 높은 잔혹 행위를 생각할 때, 우리는 전쟁에 속하지 않고 앞으로도 속하지 않을 모든 죽음과 과거에는 속했지만 앞으로는 없을 모든 전쟁에 속할 모든 자유로운 성에 대항하여 따져 보아야 한다. 그래서 사춘기는 여기 우리와 함께 명확하게 있고 우리와 함께 머무르려고 왔다.

이러한 세 가지 변화는 우리의 사회적 관심사에 영향을 미치고 있으며, 이것은 징집과 같은 잘못된 작전 행동에 의해 더 이상 무대에서 밀려나지 않는 중요한 것으로 청소년기가 부각되는 방식을 분명하게 보여 준다.

🌷 거짓된 해결에 대한 불용인

잘못된 해결을 수용하지 않는 것은 청소년기의 주된 성향이다. 진실과 거짓에 기초한 이 격렬한 도덕성은 또한 유아기와 조현병 형태의 질병에 속한다.

청소년기의 치료는 청소년에게는 매우 의미가 없는 시간의 흐름이다. 청소년은 즉각적인 치료를 원하면서도 동시에 순서적인 치료를 '거부'하는데, 여기에 거짓 요소들이 감지되기 때문이다.

한번 청소년들이 협상을 참아낼 수 있으면, 그들은 본질적 진실의 곡해 없이 다양한 방법으로 완화될 수 있음을 발견할 수 있을 것이다. 예를 들어, 부모와의 동일시를 통한 해결책이 있다. 혹은 성의 측면에서 조속함이 있을 수 있다. 혹은 스포츠에서는 성에서 신체적 역량에 대한 강조의 변화가 있을 수 있다. 혹은 신체의 기능에 대한 중요성에서 지적 도달 혹은 성취에 대한 것으로 변화가 있을 수 있다. 일반적으로 청소년들은 이러한 도움을 거부하고, 대신 **적도 무풍 지대**(doldrums area)의 단계를 거치면서 자신들은 쓸모없고, 아직 자신들을 발견하지 못했다는 단계를 거치게 된다. 우리는 이러한 발생을 유의 깊게 관찰해야 한다. 그러나 이러한 협상, 특별히 동일시와 대리 경험에 대한 전적인 회피는 각 개인이 인류

문명의 과거 역사에서 작업을 해 온 것을 무시하고 아무것도 없는
것에서 시작하는 것을 의미한다. 청소년들은 마치 그들은 어떤 사
람들로부터 도움을 받을 것이 아무것도 없는 것처럼 다시 시작하
려고 발버둥을 치는 것처럼 보인다. 이들은 소수의 획일화(minor
uniformities)에 기초하여 그리고 지역과 나이에 속하는 집단 밀착감
에 기초하여 집단을 형성하는 것으로 보일 수 있다. 청소년들은 자
신들의 분투 안에 자신들을 비하시키지 않은 동일시의 형태를 찾
고 있는 것으로 보인다. 이 분투는 실제인 것을 느끼는 것이고, 이미
지정된 역할에 들어가지 않는 개인의 정체성을 정착시키는 분투이
지만 무슨 일이든 겪어야 한다. 그들은 자신들이 어디에 있는지 알
지 못하며 기다리고 있다. 모든 것이 정지된 상태이기 때문에 그들
은 비현실이라고 느끼는데, 이는 그들이 현실이라고 느끼는 확실
한 것들을 하도록 이끌고, 이러한 확실한 것들은 사회가 영향을 받
는다는 점에서 너무 현실적일 뿐이다.

　사실 우리는 청소년들의 **반항과 의존 혼합**(the mixture of defiance
and dependence)에 대한 호기심에 사로잡혀 있다. 청소년들을 돌
보는 사람들은 어떻게 소년들과 소녀들이 어느 정도까지 반항할
수 있는지에 대해 스스로 어리둥절할 것이고, 동시에 그들의 초기
시대에서부터 유래된 유아 의존의 패턴을 보여 주면서 유치하고
심지어 유아적일 정도로 의존적일 수 있다는 것을 발견할 것이다.
더욱이 부모들은 청소년 자녀들이 부모에게 반항할 수 있도록 돈
을 지불하고 있다는 것을 발견한다. 이것은 청소년에 관하여 하나
의 층(layer)에서 이론화하고 쓰고 이야기하는 것은 청소년들이 살
고 있는 층, 여기서 부모나 부모를 대체하는 사람들이 긴급한 문제
들과 마주하고 있는 것과는 다르다는 것을 보여 주는 좋은 예이다.

여기서 진짜는 이론이 아니라 한쪽이 다른 쪽, 청소년과 부모에게 미치는 충돌이다.

🌱 사춘기의 욕구

청소년들이 표방하는 욕구들을 함께 모으는 것이 가능하다.

- 거짓된 해결을 피할 필요성
- 현실을 느끼거나 전혀 감정을 느끼지 않고 참아야 할 필요성
- 의존성이 충족되고 신뢰할 수 있는 환경에서 저항할 필요성
- 사회의 적대감이 명백하게 만들어지고, 적대감에 직면할 수 있도록 사회를 반복적으로 자극할 필요성

🌱 건강한 청소년과 질병 형태

정상적인 청소년기에 나타나는 것은 다양한 종류의 질병에 걸린 사람들에게 나타나는 것과 연관이 있다. 예를 들면 다음과 같다.

- 거짓 해결을 피해야 할 필요성은 조현병 환자가 타협할 수 없는 무능력과 일치한다. 또한 정신신경증적인 양면성, 현혹함과 건강의 자기기만을 비교한다.
- 실제라고 느끼는 필요성이나 전혀 느끼지 않으려는 것은 비개인화(depersonalization)와 함께 정신병적 우울감과 연관되어

있다.

- 반항할 필요성은 그것이 비행에 나타나는 반사회적 성향과 일치한다.

이로부터 청소년들의 집단에서 다양한 성향이 집단의 더 병든 구성원들에 의해 대표되는 경향이 있는 것을 따라간다. 예를 들어, 집단의 한 구성원이 마약을 과다하게 복용하면, 또 하나는 우울감에 침대에 누워 있고, 다른 하나는 칼로 찌르는 것을 자유롭게 한다. 각 사례의 경우 극단적인 증상이 사회에 영향을 주는 모든 병든 개인의 뒤에는 고립된 합으로 분류된다. 그러나 관련된 대다수의 개인에게 있어 그 증상을 불편한 존재로 가져오고, 사회적 반응을 발생시키는 경향 뒤에는 충분한 추진력이 없다.

적도 무풍대

만일 청소년들이 자연적 과정에 의해 이 발달단계를 잘 통과하게 되면, 그때는 '청소년 적도 무풍대(the doldrums)'라고 불릴 수 있는 현상이 있게 된다. 사회는 이것을 영구적 특징으로 포함시킬 필요가 있고, 그것을 인내하고, 그에 적극적으로 반응하고, 사실상 이것을 만나러 와야 하지만, 치료하려고 해서는 안 된다. 문제는 그것을 행할 수 있게 우리 사회가 건강한가이다.

이 문제가 복잡한 것은 어떤 개인들은 청소년기라 불릴 수 있는 정서발달의 단계에 도달하기에는 너무 아프거나(정신신경증, 우울감 혹은 조현병을 가짐), 혹은 매우 곡해된 방법만을 통해 이 단계에 도달하게 된다. 여기에 나는 이 나이에 발생하는 심각한 정신적인 질병에 대한 설명은 포함시키지 않았다. 그럼에도 불구하고 청소년에 대한 어떤 진술에서도 한 가지 질병, 즉 비행에 대해 따로 말할 수 없다.

청소년기와 반사회적 성향

청소년기의 정상적 난관들과 반사회적 성향이라고 불릴 수 있는 비정상적인 것 사이에 존재하는 긴밀한 관계성을 연구하는 것은 흥미로운 것이다. 이 두 가지 상태 사이의 차이는 각자의 임상적 그림에 있기보다는 각각의 역동성과 병인학(aetiology)에 있다. 반사회적 성향의 뿌리에는 항상 박탈이 있다. 박탈은 매우 중요한 때에 어머니가 고립된 상태 혹은 우울한 상태였거나 이때 가족이 해체되었을 때 발생하게 될 것이다. 단순한 박탈일지라도 그것이 중요한 때에 발생하게 되면 지속적인 결과를 가질 수 있는데, 왜냐하면 이 박탈이 사용할 수 있는 방어들을 너무 긴장시키기 때문이다. 반사회적 성향 뒤에는 항상 약간의 건강한 상태가 있고 중단이 있는데, 이후에는 상황이 예전과 같지 않다. 반사회적인 아이들은 이런저런 방법으로, 폭력적으로 혹은 점잖게 이 세상이 자신에게 빚을 지고 있다는 것의 인정을 찾고 있다. 혹은 망가진 세계의 구조를 재구성하기 위해서 노력하고 있다. 그래서 반사회적 성향의 뿌리에 이 박탈이 있다. 일반적으로 청소년기의 뿌리에 선천적으로 물려받은 박탈이 있다고 말하는 것은 불가하지만, 같은 종류의 어떤 것이 있으나 정도가 좀 약하고 흩어져 있고 지나치게 긴장시키는 사용 가능한 방어들은 그냥 피하는 것이다. 그래서 청소년들이 자신들과 동일시시킬 수 있는 집단을 찾거나, 박해와 관련하여 집단으로 형성되는 고립체의 집합에서, 그 집단의 극단적인 구성원들은 전체 집단을 위해 행동한다. 청소년들의 투쟁 안에 있는 모든 종류의 것—훔치거나, 칼을 사용하거나, 부수거나 갑자기 침입하거나, 다 함께 둘러앉아 음악을 듣거나, 술 파티를 하는 모든 것—은 청소년 집단의 역동성으로 생각하여야 한다. 그리고 만일 아무 일도 발생하지 않는다면, 그 개인 구성원들은 자신들의 저항의 실체에 대한 확신을 하지 않음을 느끼기 시작한다. 하지만 그들 스스로도 상황을 바로잡을 수 있는 반사회적 행동을 할 만큼 충분히 동요되지 않았다. 그러나 만일 집단 안에 사회적 반향을 불러일으키려는 반사회적 구성원이 둘 혹은 셋 있다면 그들은 현실을 느끼게 만드는 집단을 일시적으로 형성하게 된다. 비록 그들 중 누구도 극단적인 반사회적인 성격이 초래한 일을 인정하지 않았을 것이지만, 각 개인 구성원은 집단에 충성할 것이고, 집단을 위해 행동할 사람을 지지할 것이다.

나는 이 원칙이 다른 종류의 질병 사용에 적용될 것으로 생각한다. 집단 구성원 중 한 명이 자살을 시도하는 것은 모든 구성원에게 중요하다. 혹은 구성원 중의 한 명은 일어설 수 없다. 그는 우울감으로 마비가 되고, 매우 고상한 음악을 연주하는 음향 기기를 가지게 된다. 자신의 방 안에 스스로 자신을 가두고 누구도 거기에 접근할 수 없다. 다른 사람들 모두는 이것이 발생하고 있다는 것을 알고 있고, 이따금 나와서 술 파티나 다른 것을 하는데, 이런 것은 하루 밤 꼬박 지속되거나 이틀이나 사흘 가게 될 수 있다. 이 발생은 전체 집단에 속하고, 집단은 장소를 이동하고 구성원들은 이 집단을 변화시키고 있다. 그러나 어떤 면에서 집단의 개인 구성원들은 이 적도 무풍대를 통과하는 자신들의 투쟁 안에서 그들 스스로가 현실감을 느끼도록 돕기 위해 극단적인 것을 이용한다.

이 모든 것은 청소년기에 어떻게 청소년이 되는가에 대한 문제이다. 이것은 어떤 사람들에게는 극단적으로 용감한 것이고, 그들 중 일부는 이것을 성취하기 위해 노력한다. 이것은 우리 성인이 "이 사랑하는 작은 청소년들이 자신의 사춘기를 가지고 있는 것을 보세요. 우리는 모든 것을 참고, 우리의 창문이 부서져도 그렇게 해야 합니다."라고 들어야 한다는 것을 의미하지 않는다. 이것은 핵심이 아니다. 핵심은 우리가 도전을 받고 있고, 성인의 삶에서 기능의 부분으로서 이 도전을 만나야 한다는 것이다. 그러나 우리는 무엇이 본질적으로 건강한지 치료하기 위해 출범하기보다는 그 도전을 만난다.

청소년으로부터의 가장 큰 도전은 사춘기를 제대로 겪지 못한 우리 자신에게 있다. 이러한 것이 청소년들이 자신들의 적도 무풍대의 기간을 갖는 것에 대해 분노하게 하고, 우리로 하여금 그 해결책을 찾게 만든다. 이 해결책에는 잘못된 수백 가지가 있다. 우리가 어떤 것을 말하거나 행동하는 것은 잘못된 것이다. 우리가 도움을 주지만 그것이 잘못된 것이고, 도움을 철수하지만 그 역시 잘못된 것이다. 우리는 감히 '이해할 수' 없다. 그러나 시간의 흐름 속에 이 사춘기 남자아이들과 여자아이들이 적도 무풍대에서 나오는 것을 발견하고 자신들의 개인적 소멸에 대한 위협을 느끼지 않으면서 사회와 부모와 모든 종류의 더 넓은 집단과 함께 자신들을 동일시하기 시작할 수 있다는 것을 발견한다.

제**11**장

가족과 정서적 성숙에 대하여

　내가 관심을 가지고 있는 심리학에서 성숙이라는 것은 건강과 동의어가 될 수 있다고 생각한다. 건강한 열 살 아이는 성숙한 열 살 아이이다. 건강한 세 살 아이는 성숙한 세 살 아이이다. 청소년은 하나의 성숙한 청소년이고, 미성숙한 성인이 아니다. 건강한 성인은 한 성인으로서 성숙한 사람이며, 이것은 그 성인이 모든 미성숙한 단계, 젊은 나이에 성숙의 단계를 통과했다는 것을 의미한다. 건강한 성인은 재미로, 필요할 때, 또는 비밀스러운 자기성애적 경험이나 몽상으로 되돌아갈 때 모든 미성숙을 가지고 있다. '나이의 성숙'이라는 개념을 바르게 이해하기 위해서는 전체적인 정서적 발달에 대한 재진술이 필요하지만, 나의 독자들에게는 역동심리학에 대한 지식과 정신분석가의 작업에 의한 이론에 대한 지식을 가지고 있다고 생각한다.

　이루어진 성숙 개념하에, 나의 주제는 개인 건강의 체제 안에 있는 가족의 역할이다. 그리고 이 경우 다음 질문을 고려해야 한다. 개인이 가족 배경을 제외하고 정서적 발달을 성취할 수 있는가?

만일 우리가 역동심리학을 두 부분으로 나누면 개인발달의 주제에 접근하는 데에 두 가지 방법이 있다. 첫째는 본능적 삶의 발달인데, 알려진 바와 같이 잠재기 시작 전에 전생식기 본능(pregenital instinctual) 기능과 환상은 완전히 성적인 것으로 도달한다. 이러한 생각과 함께 우리는 사춘기 변화가 상황을 지배하는 시기에 이르게 되고, 출생 첫해에 조직된 불안에 대한 방어는 성장하는 개인에게 다시 나타나거나 나타나기 쉽다는 사춘기에 대한 생각에 도달하게 된다. 이 모든 것은 매우 친숙한 근거이다. 대조적으로 나는 다른 관점을 보려고 한다. 즉, 각 개인들은 거의 절대적인 의존성을 가지고 인생을 출발하고, 의존도가 더 낮게 되고, 자율성을 성취하기 시작한다는 관점이다.

첫 번째 방식보다 이 두 번째 방식을 생각하면 이익이 될 것이다. 만일 우리가 이것을 한다면 아동, 청소년 혹은 성인의 나이에 너무 많은 관심을 가질 필요가 없다. 우리가 관심을 가지는 것은 어느 특정한 순간에 개인의 필요에 잘 적용되는 환경적 준비에 대한 필요성이다. 다른 말로, 이것은 유아의 나이에 따라 유아의 초기 의존성을 제공하고 또한 유아가 독립을 향하여 도달할 수 있도록 제공하는 이러한 변화에 대한 어머니 돌봄과 같은 주제이다. 이 인생을 보는 두 번째 방식은 건강한 발달의 연구에 특별히 잘 어울릴 것이기에, 현재 순간의 우리의 목적은 건강을 연구하는 것이다.

어머니의 돌봄은 부모의 돌봄이 되었고, 부모는 함께 그들의 유아에 대하여, 유아들과 아동들 사이의 관계에 대한 책임감을 가진다. 더욱이 부모는 가족 안에 있는 건강한 아이들로부터 오는 '기여'

를 수용하기 위해 있는 것이다. 부모의 돌봄은 가족 속으로 진화하고, 가족이라는 단어는 조부모와 사촌 그리고 그들의 이웃이기 때문에 관계를 가지는 사람이 되고, 혹은 예를 들어 대부(godparents)와 같이 특별한 중요성을 가지고 있기에 더 확장해서 이러한 사람들을 포함하게 된다.

어머니의 돌봄과 함께 시작되고 사춘기 남자와 여자에 가족들이 지속적인 관심을 갖는 이 발달 현상을 살펴볼 때, 우리는 개인의 돌봄을 위해 꾸준하게 원을 넓혀 가려는 인간의 필요성, 또한 개인이 창의적이거나 관대하기 위한 열망을 가질 때 때때로 그러한 공헌이 성립될 수 있는 장소에 대한 필요성에 감명을 받지 않을 수 없다. 항상 확대되는 이 모든 원은 어머니의 양육 환경이고, 어머니의 무릎이고 팔이며, 관심이다.

나는 나의 저술에서 시시각각 변하는 유아들의 필요성에 대해 어머니들이 할 수 있는 것을 매우 자세하게 제시하였다. 유아의 어머니 외에 유아의 필요를 알고 느끼기 위해 고민하는 사람은 없다. 나는 이 주제를 여기서 계속하고 싶고, 어머니에 의해 시작되고 어머니와 아버지에 의해 지속된 만남의 일과 개인적 필요는 아이 자신의 가족만이 계속할 수 있다는 것을 말하고 싶다. 이러한 필요는 의존성 그리고 독립을 향한 개인의 노력이 요구된다. 이 일은 성장하는 개인의 변화하는 필요를 만나는 것을 포함하는데, 만족스러운 본능감뿐만 아니라 인간생활의 결정적으로 중요한 특성에 기여하는 것을 받아들이는 존재감이다. 그리고 이 과업은 반항적인 탈출의 수용과 반항과 번갈아 발생하는 의존으로의 복귀를 포함한다.

반항과 의존을 언급하면서 청소년기에 아주 조용하게 전형적으로 발생하는 중요한 것을 토의하고 있으며, 이것들이 잘 관찰될 수 있다는 것은 명백하다. 사실 이것은 관리를 해야 하는 주된 문제이다. 청소년들이 유아적이고 의존적이 될 때 모든 것을 당연한 것으로 받아들일 수 있고, 동시에 청소년의 개인적 독립성을 정착시키기 위해 반항적으로 충돌할 필요성을 어떻게 거기서 기다릴 수 있을까? 가족이 폭력적인 반항에조차도 부모의 관용에 대한 동시적 요구 그리고 청소년들의 시간, 돈과 관심에 대한 요구를 가장 잘 할 수 있고 기꺼이 만날 수 있는 것은 개인 자신의 가족의 경우일 가능성이 높다. 도망간 청소년들은 잘 알려진 바와 같이 가정과 가족의 필요성을 잃어버리지 않는다.

나는 이 점을 개략적으로 설명하고 싶다. 정서적 발달과정에 있는 개인은 의존에서 독립으로 가게 된다. 그리고 건강하면 전후로, 한 곳에서 다른 곳으로 움직이는 힘을 가지고 있다. 이 과정은 조용하고 쉽게 성취되지 않는다. 이 과정은 저항에서 의존으로 돌아가는 것과 저항이라는 양자택일에 의해 복잡한 것이다. 저항을 하는 청소년들은 자신들의 주변에서 안정감을 주는 것은 즉각적으로 무엇이든지 부숴 버린다. 청소년들은 준비되어 있는 다음 단계에 이르기 위해 더 넓은 모임을 발견하는 것이 필요한데, 이것에 필요한 것은 부서져 버린 그 상황으로 되돌아갈 수 있는 능력이 필요하다고 말하는 것과 거의 같다. 실질적인 의미에서 어린아이는 자신의 어머니의 팔과 무릎으로부터 떨어져 나오는 것이 필요하지만, 우주 공간으로 떨어져 나가는 것은 아니다. 떨어져 나오는 것은 더 넓은 범위에서의 통제이다. 무릎의 상징적인 어떤 것으로부터 아이가 떨어져 나오는 것이다. 약간 더 나이 든 아이는 집으로부터 도망을 한다. 그러나 달아나는 것은 집 정원의 끝에서 끝나게 된다. 정원의 울타리는 방금 부서져 버린, 우리가 집이라고 말할 수 있는 작고 좁은 관점의 상징적인 것이다. 후에 아이는 학교를 가면서 이 모든 일을 연습하고, 집 밖에 있는 다른 집단과의 관계에서 연습을 한다. 각 경우에는 밖에 있는 이러한 집단이 집에서 멀어지는 것을 대표하지만 동시에 이것들은 환상 안에서 부서져 버린 그리고 떨어져 나간 집을 상징하는 것이다.

이 모든 일이 잘 되어 갈 때에 멀리 떨어져 가는 것이 천부적인 반항임에도 불구하고 집으로 다시 돌아올 수 있다. 우리는 이것을 아이들의 내적 질서(inner economy)라는 관점에서 개인의 정신적 실체 조직에 따라 설명할 것이다. 그러나 개인 해결의 발견 안에서 넓은 범위의 성공은 가족의 존재인 부모의 관리에 달려 있다. 반대로 말하면, 자녀들이 가족 없이 헌신적인 애정의 갈등을 나오거나 들어가는 것에서 빠져나오는 것은 매우 어려운 것이다. 관리하는 것을 이해하는 것은 항상 가능한데, 이것은 항상 가족이 있기 때문이고, 책임을 느끼고 책임을 가지는 부모가 존재하기 때문이다. 대다수의 사례에서 가정과 가족은 존재하고 조용하게 머무르고 있고 중요한 관점에서 개인적 발전을 위한 기회를 제공해 준다. 놀라울 정도로 많은 사람이 과거를 되돌아보고 말하는 것은 어떤 실수가 있었던 간에 그들을 실망시키지 않았지만, 이것들은 어머니가 처음의 날들, 몇 주 그리고 몇 달 동안 돌봄의 문제에 있어 그들을 실망시킨 것보다 크지 않았다.

가정 자체 내에서 개별 아이는 다른 형제나 자매가 존재해 자신의 문제를 서로 나누는 기회를 가질 때 측정할 수 없는 안도감을 얻게 된다. 이것은 다른 큰 주제이지만, 내가 여기서 말하고자 하는 중요한 것은 가족이 온전하고 형제와 자매가 진정한 동료이면 각 아이들은 사회적 삶을 시작하고 가장 좋은 기회를 가지게 된다. 가장 중요한 이유는 모든 것의 중심은 실제 아버지와 어머니와의 관계이기 때문이다. 그러나 이것은 아이들을 서로 미워하게 만들기 때문에 그들을 갈라놓는다. 그러나 주된 효과는 그들을 결속하는 것이고, 미워해도 안전한 상황을 만들어 놓은 것이다.

이 모든 것은 온전한 가정이 있을 때 쉽게 당연하게 여겨지며, 우리는 아이들이 성장하고, 이상하고 불안감을 주는 것임에도 불구하고 건강한 발달의 현상을 나타내는 것을 본다. 가정이 온전하지 않을 때, 부서지는 위협을 받을 때 온전한 가정이 얼마나 중요한지 목격하게 된다. 가족 구조가 붕괴되는 위협은 반드시 아이들을 임상적 질병으로 이끄는 것은 아니다. 왜냐하면 어떤 경우에 이 위협이 너무 이르게 정서적 성장, 조숙한 독립성 그리고 책임성으로 이끌기 때문이다. 그러나 이것은 아이 나이에 맞는 성숙은 아니다. 이런 아이들은 건강한 특징들을 가졌지만 건강한 것이 아니다.

일반적인 원칙을 말하고 싶다. 가족이 온전하면 모든 것이 궁극적으로 아이들의 실제 아버지와 어머니와 연결되어 있는 한 내게는 이해하는 것이 가치가 있는 것 같다. 의식적 삶과 공상에서 아이는 아버지와 어머니로부터 멀어질 수 있고, 그렇게 함으로써 큰 안도감을 얻을 수 있다. 그럼에도 불구하고 아버지와 어머니에게로 돌아가는 길은 항상 무의식 안에 간직되어 있다. 아이의 무의식적 환상 안에서 근본적인 요구가 되는 것은 항상 자신의 아버지나 어머니에 대한 것이다. 점차적으로 아이는 많은 것을 잃게 되거나 혹은 자신의 실제 아버지나 어머니에 대한 모든 직접적인 요구의 대부분을 거의 잃게 된다. 점차적으로 전치(displacement)가 실제 부모에서 밖으로 발생하는 것이다. 가족은 이 사실에 의해 결합된 중요한 것으로 존재하고, 각 가족 구성원의 내적인 정신적 실체 안에 실제 아버지와 어머니가 살아 있다.

이러한 방식으로 우리는 두 가지 경향을 본다. 첫째는 개인이 아버지와 어머니로부터 멀어지고 싶은 이 단계는 역할과 자유로운 생각의 증가가 주는 경향이다. 다른 경향은 반대 방향에서 작용하는데, 실제 아버지와 어머니와의 관계를 다시 가질 수 있게 하거나 혹은 머물고자 하는 필요성이다. 개인 성격의 붕괴 대신 첫 번째 경향을 성장의 부분으로 만드는 것은 이 두 번째 경향이다. 나는 지금 아마 꿈의 순간에 혹은 시 형태나 혹은 농담 속에서 실제로 부모에게 그리고 어머니에게, 중심으로 혹은 처음으로 돌아가는 개인의 능력을 언급하고 있는 것이다. 모든 전치의 기원은 부모에게 그리고 어머니에게 있다. 그리고 이것은 보존되어야 할 필요가 있다. 그것은 적용할 넓은 영역을 가지고 있는 중요한 것이다. 예를 들어, 우리는 영국과 정반대의 위치에 있는 곳에서 삶의 방식을 발견하고 결국 피카딜리 서커스가 예전처럼 같은 것이라는 것을 확신하기 위해 돌아온 이민자에 대해 생각할 수 있다. 이것으로 만일 당연히 어느 것이 되어야 하는 무의식적 판타지가 고려된다면, 아이의 넓은 영역에 대한 지속되는 탐구와 모든 경직된 형태에 대한 아이의 반항적 파괴는 실제 부모와 주된 관계를 가져야 하는 아이의 필요와 같은 것이라는 것을 보여 주기를 바란다.

어떤 단계이든지 개인의 건강한 발달에서 필요한 것은 꾸준한 진전인데, 말하자면 반항적인 우상 충돌 행동의 연속을 잘 마치는 것이다. 이 연속의 각각은 부모나 어머니가 되는 중심인물들이나 인물과 더불어 무의식적 결합의 보존과 함께 양립하는 것이다. 만일 가족을 관찰하면 이 연속을 유지하고 개인 발전의 연속성이 깨지지 않고 잘 마칠 수 있게 하기 위해 부모들이 자연스러운 사건의 과정에서 큰 어려움을 겪는다.

개인의 성 생활 확립과 짝을 찾는 과정 모두에서 성적 발달에 있어 특별한 경우가 제공된다. 결혼에 있어서 자신들의 부모와 가족으로부터 우연적으로 벗어나고 멀어지는 것이 발생하게 될 것이고 동시에 가정을 이루는(family-building) 생각을 실행한다. 그러나 동일시에 의한 삶의 해결은 개별 소년 혹은 소녀가 과격한 전복(overthrow)의 꿈에 이르지 않는 한 만족스럽지 않다.

실행에 있어 이 격렬한 이야기들은 동일시 과정에서, 특별히 소년이 아버지와 동일시하는 것과 소녀가 어머니와 동일시를 하는 것이 자주 숨겨지게 된다. 그러나 동일시에 의한 삶의 해결은 소년이나 소녀가 격렬한 전복의 꿈에 도달하지 않는 한 만족스럽지 않다. 성장하는 개인들의 삶의 특징인 이 반복되는 돌파 주제와 관련해서 오이디푸스 콤플렉스는 안도로서 오게 되는데, 왜냐하면 삼각관계 상황에서 소년은 방해하는 아버지의 생각과 함께 어머니의 사랑을 보유할 수 있고, 소녀는 방해하는 어머니의 생각을 가지고 아버지의 사랑을 보유할 수 있기 때문이다. 독자와 어머니만 관계된 경우에는 단지 삼킴을 당하느냐 혹은 깨어져서 자유를 가지느냐의 두 가지 중 택할 수밖에 없다.

이러한 일들을 더 살펴볼수록 아이가 속한 집단이 가족이 아닌 이상 그것들이 잘 진행되기 위해 필요한 모든 문제를 잘 취할 수 있는 집단을 보는 것이 더 어렵다는 것을 안다.

그 반대는 가정할 수 없다는 것을 덧붙일 필요는 거의 없다. 말하자면 만일 가족이 이 모든 면에서 아이를 위하여 최선을 다한다면, 아이가 전적으로 성숙한 사람으로 성장한다는 것을 의미하지 않는다. 각 개인의 내면 질서에는 많은 위험이 있고, 개인 상담치료는 주로 이러한 내적 무거운 짐들과 스트레스를 깨끗하게 하는 것이다. 이 주제를 따라가는 것은 이 절의 서두에 언급한 개인 성장을 바라보는 다른 방식으로 넘어가는 것이다.

가족의 역할을 고려할 때, 이 주제에 대해서 사회심리학과 인류학에서 언급된 기여를 기억하는 것은 필요하다. 윌모트(Willmott)와 영(Young)의 최근 연구 『동런던의 가족과 친척(Family and Kinship in East London)』[1]에서 사회심리학에 관해서는 언급이 되었다. 인류학에 관해서는 우리는 지역마다 그리고 때때로 가족의 다양한 양상이 달라지는 방식에 익숙하다. 때때로 아이들을 양육한 사람은 삼촌과 숙모이고, 의식을 가지고 보면 친자 관계는 아니지만, 거기에는 진정한 부모성의 무의식적 지식의 증거가 항상 있다.

건강으로서의 성숙 개념으로 돌아가자. 아이들이 한두 단계로 도약하고 자기들의 나이에 앞서 성숙하게 되는 것과 반드시 덜 확립되고 더 의존적이 되는 것은 아이들에게는 너무 쉬운 것이다. 우리가 자신들의 가족으로부터 떨어져서 양육받는 아이들의 성숙 혹은 비성숙을 연구할 때 이것을 마음에 담고 있을 필요가 있다. 이러한 개인들은 그러한 방법으로 발달하기에 처음에 다음과 같은 평가를 하고 싶은 감정을 가진다. 얼마나 잘 확립되고 얼마나 아이들이 독립적인가! 인생의 초기에 스스로 살아간다는 것이 얼마나 좋은 일인가! 그러나 나는 이것을 최후의 진술로 받아들이지 않는다. 왜냐하면 나는 사람이 성숙하기 위해 너무 일찍 성숙하지 않고, 아이들이 상대적으로 의존적이어야 하는 나이에 개인으로서 확립되지 않

1) Young, M., & Willmott, P. (1957). *Family and kinship in East London.* London: Routledge & Kegan Paul.

은 것은 필요하다고 느끼기 때문이다.

　　지금 뒤를 돌아보며 시작하면서 잠정적으로 제기한 질문을 고려할 때, 나의 결론은 만일 사람이 나이에 따른 성숙으로서의 건강에 대한 생각을 수용한다면, 개인의 정서적 성숙은 가족이 부모의 돌봄(혹은 어머니의 돌봄)에서 바로 사회적 준비 속으로 이끄는 다리를 제공하는 가족의 환경을 제외하면 성취될 수가 없다. 그리고 사회 속으로 들어가는 것은 가족의 연장과 같다는 것을 기억해야 한다. 우리가 사람들이 자신들의 어린아이와 나이 든 아이들에게 제공하는 방법들을 관찰하면 그리고 만일 우리가 성인 삶의 정치적 제도(political institutions)를 보면, 우리는 그의 가족 환경과 가족으로부터의 전치(displacement)를 발견한다. 예를 들어, 우리는 자신의 집에서 벗어나는 아이들이 필요하다면 다시 한번 벗어날 수 있는 집을 찾을 기회를 제공하는 것을 발견한다. 집과 가족은 여전히 어떤 종류가 되었든 사회 참여 효과가 있을 것 같은 기초가 되는 모델이다.

　　가족이 구성원의 정서적 성숙에 기여할 수 있는 두 가지 특성이 있다. 하나는 높은 단계에서 지속적으로 의존할 수 있는 기회가 있다는 것이다. 다른 하나는 아이들이 부모로부터 떨어져 나와 가족을 만들고, 그 가족에서 가족 밖의 사회적 모임으로, 그 사회적 모임에서 다른 모임으로 그리고 아마 다른 것에서 또 다른 것으로 떨어져 나올 기회를 준비해 준다는 것이다. 이렇게 항상 넓어지는 사회 서클은 결국 사회 속에서 정치적, 종교적 혹은 문화적 모임이 되고, 아마 민족주의(nationalism)[2]는 어머니의 돌봄 혹은 부모의 돌

---

2) 우리가 아무리 국제적인 집단을 갈망한다 하더라도, 우리는 발달에서의 단계로서 민족주의라는 생각을 간과할 수 없다.

봄에서 시작된 중요한 결과물이며, 그런 다음 가족으로 계속된다. 어머니와 아버지, 실제 아버지와 어머니에 대한 무의식적 의존을 수행하는 특별하게 설계된 것은 가족인 것 같으며, 이 의존은 성장하는 자녀가 반항적으로 떨어져 나가고 싶은 필요를 감당한다.

이러한 추론 방식은 정신건강과 같은 성인 성숙의 개념을 사용한다. 성숙한 성인은 자신을 환경 단체나 기관들과 동일시 할 수 있는데, 개인적으로 되어 가는 존재라는 것을 잃어버림 없이 그리고 창의성의 뿌리가 되는 임의적 충동에 대한 너무 많은 희생 없이 그렇게 할 수 있는 사람이라 말할 수 있다. '환경단체'라는 용어가 말하는 포괄적 의미를 조사하면 가장 높은 특징은 이 용어의 가장 넓은 의미가 될 것이고, 개인이 자신의 정체성을 느끼는 사회의 가장 포괄적인 분야가 될 것이다. 한 가지 중요한 특성은 우상 파괴적 행동을 한 이후에 각 개인이 깨어진 형태 안에서 어린 시절 단계에 의존적이었던 본래의 어머니 돌봄과 부모의 준비 그리고 가족의 안정성을 재발견하는 개인의 능력이다. 개인 성숙의 본질적 특성을 위해 실질적 기초를 제공하는 것이 가족의 기능이다.

여기 두 속담이 놀랍게 함께 온다.

- 상황은 옛날과 같지 않다!
- 더 많은 것이 변할수록 더 많이 변하지 않는다.

성숙한 성인은 오래된 것, 낡은 것 그리고 정통주의를 파괴한 후에 재창조함으로써 이것들에 활력소를 가지고 온다. 그렇게 부모는 한 발짝 앞으로 가고 한 발짝 뒤로 가고 하면서 조부모가 된다.

제**2**부

제12장

아동정신의학에 관한 이론에 대하여

I. 전문적 분야

소아과의 절반의 중요성을 가지는 심리학은 신체적 질병에서 몸의 기능과 몸에 대한 조직과 효과에 대해 관심을 가졌던 다른 절반이 가진 크기만큼의 중요성이 이제 겨우 이해가 되었다. 소아과는 신체적 성장, 신체적 성장의 장애 그리고 몸 기능의 선험적 지식에 기초하고 있다. 정신의학은 일반적인 유아, 아동, 청소년 그리고 성인의 정서적 발달과 외부 세계에 대한 개인의 발달하는 관계의 이해에 기초하는 것이다.

여기에서 심리학 학문의 입장이 고려되어야 한다. 이것은 신체적 성장과 정서적 성장 사이의 경계선에 서 있다. 학문적인 심리학자는 비록 심리적이긴 하지만, 사실 신체적 성장에 속하는 징후들을 연구한다. 예를 들면, 뇌의 성장과 조정의 발달과 함께 보조를 맞추어 발달시키는 기술들, 또는 신체적인 뇌 손상 때문에 발달하지 않는 기술들일 것이다. 예시에서 다음과 같이 말할 수 있다. 학문적 심리학자들은 아이가 걸을 수 있는 연령에 관심이 있다. 그러나 역동심리학은 어떤 아이가 자연적 시간보다 일찍 걷는 불안에 의해 조정이 될 수 있거나 혹은 정서적 요인들로 인해 걷는 것이 연기가 될 수도 있다. 아이의 첫 번째 걸음이 정확하게 생리적 · 해부학적 성장에 기초하여 걸을 수 있는 능력을 정확히 나타내는 것은 거의 일어나지 않을 것이다.

중요한 주제인 지능검사 역시 기능적 조직으로서 두뇌의 질에 기초한 아이의 능력에 대한 학문적 심리학자들의 관심을 보여 주고 있다. 학문적인 심리학자는 검사의 '순수한' 결과를 방해하는 정서적 요인들을 제거하는 어떤 방법에 대해 관심을 가지고 있다. 의사들이 지능검사 결과를 사용할 때 의사는 자신에게 주어진 의도적으로 벗겨진 역동심리학을 다시 옷 입혀야 한다. 정신의학적 면담은 본질적으로 검사 면담과 다르다. 이 둘은 섞일 수 없다. 한 개인이 심리학자가 하는 검사와 정신과 의사가 하는 그것의 두 가지 역할에 쉽게 되는 것은 힘들기조차 하다.

사실 정신과 의사는 심리학자들이 제거해 버리려고 하는 정서적 콤플렉스를 특별히 사용한다. 정신과 의사의 목적은 검사를 만드는 것이 아니라, 환자에 관해 알기 위해서라기보다는 환자의 정서적 삶에 들어가는 것은 어떤 것인지 느끼고 알기 위해서 환자의 정서적 삶의 유형 안에 포함되는 것이다.

사회복지사는 정신과 의사처럼 이러한 일들에 대해 같은 위치에 있다.

학문적 심리학은 처음에는 역동심리학보다 더 과학적인 것으로

나타난다. 임상의학이나 정신의학에서 모두 실험실에서 더 잘 일하
는 사람들이 있다. 그러나 인간은 감정과 감정 패턴으로 만들어져
있고 마음의 모습을 아는 것이 그 사람의 정신을 아는 것은 아니다.
정신의학에서 아이에 대한 임상적 문제는 대개 정신, 성격, 사람 그
리고 감정에 대한 내외적 삶에 관심을 가지고 있다는 것이다.[1]

조언자로서의 의사

혼히 의사는 거짓된 위치에 있는 자신을 발견하는데, 신체의학
의 권위자이기에 사람들이 의사는 심리학에 있어 권위자로 기대를
하기 때문이다. 정서적 질병은 의사가 인지할 수 있어서 정신과 동
료 의사에게 환자를 알려 준다. 의사가 정상적인 정서발달에 관하
여 알아야 하는 것이 기대될 때, 의사는 자신의 깊이를 벗어날 것
같다. 의사는 정상적인 아이의 양육에 대하여 부모에게 조언을 하
도록 훈련을 받지 않았다. 물론 의사는 부모로서의 자신의 경험을
말할 수 있지만, 심리학은 부모가 자신의 유아들과 자신들을 돌본
다고 해서 부모가 배울 수 있는 것이 아니다.

유아의 정서적 발달 연구와 부모의 돌봄 그리고 일반적인 아동
돌봄 연구는 사실 과학적인 훈련이고 고도의 복잡한 것으로, 연구
학생들에게 많은 것을 요구한다. 이것은 '아이들과 좋게 지내는 것'
의 문제가 아니다. 그것은 아주 다른 일이다. 만일 부모가 부모로

---

1) 이런 말이 나왔기 때문에, 필자는 학문적 심리학에 의해 부분을 경시하는 것이 아니
라는 것을 주장한다.

서 성공을 했다면, 부모는 그들 자신들 안에 성공을 만들었던 것을 알지 못하고 있다고 덧붙일 수 있다. 만일 부모가 자녀 돌봄에 성공하기보다 실패했다면 돌봄에 대한 조언을 주는 데 훨씬 더 잘 갖추어진 것이라는 말을 많이 한다. 왜냐하면 그 실패가 객관적인 태도에서 아이 돌봄의 주제를 연구하도록 부모를 인도할 수 있기 때문이다.

치료의 신체적인 면에서 철저하게 자신의 위치에 있는 소아과 의사는 그냥 아동정신의학을 쉽게 할 수 없다. 노력이 필요하고, 새로운 학문을 접해야 하며, 의학도들의 수업 계획에 포함되어 있지 않은 학문에 기초하여 점차적으로 새로운 기술이 축적되어야 한다. 이것이 소아과 의사에게 진실이라면, 사회복지사와 교사에게도 그러하다.

심신의 이분법

이분법 이해를 위한 필요성에 대해 심신장애를 치료하는 것보다 더 분명한 것은 없다. 실제로 신체적 사고방식(physically-minded)이 있는 소아과 의사로 편하게 협조하고 정신분석적으로 집중되어 있는 심리치료와 동등한 조건으로 각각 타 분야의 온전함을 신뢰하고, 각 분야는 다른 분야의 일을 알고 있는 사람을 발견하는 것은 매우 어려운 일이다. 실제로 아이는 신체 쪽으로 향하는 경향의 요인들과 심리적 현현 방향으로 가려는 경향의 요인들 사이에서 의사들 사이의 줄다리기에 의해 내적으로 찢어진다. 그리고 심신의 장애로 인해 입원이 필요한 아이는 병원에 가서 신체적 사고방식을 가진 소아과 의사가 책임지고 관리하거나 혹은 성인정신병원과

같은 기관에 들어가거나, 문제가 있을 때 소아과 의사와 접촉할 수
없는 상태에서 어려움을 당한 아이들을 관리하는 데 특수화된 쉼
터를 가게 된다.

외래환자 진료소가 있는데, 이곳은 아이가 신체적 혹은 정신적
문제의 딱지를 붙이지 않고 오랜 기간 동안 방문할 수 있는 곳이다.
이런 것들은 단지 정신신체의학의 실습을 위한 좋은 유형의 배경
만을 제공하는 것이다.

소아과와 아동정신의학

소아과와 아동정신의학 관계의 발달은 다음과 같은 용어에서 나
타날 수 있다. 소아과 의사는 신체적 질병 연구를 전적으로 전담하
고, 자연과학 연구로 자신을 준비한다. 소아과는 그 자신에게 자연
과학이 호소하는 것을 뽑아낸다. 그래서 소아과학에서 건강한 몸
에 대한 연구가 이루어진다. 소아과는 성장의 문제에 관련된 것들
을 통하여 특별한 기여를 한다. 점진적으로 신체에 관한 연구는 전
적으로 신체적 의존 단계에 있는 유아의 필요들을 소아과 의사들
이 이해하도록 이끈다.

소아과는 병원에서 실험실을 사용하는 경향이 있다. 그렇게 되
면 병동은 하나의 실험실이 된다. 외래환자 병원은 병동의 상태에
따라 운영되는 경향이 있다.

그러나 건강한 아동에 대한 연구는 아동에게 자연스럽고 실험실
의 통제된 조건으로부터 멀리 떨어져 있는 연구를 위한 조건을 제
공함에 있어서 소아과 의사를 더 많이 필요로 한다. 의사들은 한 인

간으로서의 아이에 대한 연민과 자연스러운 이해가 없이 일을 할 수 없고, 의사는 필연적으로 양육의 모든 문제와 성장과정 동안의 아동이 환경을 어떻게 사용하였는가에 대해 아이와 함께하게 된다. 그래서 정신의학 쪽으로 방향을 바꾼 소아과 의사는 사실은 자신이 이 역할을 다하는 데 특별하게 잘 갖추어지지 않음에도 불구하고 아동 돌봄에 대하여 조언해 줄 수 있는 위치에 있는 자신을 발견한다.

제2차 세계대전이 끝나면서 영국에서는 소아과학이 신체 쪽으로 중심을 두고, 신체 측면에 엄청난 성과와 점수를 주는 것으로 드러났다. 이러한 성과의 결과로서 다량의 신체적 질병이 감소했고, 신체적 질병의 지속적인 감소는 전 세계에 소아과 업무가 퍼질 것임을 예견해 줄 수 있었다.

역시 이 시기에 다양한 연령층의 유아와 아동들의 정상적 정서발달에 대한, 또한 정신병리학에 대한 방대한 분량의 연구가 완성되었다. 더욱이 정신분석과 아동분석가에 대한 훈련이 조직을 갖추었다. 오래전 프로이트가 성인 신경불안 치료를 할 때 분석가는 끊임없이 아이에게 접근하거나 혹은 성인 안에 있는 유아에게 접근하여야 한다는 것을 보여 주었다. 이것의 함의는 결국 아이와 함께, 아이 돌봄의 영역에서, 심지어 유아와 함께 직접적으로 예방적인 작업을 할 수 있다는 것이다. 그간 증명된 것과 같이 아이는 여전히 아이라는 것 그리고 여전히 의존적 상태에 있다는 것을 가지고 치료하는 것이 가능하게 되었다. 지금은 소아과가 **신체발달**과 **정서발달** 모두의 관심에 대한 그리고 이와 함께 인간 성격발달, 아동들의 가족과 사회 환경과의 관계에 대한 관심이 증가하는 경향이 있다.

🌱 정신분석과 아동

아동에 대한 정신분석가들의 진화가 있다. 이 진화는 아마 다음과 같은 방향으로 기술될 수 있을 것이다. 정신분석가들의 분석은 정상인 사람, 신경성인 사람, 반사회적인 사람 그리고 정신적인 경계선상에 있는 성인 환자들의 모든 것을 다루고 있다. 모든 경우에 있어서 분석가가 환자의 현재 문제에 또한 관심을 가지고 있는 동안 분석가의 주된 일은 환자의 아동기, 심지어 환자의 유아기에 가까이 하는 자신을 발견한다. 따라서 그의 경험에서 다음 단계는 청소년, 어린이, 작은 아이들을 치료하고, 성인 속에 있는 아이가 아닌 실제 아이의 정서적 삶에 관여하는 것이다. 분석가는 아동분석을 하고, 아동정신의 사례 관리에 참여하며, 부모와 함께 유아 돌봄에 대해 토의를 한다. 정신분석치료를 하면서 정신분석가는 확고한 위치에서 아동 전체를 연구한다. 감정적 장애로 인한 신체적 건강의 방해와 신체적 질병에 이차적인 감정적 곡해는 자연스럽게 분석가의 영역에 온다. 그러나 신체적 질병은 신체를 잘 아는 소아과 의사에 의해서 수 세기 동안에 획득된 지식을 필요로 한다.

정신분석가는 신체적 소아과가 예방적인 면에 의존하는 것이 당연하다고 여기는 신체적 건강 그리고 수십 년 동안 유아의 사망률을 많이 줄여서 아이들의 출생을 안전하게 한 산파술에 대해 생각하는 것이 필요하다.

그러나 누가 전체적인 아동에 대해 관심을 가질 것인가?

II. 아동 환자

연속적으로 연구된 정신의학 문제의 양상

이제 아동을 치료하는 상황에서 직면하는 문제를 고려해 보려고 한다. 여기에서 현상의 세 가지 세트가 있고, 각각은 상호 연관되어 있다. 그럼에도 불구하고 서술적 목적으로는 구별된다. (이 서술에서 신체적 건강은 당연한 것이다.)

삶의 정상적 어려움

정상 상태나 건강은 성숙의 문제이지, 증상들로부터의 자유의 문제가 아니다. 예를 들어, 네 살의 평범한 아이는 단순히 본능의 관리, 삶과 인생과 선천적으로 연관되어 있는 인간관계 안에서의 갈등 때문에 매우 심각한 불안을 경험하고 있다. 한 예로, 특정한 나이에 정상적인 아동이 전체적 범주에서 총체적 증상(솔직한 불안, 짜증, 공포, 강박관념, 신체적 기능과 연관된 불편함, 과장 표현, 감정적 영역에서의 갈등 등)을 보인다면 이것은 모순된다. 반면, 다른 면에서 거의 증상이 없는 아이가 심하게 아플 수 있다. 자연적으로 경험 있는 정신과 의사는 이러한 현상을 통해 볼 수 있지만, 훈련받지 않은 관찰자의 관점에서는 신체를 중심으로 보는 소아과 의사를 쉽게 포함할 수 있고, 병든 아이는 더 정상으로 보일 수 있다.

명백한 소아신경증(정신이상)

유아기에서 성인기까지의 다양한 나이에서 정신적인 질병이 발견된다. 참을 수 없는 불안에 대한 방어 조직들은 알 수 있고, 진단할 수 있고, 흔히 치료받을 수 있는 총체적 증상을 만들어 낸다. 어떤 경우에는 환경이 충분히 정상적이고, 다른 경우에는 어떤 외부적 요인이 병인학적으로 중요한 경우가 있다.

잠재적 신경증 혹은 정신이상

정신과 의사들은 아동 안에 있는 잠재적 질병인 청소년의 스트레스나 트라우마 스트레스 혹은 성인기와 독립 후의 스트레스로 발생 가능한 것을 더 볼 수 있는 배움을 가진다. 정신과 의사들의 이 세 번째 일은 매우 어렵지만 불가능한 것은 아니다. 예를 들어, 우리는 조직화된 거짓자기의 어느 정도 공통된 현상을 취할 수 있다. 거짓자기는 가족 유형과 잘 맞을 수 있고 혹은 아마도 어머니에게 있는 질병과 잘 맞을 수 있는데, 이 거짓자기를 건강과 연관된 것으로 쉽게 실수할 수 있다. 그러나 이 거짓자기는 불안정성과 붕괴되기 쉬움을 함축하고 있다.

아이들 안에 있는 이러한 정신장애의 세 가지 측면이 서로 연관되어 있음에도 불구하고 인간의 정서적 발달에 대한 어떤 이론적 공식에서도 구별된다.

정서적 성숙으로서의 건강

정신과 의사는 개인의 정서적 발달에 대해 관심을 가지고 있다. 정신의학에서는 나쁜 건강과 비성숙이 거의 같은 의미를 가진다. 정신분석가의 관점에서 치료는 늦게라도 성숙에 도달할 수 있도록 하는 것이 목표이다. 그래서 아동정신의학의 가르침은 아동발달의 교육에 기초하고 있다. 학문적인 심리학은 정서적 발달의 일반적 연구에서 중요한 보조수단이다. 정서적 발달은 대략 출생 때와 같은 이른 시기에 시작되고 성숙한 성인으로 이끈다. 성숙한 성인은 환경과 함께 자신을 동일시 할 수 있고, 정착, 유지 및 환경의 변화에서 자신의 부분을 담당하고, 개인적 충동의 심각한 희생 없이 동일시할 수 있다.

무엇이 성인 성숙에 선행하는가? 이 질문에 대한 답은 아동정신의학의 방대한 주제 전체를 포함한다. 나는 맨 끝에서 시작하여 초기 유아기까지 거슬러 올라가는 선택된 방법으로 아동심리학의 간단한 정의를 알아보려고 한다.

성인 성숙

세계 시민권은 개인의 건강이나 우울한 기분으로부터의 자유와는 거의 양립할 수 없는 개인의 발전에 있어서 거대하고 드문 성취를 나타낸다. 분리된 예와는 별도로, 성숙한 성인은 전체 집단 내에서 집단의 멤버십을 기반으로 건강을 누리고 있으며, 집단의 크기가 제한적일수록 성숙하지 않다는 표현은 적절치 않다. 그래서 건강을 이루지만 제한된 집단에 속한 사람들, 더 넓은 집단을 위해 노력하고 건강을 해치는 사람들을 볼 수 있다.

청소년기

청소년기는 무엇보다 완전한 사회화에 이르지 못했을 것으로 예상되는 청소년기에 대한 사회의 기대치에 의해 많은 것이 성격 지어지는 것이 특징이다. 사실 우리는 청소년들에게 자기제한적 집단들을 제공하고, 청소년들은 충성을 요구하는 집단의 크기와 범위의 단계적 확장을 이용할 수 있을 것이다. 청소년들은 저항적인 독립과 의존이 혼합된 것을 보여 준다. 이 두 상태는 별개로 나타나거나 공존조차 하게 된다. 이런 식으로 청소년기는 모순을 보여 준다. 이러한 극단의 각각은 허락을 받으려면 성인의 조절이 필요하고, 그래서 청소년들을 위해 고안된 집단은 어느 정도 성인들의 도움이 필요하다는 것을 보게 될 것이다.

잠재기

다섯 살 혹은 여섯 살에 아이들은 심리학에서 잠재기(latency)라 알려진 기간에 들어간다. 이 기간에 본능적 삶의 뒤에 있는 생물학적 추진력이 더 알맞게 수정된다. 건강에서 아이는 당분간 정서적 **성장**과 본능적 **변화**에 상대적으로 관여하지 않기 때문에, 교사의 주요 업무가 행해지는 것은 이 기간이다.

잠재기 동안의 어떤 특성들이 있다. 소년들의 경우 영웅 숭배 쪽으로 향하고, 어떤 추구를 기초로 다른 남자아이들과의 교류나 폭력 집단을 향하며, 그러나 개인적 우정은 존재하고, 변화무쌍한 갱집단에 대한 충성심을 무너뜨릴 수도 있다. 소녀들의 경우 비슷한 특징이 있다. 특히 소녀들이 소년들과 같은 흥미를 가지고 있을 수 있는 때이다. 소녀로서 이들은 집에서 다른 아이들을 돌보며 그리고 쇼핑의 신비 속에서 어머니와 같은 존재로서 즐기는 어떤 능력을 가지고 있다.

첫 번째 성숙

잠재기 전의 단계에서 건강한 상태에 있는 아이는 적합한 본능과 결과로서 발생하는 불안 및 갈등과 함께 어른들의 꿈과 놀이를 할 수 있는 전적인 능력에 도달하게 된다. 이 능력은 상대적으로 안정된 가족 상태에서만 도달할 수 있다. 이 기간 안에 대략 두 살에서 다섯 살에 엄청난 양의 삶을 살게 된다. 이것은 어른들의 기준에 따라 짧은 시간 내로 압축된다. 그러나 이 3년의 시간은 나머지 인생의 전체만큼이나 길어서, 이 기간에 아이는 전인적 인간이 되어가고, 모든 사람 사이에서 살아가고, 사랑하고 미워하고 그리고 꿈꾸고 놀이를 한다.

이 시기에 아이는 가능한 모든 종류의 증상, 즉 증상이 지속되거나 과장되면 반드시 증상이라고 불러야 하는 특징을 보일 것으로 예상할 수 있다. 신경증이 발원하는 시기인 이 시기의 핵심은 불안이며, 여기서의 불안은 매우 심각한 경험을 의미하는데, 임상적으로 악몽에 나타나는 종류이다. 불안은 대개 무의식중에 사랑과 증오 사이의 갈등과 연관되어 있다. 다양한 증상은 불안이 넘쳐흐르거나 혹은 참을 수 없는 불안에 대항하여 방어하는 것을 목표로 한

구조가 시작되는 것이다. 신경증은 견딜 수 없는 불안으로부터 방
어하기 위한 조직의 경직성 그 이상도 이하도 아니다. 이것은 어떤
나이이든 명백하게 되는 것이 신경증의 진실이다.

이 시기에는 매우 복잡한 심리학이 있다. 이 복잡한 것의 많은 것
이 지금은 이해가 되었고, 이러한 이해는 프로이트가 성인들을 치
료하는 동안에 어린아이의 문제를 과학적으로 조사하기 시작하기
전까지는 가능하지 않았다. 프로이트의 유아 성욕에 대한 주장은
본능적 삶이 이 나이의 아이들에게 핵심이라는 것이다. 지금은 프
로이트에게서 비롯된 주된 원리들이 수용될 수 있다고 말할 수 있
지만, 처음에는 정신분석이 인기가 없었다. 지금 이 어려움은 작동
하고 있는 막강한 힘에 대한 이해의 문제이다. 더구나 그 힘은 이
기간의 증후학(symptomatology)뿐만 아니라 정서적 건강의 근저에
있는 것인데, 이것은 아이가 다섯 살이 되었을 때 도달할 수도 있고
잠재기로 들어가는 것이다.

유아기

참조 사항이 만들어진 이 단계 이전의 아이는 본질적으로 삼각
관계에 관여한다. 이 아이는 오직 어머니하고만 관여하는 단계가
있다. 그러면서도 전인적 인간으로서 다른 사람과 함께하는 단계
가 있다. 이 초기 단계와 삼각관계 상황에 대한 아이의 참여 사이
에 줄을 긋는 것은 다소 인위적이다. 그러나 전자는 중요한 단계이
고, 불안이 여기에 속한 것은 다른 순서이다. 아이들은 모호성에 관
심이 있는데, 말하자면 같은 대상을 향하여 사랑과 미움을 한다. 이
상태와 연관된 정신의학적 상태는 정서장애, 우울증, 편집증과 연

관되어 있고, 신경증 체제와는 적게 연관되어 있다.

초기 유아기

유아들은 어렸을 때는 여전히 의존 상태가 높고, 확실한 한 단위체로 성격의 조합, 몸 안의 정신 기거, 외부적 실체와의 접촉 시도와 같은 본질적인 예비적 과업에 몰두한다. 유아의 의존 상태는 이런 초기 작업들이 충분히 좋은 돌봄(good-enough mothering) 없이는 수행될 수 없다. 이 어린 단계에서 오는 질병은 정신이상의 성향을 가지고 있다. 즉, 조현병이라는 장애로 묘사된 장애들 중 하나 또는 다른 것들이다.

이것은 현재 연구가 활발하게 진행되는 주제이다. 많은 부분이 확실치 않고 토의 가운데 있지만, 알려진 것은 정신적 건강은 초기에 정착된다는 것이다. 이 초기 단계 동안에 유아는 어머니나 아이의 요구에 적응하는 어머니를 대체한 인물에 매우 높게 의존한다. 이 적응은 어머니의 헌신적인 태도에서 발생하는 유아와의 동일시에 의해서 어머니가 다루는 위업이다.

🌷 결론

아동의 심리를 추적함에 있어서 환경을 변경하고 유지하고 창조해야 하는 부분을 책임져야 하는 개인의 능력에서부터 초기 성장에 속하는 절대적 의존 상태까지 지나갔다. 후자에서 전자로의 진행 과정에서 유아는 매우 복잡한 개인발달을 하는데, 그 복잡함에도 불구하고 이제 윤곽이 잡히고 어느 정도 정확하게 묘사될 수 있다.

아동정신의학 분야는 아동의 과거, 아동의 정신건강 가능성, 성인 성격의 풍부함 등과 함께 아동 전체의 상태를 다룬다. 아동정신과 의사는 아동 개개인의 정서발달이 가족 기능, 사회 집단의 제도 및 유지를 위한 사회의 잠재력을 포함하고 있다는 사실을 염두에 두고 있다.

제**13**장

조산술에 대한 정신분석의 기여에 대하여

신체적 현상에 대한 과학적 지식에 기초한 조산사(midwife)의 기술은 환자들에게 필요한 확신을 준다. 신체에 대한 이 기본적 기술이 없다면 조산사의 심리학에 대한 연구는 헛된 것인데, 전치태반(placenta praevia)이 출산과정을 복잡하게 할 때 무엇을 해야 하는지에 대한 앎으로 심리학적 통찰을 대체할 수 없기 때문이다. 그러나 요구되는 지식과 기술이 주어지면 조산사는 의심할 것 없이 또한 환자를 하나의 인간으로 이해할 수 있어 역할의 가치를 크게 더할 수 있다.

🌷 정신분석의 자리

어떻게 정신분석이 조산술의 주제 안으로 들어왔을까? 우선은

개개인에 대한 길고 열정적인 치료에서 오는 세세한 연구를 통해
서이다. 정신분석은 월경과다증, 반복되는 유산, 이른 아침의 구토
증, 주된 자궁무력증과 같은 모든 종류의 비정상에 대하여 빛을 비
추기 시작하였다. 그리고 많은 다른 신체적 상태는 때때로 환자의
무의식적 감정 안에서의 갈등이 그들의 원인의 부분이 될 수 있다.
이러한 심신상관의 장애들에 관하여 많은 연구가 진행되고 있다.
그러나 나는 정신분석이 기여한 한 측면에 대해 관심을 가지고 있
다. 여기서 나는 일반적인 용어를 사용하여 유아 출생의 상황을 참
조하여 의사, 간호사 그리고 환자 사이의 관계에 대한 정신분석이
론의 효과를 말하려고 한다.

  정신분석은 이미 20년 전과 비교하여 오늘날 조산사의 태도에
대한 강조의 변화를 이끌고 있다. 이제 조산사가 그녀의 필수적인
기본적 기술에 한 사람으로서 환자에 대한 평가를 추가하길 원하
는 것이 받아들여지고 있다. 그 환자는 한 사람으로 태어났고, 한때
유아였고, 어머니와 아버지에게서 놀이를 했고, 사춘기에 오는 발
달의 두려움을 가졌고, 새롭게 발견된 청소년기 충동들을 실험했
고, 뛰어들어 결혼을 했으며(아마도), 계획적으로나 우연하게 아이
를 갖게 되었다.

  만일 환자가 병원에 입원했다면 그녀는 자신이 돌아가야 할 가
정에 대하여 관심을 가진다. 그리고 어떤 경우 아이의 출생은 그녀
의 개인적 삶의 변화 그리고 그녀의 남편과의 관계 및 그녀의 부모
나 남편의 부모에게 변화를 일으킨다. 또한 자주 그녀의 다른 아이
들에게 대한 그녀의 관계에서 그리고 각자를 향한 아이들의 감정
안에서 복잡함이 예상된다.

  만일 우리 모두가 우리 일을 열심히 한다면, 그 일은 더욱더 흥미

롭고 보답하게 된다. 이러한 상황에서 우리는 생각해야 할 네 사람이 있고, 네 가지 관점이 있다. 거기에는 정상적인 것을 제외하고 질병과 같은 매우 특별한 상태에 있는 여성이 있다. 아버지는 어느 정도 비슷한 상태에 있다. 그리고 만일 그가 떠나 버리면 그 결과는 거대한 빈곤이다. 유아는 출생 시 이미 한 사람이며, 유아의 관점에서 좋고 나쁜 관리 사이의 차이가 있다. 그리고 조산사이다. 그녀는 전문가일 뿐 아니라 인간이다. 그녀는 감정과 정서를 가지고 있고, 흥분과 실망을 느낀다. 아마 그녀는 어머니가 되고 싶기도 하고, 아이가 되거나 아버지가 되고 싶거나 혹은 차례로 모든 것이 되고 싶어 한다. 조산사가 되는 것이 대개 기쁘지만 때로는 좌절을 느낀다.

본질적으로 자연스러운 과정

한 가지 일반적인 생각이 내가 말하고자 하는 것을 바로 꿰뚫고 본다. 그것은 일어나고 있는 모든 것의 기초가 되는 자연적인 과정이 있다는 것이다. 의사와 간호사로서 우리가 만일 이러한 자연적인 과정을 존중하고 촉진시킬 때에만 좋은 일을 하게 된다.

어머니들은 조산사들이 출현하기 전에 수천 년 동안 자신들의 아이를 가졌고, 처음에는 미신을 다루기 위해 조산사들이 출현한 것 같다. 미신을 다루는 현대적 방법은 과학적 태도의 적용인데, 객관적 관찰을 기초로 한 과학이다. 과학에 기초한 현대적 훈련은 조산사로 하여금 미신적 수행에 접근하지 않도록 한다. 아버지들은 어떤가? 아버지들은 의사들과 사회복지사가 그것을 맡기 전에 확실한 역할을 가지고 있다. 그들은 그들 자신의 여자들의 감정을 느꼈을 뿐 아니라 어떤 고뇌를 경험하였고, 또한 책임을 지고 외적이고 예측할 수 없는 고난이 접근하지 않도록 했고, 어머니들이 그녀의 몸이나 그녀의 팔에 있는 아기에만 관심을 가지도록 하였다.

유아에 대한 태도의 변화

유아에 대한 태도의 진화가 계속되고 있다. 세대를 거쳐 부모는 유아가 저기에 있다는 것보다 더 하나의 남자 혹은 여자인 사람으로 추정하고 있다. 처음에 과학은 유아가 그냥 작은 어른이 아니며, 오랜 기간 유아는 객관적인 관찰자들에 의해 말을 시작하기 전까지는 사람이 아니라는 점을 지적하면서 이 관점을 거부하였다. 그러나 근래에는 비록 어린애 같기는 하지만 유아는 정말 사람이라는 것을 발견하고 있다. 정신분석은 점차적으로 출생과정이 신생아에게 손실이 되지 않으며, 신생아의 관점에서는 정상적 혹은 비정상적 출생이 있을 수 있다는 것을 보여 주고 있다. 출생에 대한 가능한 모든 상세한 것은 (신생아에 의해 느껴진 것처럼) 유아의 마음에 기록되고, 정상적으로 이것은 사람들이 게임을 하는 쾌감 속에서 유아가 경험하는 다양한 현상을 상징화하는 것을 보여 준다. 그것은 방향 바꾸기, 떨어지기, 물로 목욕하면서 건조한 땅에 있는 변화를 경험하는 감흥, 일정한 온도에 있다고 온도 변화에 적응해야 하는 것, 인체 조직을 통해 공기를 공급받는 것에서 홀로 공기에 의존해야 하는 것과 개인적 노력으로 음식을 만드는 것 등이다.

건강한 어머니

어머니에 대한 조산사의 태도와 관련해 마주치는 어려움 중에 하나는 진단 문제 주위에 있다. (여기서 진단은 의사나 간호사가 담당해야 할 신체 상태의 진단을 의미하지 않으며, 또한 나는 신체적 비정상을 언급하지 않을 것이다. 나는 정신의학적 측면에서 건강과 건강하지 않는 것에 대해 관심이 있다.) 이 문제의 정상적인 목적 부분부터 함께 시작해 보자.

건강이 좋을 때 환자는 환자가 아니라 하나의 완전하게 건강하고 성숙된 사람으로, 중요한 일들에 대해 그녀 자신의 결정을 매우 잘할 수 있으며, 아마 그녀를 돕는 조산사보다 더 성숙한 사람이다. 환자는 자신의 상태 때문에 조산사에게 의존할 수밖에 없는 것이다. 일시적으로 그녀는 간호사의 손에 의존하게 되는 것이고, 이것을 할 수 있는 것은 그 자체가 건강하고 성숙하다는 것을 포함하고 있다. 이러한 경우에 간호사는 가능한 한 오래 어머니의 독립성을 존중하게 되고, 만일 해산이 순조롭고 정상적이라면 출산과정 내내 마찬가지이다. 같은 방법으로 조산사는 오직 출산과정을 도와주는 사람에게 모든 것을 위임하는 것에 의해서 출산의 경험을 통과할 수 있는 많은 어머니의 완전한 의존을 받아들인다.

어머니, 의사 그리고 간호사의 관계

나는 건강한 어머니와 성숙한 사람은 자신에 대한 통제를 모르는 간호사와 의사에게 넘겨 줄 수 없다고 제안한다. 어머니는 처음으로 그 사람들을 알게 되고, 이것은 출산을 준비하는 과정 내내 중요한 것이다. 어머니는 그들을 신뢰하여 그들이 실수하더라도 신뢰할 수 있다. 혹은 산모인 어머니의 경험이 좋지 않아서 의료진을 신뢰하지 않는 경우도 있는데, 그녀는 자신을 의료진에게 맡기는 것을 두려워하여 자기가 스스로를 관리하려고 하거나 혹은 실제로 자신의 상태를 두려워한다. 그래서 그녀는 의료진의 실수이든 아니든 잘못된 모든 것에 대해 의료진을 원망할 수 있다. 만일 의료진이 산모에게 자신들을 알리는 것에 실패하게 되면 당연하게 이렇게 된다.

나는 산모와 의사 그리고 간호사가 서로를 알아 가는 것, 만일 가능하다면 임신 기간 내내 접촉을 계속하는 것이 첫째이며 그리고 가장 먼저 해야 할 일이라고 생각한다. 만일 이것을 할 수 없다면, 적어도 실제 분만과정에 있을 사람과 예정된 분만일 전에 일정한 만남이 반드시 있어야 한다.

병원이 최신식이고, 장비가 잘 갖추어져 있고, 위생적이고, 크롬으로 도금되어 있다 할지라도 산모가 출산과정을 준비하는 동안에 자신의 출산을 도울 의사와 간호사가 누구인지 미리 아는 것이 불가능한 병원은 좋은 병원이 아니다. 이런 것이 산모가 집에서 가족 주치의와 함께하는 그리고 긴급 상황인 경우에만 병원의 시설을 이용하는 출산을 하기로 결정하는 이유이다. 나는 개인적으로 어머니들이 집에서 해산하기를 원하는 경우에 전적으로 지지를 받아야 한다고 생각한다. 그리고 만일 이상적인 신체적 관리를 제공하려고 할 때 가정 내에서 해산을 실행하는 것이 불가능할 때가 온다면 이것은 좋지 않은 일이 될 것이다.

해산의 수고와 과정에 대한 전반적인 설명은 출산을 하려는 어머니가 확신을 가지고 신뢰한 의료진으로부터 들어야 하고, 이것은 산모가 잘못된 정보를 가질 수 있는 것과 두려움을 떨쳐 버리는 것을 포함한 긴 과정을 가진다. 이것이 건강한 여성이 가장 필요로 하는 것이고 진실된 사실을 가장 잘 사용할 수 있는 것이다.

자신의 남편과 가족과 좋은 관계에 있는 건강하고 성숙한 여성이 해산의 순간에 다다랐을 때 간호사에게 방대한 기술이 요구된다는 것은 사실이 아니다. 산모는 간호사 옆에 있어야 할 필요가 있고, 잘못된 일이 발생할 때 적합한 시간에 간호사의 조력이 필요하다. 하지만 모든 것이 마찬가지인 것과 같이 산모는 섭취, 소화와 소멸이 자동인 것과 같은 자연적 힘과 과정에 있고, 자연에 더 많이 맡길수록 산모와 아기에게 더 나은 결과를 가져올 수 있다.

두 아이가 있는 나의 한 환자는 지금은 점차적으로 매우 어려운 치료를 통과하면서 그녀 자신이 어린 시절 그녀의 어려운 어머니로부터 받은 영향에서 자유롭게 되기 위해 치료를 다시 시작하는 것 같았다. 그녀는 다음과 같이 썼다. "……공정하게 감정적으로 성숙한 여성이라 할지라도, 전체 출산과정은 많은 통제를 무너트려서, 이 과정의 발달에서 만나는 새롭고 큰 경험을 통하여 마치 아이가 그것을 보기 위해 어머니가 필요한 것처럼 사람은 당신을 돌보고 있는 사람에게서 모든 돌봄, 배려, 용기 그리고 친밀함을 원한다."

그럼에도 불구하고 자연스러운 아이의 출산과정에서 인간 유아는 불합리하게 큰 머리를 가졌다는 것을 잊어버리면 안 되는 것이다.

🌹 건강하지 않은 어머니

조산사의 돌봄 아래 있는 건강한 어머니와 대조적으로 아픈 어머니가 있는데, 이들은 감정적으로 미성숙하거나 혹은 자연스러운 회극에서 여성 역할을 하는 것에 지향되어 있지 않다. 혹은 아마 우울하거나, 근심스럽거나, 의심스럽거나 혹은 그냥 뒤죽박죽되어 있는 사람이다. 이러한 경우에는 간호사가 진단을 할 수 있어야 하고, 환자가 임신 후기의 특별하고 불편한 상태로 들어가기 전에 자신의 환자를 알아야 할 다른 이유가 있다. 조산사는 확실히 정신적으로 아픈 환자를 진단할 수 있는 특별한 훈련이 필요하다. 그렇게 해서 건강한 산모를 건강하게 다루는 것에 자유롭게 될 수 있다. 자연적으로 비성숙하거나 혹은 다른 말로 건강하지 않는 어머니는 자신을 책임지고 있는 사람에게서 어떤 특별한 방식으로 도움을 필요로 한다. 건강한 보통의 어머니는 교훈이 필요하지만, 아픈 어머니는 안심시킬 것이 필요하다. 아픈 어머니는 간호사의 인내를 시험할 수 있고, 스스로 긍정적인 골칫거리를 만들 수 있고, 아마 미친 사람이 될 수 있으니 자제가 필요할 수도 있다. 그러나 이것은 적절한 행동을 함으로 혹은 고의의 무위(inaction)를 가지고 사람을 만나려는 요구에 대한 상식의 문제이다.

건강한 어머니와 아버지의 보통의 경우에는 조산사는 도움을 주기 위해 고용되었고, 도움을 줄 수 있다는 것에 만족을 가지고 있다. 전체적인 성인이 되지 않은 건강하지 않은 어머니의 경우, 조산사는 환자를 관리하는 데 있어 의사와 함께 간호사의 행동을 하는 사람이다. 그녀의 고용주는 병원 서비스를 하는 대행회사이다. 이러한 건강하지 못한 적응이 질병이 아닌 삶에 적응하는 자연적 절차를 압도한다면 끔찍할 것이다.

물론 많은 환자가 내가 서술적인 목적으로 고안한 이 두 가지 극단 사이에서 온다. 내가 강조하고 싶은 것은 많은 어머니가 히스테리적이거나, 까다롭거나 혹은 자기파괴적이라는 관찰이 조산사에게 마땅한 건강 상태와 정서적 성숙도를 갖추지 못하게 해서는 안 된다는 것이다. 간호사에게 맡길 수 있어야 하는 실제 문제를 제외하고 대다수가 충분히 능력이 있는 경우, 모든 환자를 유치한 환자로 분류해서는 안 된다. 가장 좋은 사람은 건강하며, 건강한 여성은 어머니이자 아내이다(그리고 조산사이다). 이들은 단순한 효과성에 풍요함을 더하고, 단순히 성공적이라는 진부함에 긍정적인 이익을 더한 사람들인데, 왜냐하면 불행이 없었기 때문이다.

아기와 함께하는 어머니에 대한 관리

출산 이후 어머니의 새로 출생한 아기와의 첫 번째 관계에서 어머니의 관리에 대해 생각해 보자. 어떻게 우리가 어머니들에게 자유롭게 말할 수 있는 기회를 주고 기억을 되살릴 때 종종 다음과 같은 종류의 언급을 접하게 되는 걸까? (동료로부터 받은 사례를 여기 실었지만, 나 자신도 때때로 같은 말을 들었다.)

한 환자는 정상적인 출산을 하였고 그의 부모가 원하는 아이였다. 분명히 출산 후 즉시 손가락을 빨았지만 36시간 동안 모유를 공급받지 못하였다. 그래서 힘들었고 졸렸다. 그다음 2주일 먹는

상황은 가장 불만족스러웠다. 산모는 간호사들이 공감을 하는 사
람들이 아니라고 느꼈고, 간호사들은 산모를 자신의 아이와 충분
히 함께할 시간을 주지 않았다. 산모는 간호사가 강제로 아이의 입
을 자신의 젖가슴에 갖다 대었고, 그것을 빨도록 아기의 턱을 잡았
고, 젖가슴에서 떼기 위해 아기의 코를 꼬집었다고 하였다. 산모가
아기와 함께 집에 와서는 아무런 어려움 없이 아기에게 모유를 먹
일 수 있었다.

나는 간호사들이 어떻게 산모들이 불평하고 있는가를 아는지 잘
모르겠다. 아마 간호사들은 산모들이 말하는 이러한 의견을 듣는
위치에 있지 않고, 물론 산모들은 신세를 지고 있는 간호사들에게
불평하려고 하지 않는 것 같다. 또한 산모들이 나에게 말할 때 정확
한 상황을 알려 준다고 믿지는 않는다. 확실히 이런 일은 두 가지 일
이 만날 때 발생한다. 이렇게 되면 산모가 학대를 받는다고 느끼게
하고, 사랑보다는 두려움으로 움직이는 것 같은 산모 간호사이다.

이 복잡한 일은 흔히 산모가 간호사를 해고하는 모두에게 고통
스러운 과정에 의해 해결된다. 이보다 더 나쁜 것은 간호사가 이기
는 것이다. 산모는 희망 없는 복종으로 가라앉게 되고, 산모와 아기
의 관계를 형성하는 데 실패하게 된다.

민감한 출생 후의 상태

정신분석적 작업에서 아기를 출산한 어머니는 매우 민감한 상태
에 있다는 것과 출산 후 1~2주 동안 학대하는 여성의 존재가 있다
는 것을 쉽게 믿고 있다는 것을 발견한다. 나는 이러한 기간에 쉽게

지배적인 사람이 되는 조산사가 있다는 것을 허락하는 것 같은 성향이 있다는 것을 믿는다. 확실히 이 두 가지 일이 자주 발생한다. 학대받고 있다고 느끼는 어머니와 사랑에 의해서라기보다는 두려움에 의해 일을 수행하는 간호사가 그것이다.

이러한 복잡한 상태는 모든 관계된 사람에게는 고통스러운 과정이지만 산모가 집에서 간호사를 해고시킴으로써 흔히 해결된다. 이것보다 더 나쁜 것은 간호사가 이기는 경우이다. 산모는 희망을 상실한 채 복종 속으로 가라앉고 산모가 아기 사이의 관계는 그 자체를 형성하는 것에 실패하게 된다.

이 결정적인 것에 작동하는 막강한 힘을 표현하는 데 적합한 용어를 발견할 수 없다. 여기에 매우 묘한 것이 발생한다. 아마 산모는 육체적으로 지쳐 있고, 자제할 수 없고, 다양한 방법으로 전문적인 주의를 간호사와 의사에게 의존하고 있지만, 동시에 자신의 아기에게 적합하게 이 세상을 소개할 수 있는 사람이다. 산모가 이런 것을 아는 것은 어떤 훈련이나 현명해지는 것을 통해서가 아니라 그냥 그녀가 자연적인 어머니라는 것을 통해서이다. 그러나 산모의 자연스러운 본능도 만일 그녀가 무서워하거나, 자신의 아기가 태어났을 때 볼 수 없거나 혹은 병원의 담당자들에 의해 아기가 모유를 공급받아야 할 때만 산모에게 온다면 산모의 자연적 본능이 발달할 수 없다. 이런 식으로는 되지 않는다. 어머니의 젖은 배설물같이 흘러나오는 것이 아니다. 그것은 자신의 아기를 보고 냄새를 맡고 느끼는 것 그리고 어머니를 필요로 하는 아기의 우는 소리 자극에 대한 반응이다. 이 모든 것은 한 가지 일이다. 어머니가 자신의 아기에 대한 돌봄 그리고 주기적인 수유로 어머니와 아기 두 사람의 대화의 도구인 것과 같이 발달하는 언어가 없는 노래이다.

두 개의 상반된 속성

그러면 여기에 한편으로 매우 의존적인 어머니가 있고, 동시에 같은 사람 안에 유아 돌봄의 전반적인 모든 것, 모유 수유 시도, 섬세한 과정의 **전문가**인 어머니가 있다. 어떤 간호사들에게는 이 두 가지의 상반된 속성을 수용하는 것이 어렵고, 결과적으로 그들이 장에 부하가 있어 배출하려고 하면서 수유를 하려고 노력하는 것이 된다. 이들은 불가능한 것을 시도하고 있는 것이다. 매우 많은 수유 습관이 이러한 방식으로 시작된다. 혹은 모유 병으로 공급할 때조차도 유아에게 분리되는 것이 발생하게 되어 유아 돌봄이라 불리는 전적인 과정에 적합하게 부응하지 않는다. 일을 하면서 계속적으로 이러한 실수를 변경하려고 노력하고 있다. 이러한 실수는 어떤 경우에는 실제로 간호사가 전문가임에도 불구하고 보지 못해서 처음 며칠이나 몇 주 안에 발생한다. 이렇게 되면 간호사의 일은 유아와 산모의 모유가 서로 상관성이 없게 만들어 버린다.

그것 외에 내가 말한 것과 같이 조산사는 감정을 가지고 있고, 유아가 엄마의 젖가슴에서 시간을 소비하는 것을 참고 바라보는 것이 어렵다는 것을 발견할 수 있을 것이다. 조산사는 산모의 젖가슴을 유아의 입으로 밀어 넣고 싶은 것을 느끼거나, 유아의 입을 젖가슴으로 밀어 넣고 싶은 것을 느끼고, 유아는 여기에 움츠리면서 반응을 한다.

여기서 또 다른 하나가 있다. 이것은 거의 보편적인데, 산모는 다소간 조산사가 자신의 아이를 빼앗는다고 느낀다. 이것은 산모가 어린 시절 어머니와 아버지와 즐겁게 놀던 때 그리고 그녀가 아주 어린 소녀일 때, 그녀의 아버지가 그녀의 **최고의 이상**이었을 때

에 속한 그녀의 꿈에서 파생된다. 그래서 산모는 간호사가 복수에
가득 차서 자신의 아이를 빼앗아 간 사람이라는 것을 쉽게 느낄 수
있고, 어떤 경우에는 그렇게 느껴야 한다. 간호사는 이것에 관해서
아무것도 할 필요가 없다. 그러나 만일 간호사가 실제로 아기를 가
져가는 것—자연스러운 유아와의 접촉을 어머니에게서 빼앗아 가
는 것—을 피하면 매우 도움이 된다. 그리고 사실 수유 시간에만
숄에 싸서 산모에게 보이는 것을 하지 않는다면 도움이 된다. 이것
은 현대에는 행해지고 있지 않지만, 근대까지 실행된 공통적인 것
이었다.

　간호사가 이러한 방법으로 행동을 할 때조차도 이러한 문제들 뒤
에는 꿈, 상상 그리고 놀이가 남아 있어 산모가 며칠 혹은 몇 주간
안에 자연적으로 그녀의 현실감을 자연적으로 회복하는 기회를 가
진다. 아주 가끔 간호사는 산모를 학대하는 사람이 아니고 자신이
예외적으로 이해를 잘하고 인내하는 사람일 때조차도 자신이 산모
에게 학대하는 사람으로 인식된다는 것을 이해해야 한다. 결국에
대부분의 산모는 회복하게 되고, 간호사를 있는 그대로 자신을 이
해하려고 노력한 사람으로 볼 수 있게 될 것이며, 간호사도 하나의
인간이고 인내에 한계를 가지고 있다는 것을 볼 수 있을 것이다.

　또 하나는 산모인데, 만일 그녀가 성숙하지 않은 사람이라면 혹
은 어린 시절에 박탈된 아동이라면, 자신을 돌보는 간호사를 포기
하는 것과 그녀 자신이 대우받는 방식으로 자신의 아기를 돌보는
데 홀로 남겨지는 것이 매우 어렵다. 이러한 방식으로 좋은 간호사
의 도움을 상실하는 것은 산모가 간호사를 떠났을 때 혹은 간호사
가 산모를 떠났을 때 정말 어려움을 가져올 수 있다.

내가 본 것과 같이 이러한 방법들 가운데 정신분석은 인간관계에 포함된 모든 일, 개인과 상호 간의 권리를 존중해야 하는 것에 대한 더 요구되는 필요성을 조산사에게 가져온다. 사회는 의료적이고 간호에서조차 전문가들이 필요하다. 그러나 사람이 필요하고 의료기계 장치가 관심이 아닌 곳에서, 전문가들은 사람이 살고 상상하고 경험 속에서 성장하는 방법을 연구하는 것이 필요하다.

제**14**장

부모에게 주는 조언

이 장의 주제는 아마 다소 오해를 가져올 수도 있다. 나의 전문적인 일을 하면서, 나는 조언을 하는 것을 피하였다. 만일 내가 여기서 나의 목적이 성공한다면 결과는 다른 사람들이 어떻게 부모에게 더 잘 조언하는지 알게 된다는 것이 아니라, 오히려 그들이 지금보다 조언을 해 줄 마음이 덜 들 것이다.

그러나 나는 이 의견을 길게 끌고 가기를 원하지 않는다. 만일 어떤 의사가 "류머티스 열로 진단받은 병을 가지고 있는 나의 아이에게 무엇을 해야 합니까?"라는 질문을 받는다면, 그 의사는 아이를 침대에 눕히고 의사가 심장질환이 끝났다고 느낄 때까지 아이를 거기에서 지키라고 조언해 줄 것이다. 혹은 만일 간호사가 아이의 머리카락에서 기생충 알을 발견했다면 그녀는 만족스럽게 박멸할 수 있는 지시를 줄 수 있다. 다른 말로 하면, 신체적 질병의 경우에 때때로 의사와 간호사들 자신들의 특별한 훈련 때문에 답을 알고 있으며, 만일 이들이 적합하게 따르지 않으면 실패하게 된다.

그러나 많은 아이가 신체적으로 아프지 않음에도 불구하고 우리의 보호 아래 오게 된다. 예를 들어, 출산의 경우에는 치료적인 것이 아니다. 왜냐하면 산모와 아이가 대개는 건강하기 때문이다. 건강은 질병보다 다루는 데 더 훨씬 어렵다. 의사와 간호사가 신체적 질병이나 기형에 연관되지 않은 문제에 직면하게 될 때 당황하게 될 수도 있다는 것은 흥미롭다. 이들은 나쁜 건강 혹은 절대적 질병에 대한 훈련에 비해 건강에 대한 훈련을 받지 않았다.

이 주제에 대한 조언을 주려는 나의 관찰은 세 가지 부류로 나뉜다.

① 질병에 대한 치료와 인생에 대한 조언 사이의 차이
② 해결을 제시하기보다 사람 안에 있는 문제를 가지고 있는 것의 필요
③ 전문적인 인터뷰

🌷 질병에 대한 치료와 인생에 대한 조언

오늘날 의사와 간호사로서 심리학에 대한 관심이나 인생의 감정혹은 느낌에 대한 관심이 증가하고 있지만, 이들이 한 가지 배워야할 것은 자신들이 심리학의 전문가는 아니라는 것이다. 다시 말해, 이들은 신체적 질병과 삶의 과정이라는 두 가지 영역 사이의 경계에 다다르자마자 부모와 함께 아주 다른 기술을 도입해야 한다. 조잡한 예를 하나 들겠다.

소아과 의사가 아이 목 분비선의 상태 때문에 아이를 만나게 되었다. 의사는 진단을 하고, 어머니에게 개략적인 진단과 치료 제안을 알려 주었다. 어머니와 아이는 이 소아과 의사를 좋아하였는데, 그가 친절하고 동정심이 많고, 신체검사를 하는 동안에 아이를 잘 다루었기 때문이다. 의사는 어머니에게 최근까지 그녀와 집에 대해 약간 이야기할 시간을 주었다. 어머니는 아이가 학교생활에 정말로 행복해하지 않으며 괴롭힘을 당하는 경향이 있다고 말하였다. 그녀는 아이의 학교를 바꿔야 할지 궁금해하였다. 이 지점까지는 모든 것이 좋았다. 그러나 의사는 자신의 분야에서 조언해 주는 것에 익숙해서 어머니에게 "맞아요. 학교를 바꾸는 것이 좋다고 생각합니다."라고 말하였다.

이 지점에서 의사는 자신의 영역 밖으로 발을 디뎠다. 그러나 이것은 그의 권위적인 태도와 함께 옮겨진 것이다. 어머니는 알지 못했지만, 의사는 그의 아이 중의 한 명이 학교에서 괴롭힘을 당하기에 학교를 바꿨고, 이 생각은 의사에게 새로운 것이었다. 다른 종류의 개인적인 경험이 학교를 바꾸는 것에 대해 조언을 하게 한 것이다. 사실 그 의사는 조언을 해 주는 자리에 있지 않다. 그는 어머니의 이야기를 듣는 동안에 그것이 무엇인지도 모르고 이용할 수 있는 기능을 수행한 것이다. 더구나 그가 부탁을 받지 않았기에, 매우 불필요하게 책임질 수 없는 방법 가운데 행동한 것이다.

이런 종류의 일은 병원과 간호에서 항상 발생하고, 이것은 의사와 간호사가 그들의 환자들에게 문제를 풀어 주는 위치에 있지 않다는 것을 이해하고, 그들의 고객이 조언을 하는 의사나 간호사보다 훨씬 더 성숙한 사람인 것을 이해할 때만 중지할 수 있다.

다음의 예는 대체 방법을 보여 주고 있다.

젊은 부부가 자신의 8개월 된 둘째 유아에 관해 의사를 만나러 왔다. 아기는 '젖을 떼지 않을 것' 같다. 질병은 없었다. 한 시간 후에 이 어머니의 어머니가 그녀를 의사에게 보냈다는 사실을 알게 되었다. 사실 그 할머니는 자신의 딸이 유아였을 때 젖을 떼게 하는 데 어려움을 겪었다. 어머니와 할머니 두 사람의 배경에 우울감이 있었다. 이 모든 것이 나타나자 어머니는 (자신의 어머니를) 모방하는 눈물을 흘리고 있는 자신을 발견하고 놀랐다.

이 문제는 어머니가 자신의 문제가 자신의 어머니와의 관계에서 온 것임을 인정함으로써 해결되었다. 이 일이 있은 후에 이 어머니는 젖을 떼는 데 필요한 그녀 자신이 유아에게 불친절하고 또한 유아를 사랑하는 실질적인 문제를 다루게 되었다. 조언이 그렇게 많이 도움이 되지 않는 것은 문제가 감정 조절의 하나이기 때문이다.

대조적으로, 다음 사건은 여자아이가 열 살 때 본 한 소녀에 관한 것이다.

독자였던 이 소녀의 문제는 아이가 부모를 좋아함에도 불구하고 자신의 부모에게 나쁜 것을 준다는 것이다. 주의 깊게 들은 과거 이야기는 이 아이가 8개월에 젖을 떼려고 했을 때 어려움이 있었다는 것을 보여 준다. 아이는 젖을 잘 떼었지만, 이후에 음식 먹는 것을 즐길 수 없었다. 세 살 때 의사에게 갔지만, 불행하게도 그는 아이가 개인적인 도움을 필요로 한다는 것을 관찰하는 데 실패하였다. 아이는 이미 불안해했고, 놀이에서 인내할 수 없었고, 항상 성

가신 존재였다. 그 의사는 어머니에게 "힘을 내세요, 어머니. 아이
가 곧 네 살이 됩니다!"라고 말하였다.

다른 예는, 젖을 떼는 어려움을 경험한 부모가 소아과 의사와 의
논을 한 것이다.

이 의사는 검사를 했고 아무것도 잘못된 것이 없다는 것을 발견
하고, 즉시 부모에게 그렇게 말하였다. 그러나 한발 더 나아갔다.
의사는 그 어머니에게 젖을 즉시 떼라고 했고, 어머니는 그렇게
하였다.

이 조언은 좋지도 나쁘지 않고, 단순히 제자리에서 벗어난 것이
다. 이것은 어머니(그녀는 서른여덟 살이다)가 가질 수 있는 유일한
사람이 자기 아이의 젖 떼는 것에 관한 어머니의 무의식적 갈등과
마주쳤다. 물론 그녀는 의사의 조언을 따랐다. 그 밖에 그녀는 무
엇을 했을까? 그러나 의사는 그런 조언을 주어서는 안 되었다. 그
의사는 자신의 제한된 직업을 고수했어야 했고, 젖을 떼는 어려움
의 이해에 손을 뻗칠 수 있는 어떤 사람 그리고 삶과 관계의 더 넓
은 범위에서 다룰 수 있는 사람에게 넘겼어야 했다.
　불행하게도, 이러한 종류의 일은 드문 것이 아니다. 이것은 매일
의 진료 상황에서 발생한다. 다소 긴 분량의 다른 예를 들어 보겠다.

어떤 여자가 소아과 병원과 연관되어 있다고 전화를 했지만 그
녀는 자신의 아기에 관하여 다른 방법으로 이야기하길 원하였다.
약속을 했고, 거의 7개월 정도 된 아기와 함께 왔다. 젊은 어머니는

의자에 앉아, 자신의 무릎 위에 아기를 놓았다. 나는 이 나이 아이에 대한 관찰을 통해 상태를 쉽게 파악할 수 있었다. 이것은 내가 어머니와 이야기할 수 있었지만 어머니의 간섭이나 도움 없이 아기에게 조치를 취할 수 있다는 것을 의미한다. 나는 빠르게 어머니는 다소 자신의 아기에 대해 편하게 감정을 가지는 정상적인 여성이라는 것을 명백하게 알았다. 무릎에 아기를 올리고 내리는 것이 없었으며 거짓은 없었다.

아기의 출생은 간단하였다. 아기는 '잠자는 상태로(born sleepy)' 태어났다. 받아들이기 어려웠다. 사실 아이는 깨어나려 하지 않았다. 어머니는 산부인과 병동에서 아기에게 강제로 약을 먹인 것을 설명하였다. 어머니는 수유를 원했고, 그렇게 할 수 있다고 느꼈다. 수유하겠다고 표현했고, 병에 모유를 넣어 일주일간 그렇게 하였다. 그녀의 언니는 아기에게 젖병 꼭지를 물리게 하겠다고 작정하고 끊임없이 아기의 입에 꼭지를 넣고 빼는 것을 하였다. 이 모든 절차가 효력이 없었으나 이러한 행동은 지속되었고, 후에 어머니는 아기에게 먹이려고 했던 어떤 행동도 아기를 잠들게 한다는 것을 발견하였다. 수유 시도가 성공한 한 주간의 끝 날이었지만, 어머니는 아기의 필요에 대한 그녀의 직관적 이해를 사용하는 것이 허용되지 않았다. 이것이 그녀에게는 극단적인 고통이었다. 그녀는 어떤 사람도 정말로 이것이 성공하기를 바라는 이가 없다고 느꼈다. 그녀의 언니가 아기를 위해 먹을 것을 준비하는 동안에 그녀는 일어나 앉아서 아무것도 하지 않았다. 언니는 평범하게 친절하고 기술이 있어, 아기의 머리를 잡아 어머니의 젖가슴으로 밀기 등을 하였다. 이런 것이 단지 아기에게 깊은 졸음만을 만든 일이 된 후 수유는 포기했고, 이 왜곡된 시도에 의해 주목할 만한 악화가 있었다.

갑자기 두 주 반 정도가 되었을 때 개선된 것이 있었다. 아기는 한 달이 되었을 때 2.87kg(출생 시 2.98Kg)였고, 그때 어머니와 집으로 돌아갔다. 어머니는 집에서 스푼으로 아이에게 먹을 것을 준다고 하였다.

이 당시 수유의 기능이 멈추었음에도 불구하고 어머니는 자신이 완벽하게 아기를 먹일 수 있다는 것을 발견하였다. 어머니는 한 번에 한 시간 반 정도 아이 입에 먹을 것을 넣어 주고 나서 종합적인 작은 먹거리를 주려고 준비하였다. 그러나 이 당시 아이가 다니는 병원에서는 아이의 비정상적 신체에 대해 관심을 가지게 되었고, 외래환자 부서에 조언을 주었다. 조언은 그 어머니가 아이에게 먹을 것을 주는 것에 싫증을 내야 한다는 것이었다. 그러나 실상은 그녀가 아기에게 먹는 것을 제공하는 것을 즐기고 있고, 이것이 얼마나 어려운 기술인가에 마음을 두지 않았다. 그녀는 자신에게 조언을 주는 의사를 무시해 버렸다. (조언에 대한 그녀의 답변은 "절대로 다음에는 병원에서 아기를 낳지 않을 겁니다."였다.) 어머니의 반대에도 불구하고 병원에서 수없는 조사가 실행되었다. 그러나 자연적으로 그녀는 아기의 신체적 증상을 의사에게 맡겨야 한다고 느꼈다. 왜냐하면 아기의 왼쪽 팔뚝이 짧아졌고, 움푹 들어간 입천장 연조직이 발생하였기 때문이다.

이러한 신체적 비정상 때문에 아기를 소아병원에 두어야 할 필요성을 느꼈지만, 이것은 아기에게 음식을 제공하는 것에 관한 조언을 받기 위해 그녀가 있어야 하고, 그 조언은 대개 그녀 자신의 태도에 대한 잘못된 이해가 기초가 되었다는 것이었다. 긴 기간 음식을 주거나 혹은 자주 음식을 주는 것으로부터 멀어지기 위해, 아기가 세 달이 되었을 때 고체 음식을 주라는 말을 들었다. 그러나 아무 소용이 없었고, 고체 음식에 대한 문제를 남겨 두었다. 부모가 먹는 동안 버팀목처럼 앉아 있었던 결과로 아기가 7개월이 되었을 때 고체 음식을 원하기 시작하였다. 아기가 때때로 물어뜯는 것을 할 수 있게 되어서 다른 음식을 먹어도 되겠다는 생각이 점점 들기 시작하였다. 그동안 어머니는 아기에게 우유와 초콜릿 푸딩을 먹였고, 아기의 몸무게는 6.41kg이었다.

왜 이 어머니는 나를 보러 왔을까? 그녀는 아기에 대한 자기의 생각을 지원받기를 원한다는 것을 발견하였다. 첫째, 아기는 나이에 맞게 뒤처지지 않고 전적으로 잘 발달하였다. 반면, 병원에서는 아기가 뒤처질 수 있다는 막연한 주장을 하였다. 둘째, 어머니는 아기 팔뚝이 기형이라는 것을 조용히 받아들이려고 했지만, 아기에게 행하는 수없는 검사는 받아들이지 않았고, 특히 아기의 팔에 부목을 대는 것을 거부하였다. 어머니는 의사와 간호사가 느낄 수 있는 희망보다 더 민감한 방법으로 아기의 필요들에 대해 느꼈다는 것은 명백하다. 예를 들어, 병원이 단순히 피검사를 위해 아기를 하룻밤 들여보내 달라고 요청했을 때 그녀는 깜짝 놀랐다. 그녀는 이 제안을 허락하지 않아서, 병원은 병동에서 더 복잡해지지 않기 위해 외래병동에서 조사를 수행하였다.

그래서 이 어머니의 문제는 신체적인 면에서 병원을 의지해야 한다는 것은 분명히 인지했고, 신체와 마음의 전문가들이 자신의 아기가 아직 인간이라는 생각에 이르지 못했다는 사실을 다루기 위해 애를 쓰고 있다는 것이다. 아기가 태어나서 처음 몇 주 동안 팔에 부목을 대는 것에 대해 항의를 한 적이 있다. 병원에서는 이것

을 해도 아기가 영향을 받지 않을 것이라고 했지만, 그녀는 아기가
부목의 복잡성 때문에 사실상 영향을 심하게 받을 것이라고 확신
하였다. 사실 그녀는 아기가 부목을 하면 왼손잡이가 될 것이고, 게
다가 부목은 손을 뻗고 움츠리면서 세상을 창조하는 아주 중요한
단계를 방해한다고 생각하였다.

나와 상담할 때(거의 7개월 동안) 아기의 상태이다.

> 내가 방 안으로 들어왔을 때 아기는 나에게 눈을 고정시켰다. 내
> 가 그 여자 아기와 대화를 하고 있다고 느끼자 아기는 마치 사람과
> 대화를 하고 있는 것처럼 웃었고 분명하게 느꼈다. 나는 무딘 연필
> 을 가져다 아기의 앞에서 쥐어 보았다. 여전히 나를 보면서 웃음을
> 짓고 바라보고 있었다. 아기가 그것을 오른손으로 쥐고 주저함 없
> 이 자기가 즐길 수 있는 입에다 집어넣었다. 몇 달 동안 아기는 돕기
> 위해 왼손을 사용하였고, 입에 넣으면서 오른손을 사용하는 대신
> 왼손에 그것을 잡았다. 아기(샐리바)의 행동은 물 흐르듯이 계속
> 되었다. 이 모든 것은 5분 후에 실수로 연필을 떨어뜨릴 때까지 한
> 방향과 다른 방향으로 계속되었다. 지금은 아기가 전적으로 연필
> 을 입안에 넣은 것에 관심이 없고, 다른 단계에서 자신의 다리 사이
> 에 넣었다. 아기가 탈의할 필요성을 가지지 못해서 아이는 옷을 입
> 고 있었다. 세 번째는 아기가 신중하게 연필을 떨어뜨렸고 그것이
> 가는 것을 보았다. 네 번째는 자신의 어머니 가슴 근처에 갖다 대었
> 고, 어머니와 의자의 팔걸이 사이에 떨어뜨렸다.

> 이렇게 하면서 한 시간 반 동안의 상담이 거의 끝나 갔다. 연필
> 로 놀이하는 것이 끝났을 때 아기는 이 놀이를 충분히 했고, 아기는
> 흐느껴 울기 시작하였다. 상담 끝에 아기의 이러한 감정과 불편한

몇 분의 시간을 자연적으로 흐르도록 하는 것은 필요한 것이지만 어머니는 아직 그렇게 준비가 되지 않았다. 어려움은 없었고, 어머니와 아기는 서로 만족하며 떠났다.

이 모두가 진행되고 있는 동안에 나는 어머니에게 말을 했고, 아기를 옮긴다는 측면에서 우리가 이동하지 말라고 딱 한 번 부탁하였다. 예를 들어, 내가 손목에 대해 묻자 그녀는 자연스럽게 소매를 걷어 올리러 갔다.

상담은 어머니가 필요로 한 도움을 받은 것을 제외하고는 큰 목적을 달성하지 못하였다. 그녀는 자신의 아기에 대한 진정한 이해에 관한 도움이 필요하였다. 그러나 이것은 아기를 보는 의사들이 그들의 전문성의 경계를 인지할 수 없는 무능력 때문에 어머니가 방어를 했던 것이다.

더 일반적 비판은 다음 글을 쓴 간호사가 표현하였다.

난 어느 유명한 개인 출산기관에서 꽤 오랜 기간 일을 하였다. 나는 함께 있는 아기 무리를 보았다. 밤새 숨 막힐 듯한 공기 없는 방에 틀어박혀 있는 요람이며, 밤새 아이들의 울음소리에 아무도 주목하지 않았다. 나는 아기들의 어머니들이 먹을 것을 주기 위해 아기들이 어머니에게 올 때 보았다. 어머니들은 모두 기저귀를 목에 두르고 팔은 핀으로 고정한 채 있었고, 간호사는 먹이기 위해 어머니의 젖가슴에 닿도록 아기를 붙잡고 있었다. 때때로 이 시간은 어머니가 지치고 눈물을 보일 때까지 한 시간이 되었다. 많은 어머니는 자기 아기들의 발가락도 보지 못하였다. 자신만의 특별한 간호사를 둔 엄마들도 똑같이 운이 나빴다. 나는 간호사에 의해 아기

에게 행해진 잔인한 것들을 보았다. 대부분의 경우에 의사의 명령
은 무시되었다.

사실 건강 상태에서 우리는 끊임없이 자연과정을 따라가는 일에
몰두하고 있다. 서두르거나 지연되는 것은 방해가 되는 것이다. 더
욱이 만일 우리가 이러한 자연적 과정에 적응할 수 있다면, 우리는
앉아서 배우는 동안 대부분의 복잡한 메커니즘을 자연에 맡길 수
있다.

개인 안에 쌓여 있는 문제

나의 예시를 통해 이미 이 문제에 관해 소개하였다. 이것은 이러
한 방향으로 시작될 수 있다. 물리의학에 대한 훈련을 받은 사람은
그들 자신의 특별한 기술을 가지고 있다. 질문은 '이들이 자신의 전
문 분야 밖으로 가면 안 되는 것인가 아니면 가야 하는 것인가, 말
하자면 인생과 삶의 심리학 분야에 들어가야 하는가?'이다. 그렇
다. 만약 그들이 자신들 안으로 정보를 모으고 그들이 만나는 개인
적인 것, 가족적 또는 사회적 문제들을 포함할 수 있다면, 해결이
스스로 그 자신의 조화에 도달하도록 한다. 이것은 고통을 의미할
것이다. 이것은 걱정 혹은 심지어 사건 이력의 고통조차도, 개인 안
에 있는 갈등, 억제와 좌절, 가족의 불일치, 경제적 어려움을 견디
어 내는 것이다. 그리고 잘 사용되기 위해 심리학과 학생이 되는 것
은 필요하지 않다. 한 손은 자신이 임시로 쥐고 있던 것을 되돌려주
고, 그다음에 도움을 줄 수 있는 최선을 다하는 것이다. 만일 다른

한편으로 행동하는 것, 조언하는 것, 방해하는 것, 변화의 방향을 가져오는 것이 한 사람의 성격에 있는 것이라면 그 사람은 좋게 느낄 것이기에 답은 아니다이다. 그 사람은 신체적 질병에 관심을 가지는 자신의 전문성 외의 것 밖으로 발을 옮겨서는 안 된다.

부부상담을 한 친구가 있다. 상담가는 교사로서의 자격 외에는 많은 훈련을 받지 않은 사람이지만, 상담 시간 동안에 그녀가 들은 문제를 수용하는 기질을 가지고 있다. 그녀는 상담에서 말해진 것들이 맞는지, 말해진 문제들이 편협하게 한쪽으로만 되었는지에 대해 증명하는 것이 필요하지 않았다. 그녀는 무엇이 오든 단순하게 접수를 하며, 그 모든 것을 겪었다. 그러고 나선 내담자는 뭔가 다른 느낌으로, 희망이 없을 것 같은 문제에 대해 해결책을 찾고 집을 간다. 그녀의 일은 특별한 훈련을 받은 사람들보다 더 나은 것이다. 실제로 그녀는 조언을 하지 않는데, 왜냐하면 어떤 조언을 해 주어야 할지 알지 못하고, 그러한 사람이 아니기 때문이다.

다시 말해, 자신의 전문 분야 기술 밖에 있는 것으로 자신을 발견한 사람은 만일 조언해 주는 것을 즉시 멈추게 되면 가치 있는 기능을 수행할 수 있다는 것이다.

🌺 전문적인 상담

심리학이 조금이라도 실천된다면 구조 내에서 수행되어야 한다. 상담은 적합한 구조 안에서 정리되어야 하고, 시간 제한이 있어야 한다. 이 모든 점에 대해 신뢰할 만한 것은 우리에게 필요한 가장 중요한 질적인 것이다. 이것은 우리가 인간인 내담자를 존중한다

는 것만이 아니라, 내담자의 시간과 관심을 존중한다는 것이다. 우
리는 자신들의 가치를 가지고 있어서, 우리가 내담자의 옳고 그름에
대한 감각을 떠날 수 있다. 만일 도덕적 판단이 표현된다면 절대적
이고 되돌릴 수 없게 전문적인 관계성이 파괴된다. 전문적 상담에
대한 시간 제한은 우리 자신을 위한 것이다. 상담 회기가 끝날 것이
라는 예상은 미리 우리 자신의 분노를 다루게 하며, 그렇지 않으면
슬그머니 들어와서 우리의 진정한 관심사의 운영을 망칠 것이다.

제한성을 수용하고 사례에 대한 고민과 제한된 시간 동안 상담을
하면서 고통을 가지는 방향으로 상담을 하는 사람은 많은 것을 아
는 것이 필요치 않다. 그러나 이러한 사람은 그들의 내담자를 통해
가르침을 받고 배울 것이다. 이러한 방법으로 더 많이 배운다면, 이
들은 더 풍요롭게 될 것이고, 조언을 주려는 경향도 줄어들 것이다.

제**15**장

정신적으로 고통을 겪는
아이들에 대한 케이스워크[1]

🌷 케이스워크와 심리치료

현재 사회복지 훈련의 단계에서 '케이스워크(casework)'라는 용어의 사용에 대하여 명료화함으로써 시작하려고 한다. 케이스워크는 '문제해결과정(a problem-solving process)'으로 설명되고 있다. 문제는 그 자체를 제시하고, 케이스워크라는 용어는 이 문제를 만나면서 그것에 대하여 하나의 특별한 기관의 전체 기능을 묘사하는데 사용되곤 한다. 아주 다른 것은 심리치료인데, 흔히 심리치료는사회복지사업을 동반하여 수행되지 않는다. 그 이유는 아동 환자는 아동의 질병을 인지한 부모에 의해 동반되기 때문이고, 성인 환

---

1) 역자 주: 신체적 · 정신적 · 사회적으로 어려움을 경험하는 사람들의 생활 등을 조사하여 진단 및 치료에 도움을 주는 것을 의미한다.

자는 무의식적 감정 갈등에서 그들의 에너지를 파생시키는 습관, 충동, 기분변동 등으로부터 자유롭게 될 때 자신들의 케이스워크를 할 수 있기 때문이다.

이러한 케이스워크와 심리치료라는 두 가지의 과정은 실전에서 공존하고 정말로 상호 의존적이지만, 두 경우 모두 실패한 치료법을 보강하거나 보완하기 위해 유용하게 사용될 수 없다는 점을 유념하는 것이 중요하고, 더욱이 혼란에 빠지지 않고서는 심리치료로 넘어갈 수 없다.

케이스워크와 심리치료 두 가지 중 사회적 규정에 연관된 것은 케이스워크이다. 말하자면, 공동체 생활의 부분인 사회적 태도 그리고 오늘날 사회적 책임의 일반적인 의미와 케이스워크가 연관되어 있다. 더욱이 사례분석자의 일은 그것을 하는 사람들의 전문성을 지원하는 기관에 의해 영향을 받는다.[2] 대행기관으로서 사례분석자에 의해 수행된 일은 기관으로 구체화된 사회 조항에 따라 달라진다. 이것은 사례분석자들의 일을 제한하고 동시에 시행되어야 할 것을 결정하고 일의 효과성을 가지게 한다.

사례분석자들은 가능한 한 무의식에 관하여 알아야 한다. 그러나 사례분석자들의 일에는 무의식의 해석으로 인해 사건의 방향이 변경되는 시도는 없다. 기껏해야 사례분석자는 표현적으로, 그러나 전적으로 이해되지 않는 환자의 다양한 현상을 언어화할 수는 있다. "매우 아프시군요." "당신이 더 큰 장점을 갖췄다면 자녀들의 공격성이 아이들을 곤경에 빠뜨리기 쉽지는 않을 것이라고 느끼시

2) Clare Winnicott, *Child and Care and Social Work*, Chapter IV (Welwyn: Codicote Press, 1964) 참조.

는군요." 혹은 "당신은 이웃을 두려워하고, 당신은 이것이 정당화
될 것인지 궁금해하거나 혹은 당신이 의지하는 사실은 이러한 종
류의 두려움입니다." 등이 있다. 이와는 대조적으로 심리치료자들
의 일은 주로 무의식에 대한 해석에 의해 행해진다. 전이신경중의
해석 그리고 치료의 전문적 환경에 적합한 환자 개인의 갈등의 연
속 표본에 의해서 이루어진다.

나의 일은 항상 네 부분으로 구분된다. 첫 번째는 아동병원에
서 의사로서의 나의 역할이다. 이것은 외래병동에서 사회적 필요
를 만나려는 시도이다. 그리고 패딩턴 그린 아동병원(Paddington
Green Children's Hospital)에 있는 나의 진료소는 정신과 스낵바
(snack-bar)로서 악명이 높다.

두 번째는 패딩턴 그린 병원의 심리학 부서에서 수행하고 있는
일이다. 여기서 새로운 환자에 대하여 정신과 업무 담당자들이 모
이는 스낵바에서 사례들을 만나게 된다.

세 번째 관심 사항은 아동들에 대한 정신분석이며, 이 일을 위한
사람들에 대한 훈련이다.

마지막은 아동정신과에서 나의 개인적 임상이다. 개인적 임상은
아마 가장 만족스러운데, 내가 도움을 타인들에게 청하지 않는 한
전적으로 내가 책임을 가지고 있기 때문이다. 임상에서 나의 많은
실패는 절대적으로 나의 실패이고, 이들이 나의 얼굴을 응시하고
있다. 나의 개인적인 아동정신과 업무에서 나는 각 사례를 다루는
사람이라고 생각하고 있다.

개인적인 업무에서 간결한 것에 대한 것은 항상 명확하다. 임상
에서 나의 슬로건은 항상 그랬다. 어떻게 필요를 최소화할 수 있을
까? 케이스워크는 매우 간결한 것이 될 수 있다. 그러나 그것은 흔

히 상당한 시간을 소비하는 것, 매우 걱정하는 것, 매우 실망하는 것이기도 하다.

🌷 임상적 예

수천 개의 사례에서 내가 간단하게 참조할 수 있는 연속적으로 평가된 것들을 선택하려고 하였다. 첫 번째 사례는 루퍼트이다.

> 매우 지적인 15세 소년 루퍼트는 심각한 우울증에 거식증이 있는 나쁜 경우이다. 그는 정신분석을 요청했고, 분석을 하였다. 여기에 최소한의 사례 작업이 있었고, 부모는 이 사례에서 분석가를 가장 중심에 두었다. 분석가는 부모로부터 지원을 얻는 것이 필요했고, 이것은 분석가와 때때로 이 사례에 오게 되는 다양한 소아과 의사 사이의 관계성을 담당하였다. 여기에 잠재적 위험이 있다. 만일 그 소년이 매우 아프게 되면 실제로 부모는 분석가에 대한 그들의 신뢰를 잃어버릴 수 있으며, 더욱이 소년 치료에 다양한 요소를 조화시키는 그들의 기능은 상실될 것이다.[3]

대조적으로, 실패한 사례 중의 하나인 제니의 사례를 언급하고 싶다.

> 열 살 소녀인 제니는 대장염을 앓았다. 이 소녀는 지난 몇 년간

---

3) 한 동료에 의해 수행된 치료는 성공적이었다.

집중적 주의가 필요하였다. 1년 동안 나의 슈퍼비전하에서 이 사례를 다루었고, 나는 심리치료를 하였다. 치료는 잘 되고 있었고, 이 때문에 부모는 나를 많이 신뢰하였다. 그러나 나는 배경에 숨어 있는 어마어마한 복잡성을 알지 못하였다. 내가 만약 이 가정에서 아픈 사람이 어머니이고, 이 소녀의 병이 대부분 어머니 안에 있는 심각한 정신적 장애의 표현이었다는 것을 알았다면 나는 아마 내가 썼던 치료 방법 대신에 다른 심리치료를 가지고 이 사례를 다루었을 것이다.

사실 아이에 대한 나의 치료는 아이가 학교로 돌아가는 것과 연관된 증상의 재발로 중단되었다. 당시 나는 이 어머니가 자기 딸과 같은 나이에 학교에 갈 수 없었다는 것을 알고 있었지만, 딸을 학교에 가게 할 수 있는 능력이 없다는 것에 대한 생각을 가지지 못하였다. 나는 어머니의 문제를 다루기 위해 더 심각한 시도를 해야 했지만, 그 어머니가 자신이 문제를 가지고 있다는 것을 알지 못한 것과, 심리치료가 시작되자 제니의 증상이 마술처럼 사라진 것으로 인해 연기가 되었다. 이 좌절은 이 사례에서 어머니가 통합적인 힘이 되지 않았을 때 폭력적인 힘이 된다는 것을 드러내 보였다. 나는 이 소녀가 내게 왔을 때조차도 아픈 아이를 치료할 수 있다고 느끼는 더 많은 의사와 사람이 고용되는 것을 발견하였다. 결과적으로 나는 이 사례를 그만두었다.

이 사례의 핵심에는 자신이 중앙에 있다는 것을 모르는 어머니가 있었고, 그녀는 중앙에서 책임 있는 사람들을 흩어 버리고, 어떤 사람도 통제할 수 있는 것을 불가능하게 하였다. 아이는 어머니의 이러한 경향을 다룰 수 있는 방법이 없다는 것을 알고 있었고, 그래서 점진적인 운명에 자신을 적용했고, 희망 없는 질병으로부터 상당한 부차적인 이득을 얻었다.

이것은 슬픈 상황이었고, 내가 정신적으로 아픈 아이들과 사례의 문제에 대해 생각할 때 지속적으로 중요한 것을 보여 주는 것이다. 이 주제의 발달은 나를 자주 **통합**(integration)과 **분열**(disintegration) 이라는 단어를 생각나게 한다.

처음에는 단순하게 심리치료와 생활사 조사를 통하여 치료에 대한 도움만 있는 것처럼 보였다. 근접해서 봄에 따라, 심리치료와 함께 항상 어떤 케이스워크가 있다는 것을 발견하였다. 여기에는 항상 아이의 부모와 함께 행해져야 하는 어떤 것이 있다. 혹은 만일 가정이 어떤 면에서 불만족스럽다면 선택할 수 있는 준비가 있어야 한다. 학교에는 계속 연락해야 할 것 같다. 어떤 사례의 경우는 치료사가 아이를 아는 부모, 교사 그리고 다양한 다른 사람과의 토의 결과에 의해 영향을 받는다. 케이스워크라는 것은 심리치료가 아닌 사례 관리에 행해지는 모든 것에 다소 느슨하게 적용되는 것 같다.

사람들은 때때로 케이스워크가 결정적으로 중요하게 되는 것이 무엇인지 궁금해하기 시작한다. 우리는 환경이 파괴된 다른 극한의 경우로 전환할 수 있다. 여기에는 물론 관리의 필요성이 분명해진다. 그러나 사례에 분열시키는 힘이 있을 수 있다는 것을 인지할 때까지 케이스워크의 생각에 다다를 수 없다. 그리고 그러한 분열시키는 요소들은 어떤 통합과정에 의해 유지되어야 하는 것들이다. 이러한 방법에서 케이스워크라는 용어는 새로운 의미를 가지기 시작하였다. 완료된 작업은 아마도 같을 수 있지만 여기에 케이스워크는 그것에 역동적으로 반대되는 어떤 것, 내가 제니의 사례를 인용하여 예를 들고자 해 온 어떤 것—제니의 어머니가 지각하지 못하고 제니가 치료의 혜택을 받는 것을 방해하고 있다는 것—과 연관되게 되었다.

이러한 분열 요소 문제는 다음 예에서 더 관찰될 수 있을 것이다.

> 여덟 살이 된 제레미는 건강하고 강했지만 자신의 엄마의 귀를 붙잡지 않고는 잠을 이룰 수가 없었다. 가족은 좋은 공동체였다. 부모들은 집안을 잘 유지할 모든 의지를 가지고 있었고, 제레미의 이 문제를 해결하기 위해 우리에게 그를 데리고 왔다.

이 사례는 모든 관리 업무를 정신과 사회복지사에게 맡겼고, 사실 나는 어떻게 이들을 사용하는가를 발견하였다. 나는 일시적으로 이 사례를 그들에게 넘기는 편이며, 그들에게 전적으로 전문적인 배경을 넘겨 주고, 이 사례에 대해 기록할 것을 요구하지 않지만 때때로 이 사례에 대해 간단하게 보고하기를 바랐다. 그것은 사례가 정지되었는지 혹은 끝났는지를 나에게 알려 주는 것이었다.

> 이 경우에는 사회복지사가 아이의 증상을 생산하고 유지하는 것이 어머니가 하고 있다는 것을 모르는 어머니의 이해 부족을 다룰 수 있었다. 여기에 정말로 건강한 소년은 그의 어머니의 우울증으로 불안에 잡혀 있는 사례였다. 소년은 독자였고, 어머니가 자신을 필요로 하는 것으로부터 벗어나는 것이 불가능하다는 것을 발견하였다. 현재 이 소년은 그의 어머니가 자신을 보고 싶어 한다는 걱정을 제외하고는 학교까지 멀리 가서 매우 즐긴다. 그러나 그의 어머니는 그녀의 큰 상실을 다루고 있고, 아이가 태어난 이후 행동하지

않았던 방법으로 그녀의 남편에게 다시 돌아간다고 나는 생각한다. 이러한 방법으로 문제 그 자체가 해결되고 있다.

여기서의 케이스워크는 정신과 사회복지사에 의한 이 문제에 대한 이해와 산모와의 문제에 대한 그녀의 토론 그리고 또한 일정 기간 동안 지속된 사건에 대한 관심에 관한 것이었다. 부모는 이 문제를 해결하기 위해 왔고, 그들은 나와 사회복지사 그리고 병원에 대해 신뢰를 가지고 있었다. 내가 강조하고 싶은 것은 이 사례는 부모에 의해 함께 진행이 되었다는 것이다. 우리가 그들이 가진 확신을 잃는다면, 그들은 배경에 있는 나의 사회복지사와 나 자신에 의해 대표되는 도움의 힘을 더 이상 잡지 않았을 것이다.

그래서 나는 사례들을 세 부분으로 나누는 것이 가능하다고 생각한다.

① 내부에서 조화된 것들
② 분열된 요소들을 가지고 있는 것들
③ 이미 현실이 되어 버린 환경적 붕괴에 의해 특성화된 사례들

이 집단들 중 첫 번째 집단에서 수행된 작업은 부모가 할 수 있는 것을 구현한다. 두 번째 사례에서 사례 작업은 분열시키는 요소를 만나는 역학을 개발할 필요가 있다. 세 번째 사례분석자는 환경을 구성하거나 재구성한다. 분명하게 우리에게 가장 심각한 문제를 만드는 것은 두 번째 집단인데, 자주 실패를 하는 것은 이 일을 수행하기에 영향력이 부족하기 때문이다.

다음의 사례는 이 점에서 살펴볼 수 있는 사례이다.

한 어머니가 여덟 살 된 제임스를 데리고 왔는데 오줌을 지리고 아이가 원하지 않으면 배우지 못할 것이고, 새로운 상황과 모든 현실과 모든 사람으로부터 도망치기 때문이다. 어머니는 자신의 남편이 심하게 정서가 좋지 않은 사람이라고 말했는데, 이러한 분위기는 집안에서 긴장을 발생시키고 있었다. 또한 아버지는 자신의 아내가 제임스에게 너무 엄격할 때마다 그에 대항하여 아이의 편에 서려고 하였다. 이 사례를 깊게 살펴보면서 나는 고칠 수 있는 상황을 발견하였다. 아버지는 집을 떠났고, 새 가정을 꾸리느라 바빴다. 어머니는 이 아이를 현실에 더 분명하게 교감시킬 수 있는 기회를 가지고 있다. 그리고 아이는 집안에서 아버지 역할을 대신하는 다른 남자들을 이용할 수 있었다. 아이는 다른 남자들이 어머니에게 대항하여 자신을 도와주는 대신에 어머니를 도와주게 될 때 분명하게 좋아하였다. 아이는 그들을 좋아했고, 오랫동안 그랬던 것보다 대체로 더 행복하고 편안해하였다. 이 모든 것과 함께 아이의 증상은 어느 정도 줄어들기 시작하였다.

그래서 이 사례에서 나는 아이를 보지 않기로 결정하였다. 어머니는 아버지의 태도에서 오는 어떤 나쁜 영향으로부터 소년이 회복을 시작할 수 있는 상황을 그녀가 쥐고 있다는 것을 보여 줄 수 있었을 때 매우 안도하는 것 같았다. 그리고 아이는 자신 안에 이것을 할 수 있는 건강함이 있다는 것이 나타났다. 내가 만일 개입을 했다면 그녀 자신의 아이를 도울 수 있는 능력이 자신에게 있다는 어머니의 만족을 망칠 수도 있었다. 나는 배경에 있었고 만일 내가 참여하도록 요청을 받으면 그것을 잘 담당할 수 있었는데, 그것이 이미 중요한 과거의 일을 살펴보았고 이 사례의 역동성에 대한 나의 의견을 알려 주었기 때문이다. 내가 만일 이 사례로 들어오고,

만일 소년과 인터뷰를 했다면, 나는 이 사례를 실패했거나 혹은 아
버지를 대체한 사람이 되었을 것이다. 아버지를 대체한 사람이 되
었다면 내가 원하지 않을 때까지 대체 인물을 계속 해야 했을 수 있
지만, 다른 한편으로는 피해를 입혔을 것이다.

이제는 앤서니의 사례를 보자.

　이 아이는 여덟 살에 병원 진료실에서 처음으로 보았다. 지금
은 성인이 되었다. 말하자면, 세계 어느 곳인가에 있을 것이지만 그
가 어디에 있는지는 모르겠다. 병원의 모든 자료가 필요했던 이 장
기 사례에 대하여 지금도 이것이 성공적이었는지 모르겠다. 이 소
년의 삶에서 나에게 치료받으러 오는 병원을 제외하고 지속적인 것
은 아무것도 없었다. 그의 치료 여정 동안에 나를 제외한 병원 스태
프들은 여러 번 바뀌었다. 수많은 세월 동안 병원은 이 소년의 환경
제공을 통합시키려는 것을 계속하였다. 그러나 이 전체 기간 동안
어떤 것도 긍정적으로 지속되지 않았다.
　소년의 어머니는 아이가 어렸을 때 아버지로부터 데리고 왔지
만, 어머니는 자기를 위한 삶을 살기 시작해서 아이가 세 살 혹은
네 살 때에 아버지에게 돌려보냈다. 아이의 아버지는 조울증 성향
을 가진 매우 안정적이지 않은 사람이며, 사회에 대하여 격앙된 태
도를 가지고 있었다. 내가 이 사례를 접했을 때 아이의 아버지는 다
시 결혼을 했고, 딸 하나가 있었고, 앤서니는 아버지와 새어머니가
생모로부터 데리고 왔다. 새어머니는 그의 아버지를 전적으로 보조
했고, 그 당시에는 사회에 대한 묘한 반복의 적개심과 사회에 대한
요구 그리고 앤서니 안에 그러한 요인이 있는 아이로 교육시켜서는

안 된다는 남편의 관점과 완전히 일치하는 것 같았다. 후에 검사를
하고 발견한 것은 이 아이의 IQ가 예외적으로 높았다는 것이다.

이 사례의 주된 어려움은 이 아이를 향한 긍정적인 태도를 가지
고 좌절시키는 부모(말하자면 아버지)의 간섭을 피하는 것이었다.
아이는 정말 매력이 없었다. 눈살을 찌푸리는 것 말고는 비참하게
보였고, 그에 관해 전혀 좋은 것은 아무것도 없는 것 같았다. 사회
복지사는 심리치료를 제공하고 나에게 아이가 개인적으로 만날 때
정말 괜찮다고 알려 주고, 아이 자신을 표현할 수 있게 기회를 준
것이다. 아이는 훔치고, 거짓말을 하는 경향이 강했고, 처음에는 대
변에 대한 강한 충동과 그것을 가지고 노는 것 때문에 나에게 왔다.
새어머니는 자신의 딸과 함께 이 아이를 거주지에 두는 것이 불가
능하였다. 이것은 이 부모가 큰 거주지를 구입할 수 있음에도 불구
하고, 결코 구입하지 않는다는 사실에 의해 더 불가능해졌다. 그래
서 분명히 이복동생과 같은 방에서 잘 수 없는 앤서니에게는 자기
방이 없었다.

부모의 태도는 전체 상황에 관해 말하는 사람들이나 우리 중의
하나를 비난하는 것이었다. 부모는 앤서니가 유명한 공립학교를
가기를 원했고 이를 위해 준비하기를 원했지만, 그것을 위해 전적
으로 아무 대가도 치르지 않을 작정이었다. 아버지는 내가 이 아이
를 부적응 아이들을 위한 쉼터(hostel)에 보낸 것에 대해 계속 비난
하였다. 그러나 우리가 아이를 그곳에 데려다주기 전에, 아이의 대
변에 대한 충동을 견디어 낼 수 있는 사람을 찾아야 하였다. 많은
변화가 있었지만, 진료소는 아이를 돌보는 사람들과 아이와 항상
연락을 하였다. 이 긴 기간을 통하여 정말 좋은 교육을 받은 이 소
년을 위해 런던행정구역의회(London County Council: LCC)는

비용을 지불해 주었다. 그러나 런던행정구역의회조차도 나의 진료소가 이 소년은 아버지가 매우 아픈 사람이고 좌절시키는 사람이기 때문에 그 소년이 단순히 줄 수 있는 도움을 거절당해서는 안 된다고 지적하는 편지들과, 다양한 부서, 행정과 다른 것에 의해 도움을 받아야 하였다. 결국 새어머니는 남편을 떠났고, 아주 다른 사람이 되었으며, 전에 우리가 가진 그 아버지에 태도에 관한 것보다더, 극단적 어려움 혹은 그 소년이 계속 있을 수 없는 상황에 대한더 많은 객관적인 관점을 우리에게 줄 수 있었다.

이 소년은 자기에게 가치가 있다고 생각하는 두 개 대학 중에 하나에 장학금을 신청하려고 결정하였다. 첫째로 케임브리지 대학에 신청했지만 실패했고, 그다음은 옥스퍼드 대학에 신청했는데 내 생각에는 다시 실패했지만 나에게 알려 주지 않았다. 그러나 필요한 때에 그의 아버지가 도움을 줄 수 없었기 때문에 이 장학금을 받기 위해서 마지막 순간에 도움이 필요하였다. 이때 나의 진료소에서 시험을 치를 수 있도록 비용을 지불해 주었다. 그 아이가 의심하지 않고 실패했다고 생각한다. 그리고 언젠가 그 자신이 어떤 회사에 연구물리학자로 자리를 잡을 때 우리 삶 안으로 올 것이다. 그는 대학에서 잘할 수 있었다. 그러나 아버지의 태도에 매달린 무언가가 그를 옥스퍼드나 케임브리지에 가기로 결심하게 만들었지만, 그의 생의 역사와 억압된 동성애와 모든 어려움과 함께 아버지의 성격에 무의식적으로 묶여 있는 어떤 잔존 증상 때문에 이 대학들은 그에게 맞는 곳이 아니었다.

이 사례와 연관된 작업의 양은 상당히 많았다. 모든 가능한 당국에게 보내는 수많은 편지와 무거운 파일이 있다. 다만, 전반적으로

이 사례는 실패했고 이 소년은 아마 사기꾼 신사 정도 되었을 것이다. 우리는 말할 수 없지만, 그를 위해 어떤 조화되고 지속적인 것은 제공했고, 한편으로는 그는 탈선과 범죄의 삶으로 운명 지어졌다. 지금까지의 모든 사례 중에 이것은 사례를 가장 잘 묘사한 것이다. 런던행정구역의회(LCC)는 이 아이의 지적 능력을 충분히 좋은 학교에 두도록 많은 비용을 지불하였다. 내가 말한 것과 돈을 제공하는 것은 사회복지사업의 부분이 아님에도 불구하고, 그렇게 아픈 아이를 아버지로서 불가능하게 여겨졌던 방식으로 버렸을 때, 이 마지막에 우리는 그에게 시험을 볼 수 있도록 아이에게 특별기금을 주었다.

이 사례에서 통합되지 않는 요소는 사회에 대해 아버지가 분개하는 태도이다. 이 아버지는 사람들을 분개하게 하는 데 실패한 적이 없다. 부모가 어려울 때 나는 대개 짜증스럽지 않다. 그러나 이 사례의 경우 내가 그를 어떻게 생각하고 있는지 말했는데 이 때문에 그가 보건복지부 장관에게 연락을 했고, 그 관리를 통해 성 마리아 병원(St. Mary's Hospital)과 연락을 취하고, 이것은 패딩턴 그린과 연락이 닿았고, 그 결과 나에게 연락이 왔다. 나는 내가 한 말이 사실이라고 말하면서 내가 받은 비난에 대한 답을 했고, 내가 모든 자료를 복지부에서 읽을 수 있게 허락을 하고 전체 자료를 보내 주었다. 지금까지 그 부서로부터 더 이상 들은 것은 없고 자료는 되돌아왔다.

우리가 행하고 있는 이 일이 가치가 있는가를 질문할 수 있지만, 나의 대답은 우리는 이것을 피할 수 없다는 것이다. 만일 이 사례가 우리의 뜻대로 된다면 요구 사항을 충족하고 환경 제공에서 누락된 사항을 제공해야 하는 것이 필요하다. 우리는 단순하게 결과에 대한 우리의 평가에 따라 일을 할 수 없다. 많은 사례의 경우 우리의 일이 우리가 통제할 수 있는 것을 넘어선 힘에 의해 방해를 받는다. 그리고 이 소년 자신이 근래까지 그 자신에 대한 정보를 우리에게 주었고, 이것은 그 아이가 우리로 하여금 오래전에 시작된 이 사례를 지속할 수 있도록 하였다. 아마 이것은 오랜 기간 동안 우리가 이러한 방법으로 존재해 왔다는 사실이 그가 범죄자가 되는 것과 물리학 연구원이 되는 것 사이에 차이를 만들 것이다.

우리가 이 사례를 다루면서 초기에 심리치료를 받은 것을 언급해야 한다. 우리가 할 수 있었다면 가능한 한 가장 심도 깊은 심리치료를 했을 것이다. 그러나 우리가 일하는 곳 주변에 이러한 아이를 위한 장소는 없었다. 이 예에서는 특정 시기에 클리닉에서 멀지 않은 곳에 위치한 정말 좋은 교육시설을 갖춘 아이들을 위한 정신병원에 대한 최우선 요구를 보여 준다. 이러한 방식으로 우리는 부적응 아이를 위한 보호소에서 관리받고 있는 아이들에게 즉시 정신분석치료를 제공할 수 있다. 물론 소수의 학생만 취급할 수 있지만, 적어도 경험은 축적될 수 있다. 현재 만일 수행된 사례가 많다면, 만일 새로운 환경이 제공된다면, 아이들은 심리치료를 받을 수 있는 곳으로 떠나야 한다.

다음은 약한 정신이상 증상과 반사회적 성향의 초기 단계 사이에 매우 가까운 관계가 있는 사실을 보여 주는 사례이다. 이 경우에는 약간의 절도 사건이 일어났다.

이 사례는 공립학교에 다니는 한 소년과 관련된 것이다. 이 소년이 다니는 학교의 교장선생님으로부터 이 학생은 큰 절도를 했기 때문에 16세의 나이에 학교를 떠나야 한다는 말을 들었다. 이것은 매우 슬픈 일인데, 이 학교는 그의 아버지가 있었던 곳이었기에 특별한 의미가 있었고, 이 때문에 학교가 이 소년을 위해 잘해 주려고 했던 것이다. 그의 아버지는 다른 학교에서 사감(housemaster)이었다. 이 아이와 상담을 했고, 아이의 부모가 그를 무시하는 어려운 5세나 6세의 시기를 겪었다는 것을 발견하였다. 나는 이것을 부모에게 이야기 했고, 그 시기에 돌봄을 받았어야 하는 아이가 그렇지 못했다는 것을 부모는 인정하였다. 부모가 아이를 방치하고 있다는 걸 깨닫는 데 시간이 좀 걸렸고, 그걸 보고는 그것을 만회하기 위해 할 수 있는 모든 것을 하였다. 이때가 바로 동생이었고 다소 호들갑 떨던 소년이 여동생의 출생으로 중간 아이가 된 때였다.

이 경우 가정은 매우 좋은 가정이었고, 부모는 아이가 공립학교서 좌절된 것에 대한 단초를 자신들이 만들었다는 사실을 발견하고 많이 괴로워하였다. 부모는 단지 아이를 집으로 데려오려고 하였고, 다른 두 아이는 그들이 다니는 각자의 학교에 있는 동안에 아이가 부모 전부를 차지하려고 했을 뿐이다. 부모는 자신들이 하겠다고 말한 것처럼 행동했고, 둘째에게 아무런 것도 요구하지 않는 정말 좋은 한 해를 허락하였다. 그해 마지막에 아이는 학교에 가는 것을 원하기 시작했지만, 아이가 다소 심한 퇴행을 하기 전이 아니었고, 아이는 극단적으로 어린아이처럼 의존적이었지만 유아같이 의존하는 것은 아니었다. 결국 아이는 탁아소를 다녔고, 다른 집에서 기숙을 하는 것임에도 불구하고 점차적으로 자신의 아버지가 사감인 학교에 가기로 결심하였다. 아이는 금방 훔치는 것을 잊어버렸고, 정말로 내가 아이와 함께한 시간 동안에 아이가 다섯 살 때 방치된 기간에 가진 심각한 우울감을 기억하였고, 이후에 아이는 훔친 적이 없었다.

질병은 정신신경증(psychoneurosis)이 아니었으며 치료는 심리치료가 아니었다. 내가 상상하기는 내가 부모와 함께 논한 방법의 케이스워크로 부모가 도울 수 있는 힘이 있다는 것을 알게 했고, 아이가 처음으로 더 아프게 됨에 따라 부모의 다양한 요구와 닿을 수 있도록 했고, 그러고는 아이는 회복되었다. 이 예에서 케이스워크는 부모와 학교의 교장선생님은 단순히 아이의 회복만을 원하는 것이 되었고, 그래서 여기에는 분열 요소나 반박되는 것이 없었다. 이 케이스워크를 반응성 유지과정으로 만드는 방해 요소는 없었다.

아동기 정신이상의 경우, 특히 심각한 경우에는 비정상적인 부모의 태도가 있는데, 이것은 질병의 원인이며, 계속해서 질병을 지속시키는 원인이다. 이러한 방식으로 아이의 질병과 부모는 상호작용을 하고 심각한 고통이 발생한다. 이러한 상황에서 케이스워크는 대안 수용시설을 발견하는 것을 통한 구제를 목표로 하고 있지만, 이는 너무 어렵다!

케이스워크와 팀워크

정신적으로 아픈 어린아이의 케이스워크의 문제는 더 행정적인 관점을 가지고 있어야 한다는 것으로 결론을 내린다. 즉, 아동지도 클리닉(정신과 의사, 심리학자 그리고 정신과 사회복지사)에 고용된 케이스워크와 팀 간의 관계이다.

나는 어떤 사람은 케이스워크가 아동지도 절차가 실행되는 것이라고 느끼고 있다고 생각한다. 그러나 케이스워크라는 단어는 만일 팀워크에서 발생하는 복잡성에 적용할 때 그 자체가 정당화되지 않는다. 나 자신의 관점은 아동 안내 팀과 아동지도 클리닉의 통상적인 것이 청소년 법정에 필요한 보고서가 필요한 곳에 사례에 대한 잘 적응된 조사가 필요하다는 것이다. 그러나 이 작업은 조사 및 보고와 함께 수행되거나 수행되지 않을 수 있는 사례 작업과 아무런 관련이 없다.

아동지도 클리닉의 많은 일은 팀이 존재해서 각 구성원으로부터 분리되어 나온 사례의 다양한 측면을 재조합하는 것으로 구성되어 있다. 아마 이러한 이유로 아동지도에서 사용되는 것처럼 개인적으로 팀을 결코 사용하지 않는다. 정말 좋은 아동지도 클리닉에서는 정신과 의사가 사례분석 회의에서 사례에 대한 다양한 요소를 재조합할 수 있고, 이 과정을 보는 것은 배우는 학생들에게 매우 유용한 것이다. 그럼에도 불구하고 사례가 산산조각이 나고 그리고 아동지도 클리닉에 의해 다시 합치는 것이 가능하지만, 그런데도 아직 케이스워크가 끝나지 않았다.

그런데 내가 일하게 된 것은 최근에 정신과 사회복지사들과 동료로서 심리학자와 함께할 때 이익을 수확할 수 있었다. 그래서 사례를 함께 보았고, 둘이 하는 것이 혼자 하는 것보다 낫다는 원칙으로부터 혜택을 가질 수 있었다. 일시적이든, 장기적이든, 정체된 것, 평가, 핵심을 그러한 사람에게 양도한 것에 대해 매우 즐겁다. 이것은 내가 사례에 대해 의료적 책임을 가지고 있고, 그래서 사회복지사로부터 무엇이 발생하는지에 대한 정보를 얻는 것을 기대한 것을 제외하곤 나의 정신과 동료에게 사례를 양도하는 것과 같은 것이다.

유용하게 될 수 있는 관찰이 한 가지 더 있다. 심리치료에서 심리치료자를 바꾼다는 것은 매우 어려운 일이지만, 케이스워크에서는 그럴 수 있고 또 그렇게 반드시 될 것이고, 사례와의 관계에서 연속성을 제공하는 것은 개인보다는 병원이어야 한다. 케이스워크 담당자가 한 위치에서 영원하게 있을지 확신할 수 없다. 만일 어떤 사람이 케이스워크 담당자가 기관이나 병원을 위해 일한다는 것을 통해 개인의 심리치료를 생각한다면 어떤 손실이 있을 것이다. 그러나 이득은 엄청나다. 왜냐하면 병원은 어떤 개인보다 훨씬 더한 안정성을 가지고 있기 때문이다. 이에 대해 한 예를 든다. 물론 개인들 사이에 이해관계가 있는 관계가 케이스워크 종사자가 바뀌게 될 때 트라우마가 없다는 방식의 부드러운 방식으로 될 수 있다는 것을 의미하지는 않는다. 사람은 케이스워크 종사자가 더 이상 사람이 아니고, 기관은 영구하고 단지 행정조직일 뿐이라고 극단적으로 상상할 수 있다. 이런 것은 바로 우리를 우리가 출현한 암흑기로 되돌려 보내는 것일 수 있다. 어떤 의미에서 케이스워크는 인간이며, 틀리기 쉬운 요소가 행정조직을 사용하고 있지만, 고객을 이용하려는 기계적인 것을 예방하는 것이다. 이러한 방식으로 보면 케이스워크 종사자와 행정관리자들이 사례에 대해 서로 협동하여야 함에도 불구하고 서로 의심할 수 있는 것을 보는 것은 아주 쉬운 일이다.

🌷 요약

나는 팀워크의 복잡한 조직에 케이스워크의 아이디어를 구해 내고자 시도하고 있다.

아이가 정신적으로 아픈 때에 사례의 압도적 다수의 주 특징은 케이스워크가 아니다. 대개 자신들의 아이의 질병을 인지하고 치료를 찾는 것은 부모이다.

분명하게 케이스워크는 아이가 정신적으로 아프고 동시에 아이를 아프게 만드는 환경적 결핍이 있을 때 주된 특징이 된다. 나는 케이스워크가 가진 파괴적인 어떤 요소들 때문에 특별한 의미를 갖는 사례(case)의 유형에 특별히 주목을 하였다.

가장 단순한 사례는 부모 중 한 사람 혹은 두 사람 모두 정신적인 질병을 가지고 있고, 케이스워크는 부모에게 있는 이 질병에 대한 반응으로서 그 자체의 통합과 역동적 힘을 찾는다. 이 주제는 사례들의 폭넓은 다양성을 다루기 위해 개발될 수 있지만, 사례의 분열 경향 때문에 사례의 필요성을 충족시키려면 요점은 어떤 식으로든 능동적인 통합과정이 개발되어야 한다. 여기에는 적극적으로 통합되는 경향의 조직이나 잠재적으로 파괴적인 사례 자료의 보유[4](holding)만큼 중요한 작업이 수행되지 않는다. 나는 우리가 케이스워크라는 단어를 가장 잘 사용하는 곳이 바로 여기라고 제안하고 있다.

이런 생각은 새로운 생각은 아니지만 강조할 필요가 있는데, 이런 다양한 과제를 정리하는 것이 정신질환을 가진 아이와의 사례 연구와 심리치료의 차이를 좀 더 명확히 볼 수 있도록 도와주기 때문이다.

---

4) 케이스워크에서 보유에 대한 개념은 Clare Winnicott의 *Child Care and Social Work*(Welywyn: Codicote Press, 1964)를 참조.

제**16**장
- - - - - - - - -
박탈된 아동이 어떻게 가족 상실에 대한 보상을 받을 수 있을까

　박탈된 아동을 위해 가족생활을 제공할 수 있는 주제에 대해 소개하기 위해 공동체 사회의 주된 관심은 건강한 구성원이어야 한다는 것을 우리는 기억해야 한다. 자신의 집에서 양육되고 있는 아이들이 보상을 받는다는 단순한 이유 때문에 우선순위가 필요한 것은 보통 좋은 가정의 운영 방식이다. 아이들에게 돌아갈 몫을 지급하는 것이 이 아이들을 보살피는 것이다.

　만약 이것이 받아들여진다면, 두 가지 일이 따른다. 첫째, 아이들에게 집, 음식, 옷, 교육, 휴식시설 그리고 문화 음식(cultural food)이라고 불리는 것을 기본적으로 제공할 수 있는 평범한 가정이 준비되는 것이다. 둘째, 우리의 관심거리는 가정에, 심지어 가정 자체의 선을 위해서도 절대 간섭하지 말아야 한다. 특별히 의사들은 가장 좋은 의도를 가지고 건강 증진과 질병 예방을 위한다는 명목으로 어머니와 유아 혹은 부모와 자녀 사이에 방해가 되기 쉽다. 이러한 점에서 의사들만이 위반자는 아니다. 예를 들면 다음과 같다.

> 이혼을 한 상태의 어떤 어머니가 나에게 다음과 같은 상황에 대한 조언을 구하였다. 그녀는 여섯 살 된 딸이 있었고, 종교기관과 연관되어 있는 남편은 자신의 아이를 어머니와 떼어 놓길 원하여 딸을 공휴일과 학기 동안 기숙학교에 입학시키길 원한다. 왜냐하면 이 기관은 이혼을 허락하지 않기 때문이다. 아이가 아주 잘 정착하였고 어머니와 안전함을 느끼고 있다는 것이고, 그녀의 새로운 남편은 방치되었고, 이 아이가 어머니와 살아서는 안 된다는 한 가지 원칙 때문에 아이에게 박탈 상태가 만들어졌다는 것이다.

박탈된 많은 수의 아동이 사실은 한 가지나 다른 방향으로 가공되어 있는데, 이에 대한 치료는 나쁜 관리를 피하는 것이다.

그럼에도 불구하고, 나 자신이 많은 다른 사람과 같이 신중한 가정 파괴자라는 사실을 직시해야 한다. 나는 나의 병원에서만 아동을 가정으로부터 분리시키는 것이 긴급하게 필요하다는 사례들을 매주 경험한다. 이러한 아동들은 네 살 아래의 아동들이 결코 아니다. 이 분야에 종사하는 모든 사람은 이런 유형의 사례는 한 가지 또는 다른 이유로 며칠 또는 몇 주 내에 아이를 가정에서 이동시키지 않으면 가정이 해체되거나 아이가 법정에 서게 되는 성격의 사태가 발생한다는 것을 알고 있다. 흔히 사람은 아이가 집으로부터 멀리 있으면 잘 지내게 되거나 혹은 가정이 잘될 것이라고 예측할 수 있다. 만일 사람이 이러한 분리를 즉시 할 수 있다면 많은 비통한 사례에서 내담자 자신들을 호전시킬 수 있고, 만일 우리가 좋은 가정의 불필요한 파괴를 피하기 위하여 행하는 모든 것이 내가 여기서 고려하고 있는 아동을 위한 단기 및 장기 숙박시설에 책임이 있는 사람들을 어떤 면에서 약화시킬 수 있다.

나의 병원에서 매주 이러한 사례를 만난다고 말할 때, 사례들 중 다수는 이미 존재하는 구조하에서 도와주려고 관리하고 있다는 것을 함축하고 있다. 물론 이것은 우리의 목적인데, 이것이 경제적일 뿐 아니라 또한 가정이 충분하게 좋은 때 가정은 아동이 그 안에서 성장할 수 있는 적합한 장소이다. 심리적 도움을 필요로 하는 아동의 대다수는 개인의 감정적 발달에서의 장애, 삶이 어렵기 때문에 대개 내부적 관점의 장애로 고통을 받고 있다. 이러한 장애들은 집에서 아동과 함께 치료될 수 있다.

🌷 박탈의 평가

박탈된 아동을 어떻게 가장 잘 도울 수 있는지 발견하기 위해 충분히 좋은 환경에 의해서 시작할 때에 얼마나 많은 양의 정상적인 감정적 발달이 가능할지를 결정해야 한다(① 유아-어머니 관계, ② 아버지-어머니-아이의 삼각관계). 이것이 시작되고 이후에 지속되면서 이러한 조명 아래 박탈에 의해 행해진 피해를 평가하도록 노력하여야 한다. 그래서 이 사례의 역사는 중요하다.

다음에 나오는 여섯 가지의 범주는 깨어진 가정을 분류하는 사례 방법으로 유용하게 될 수 있다.

① 우연한 사고로 부모 한쪽이나 부모 모두에 의해 부서진 평범

한 좋은 가정

② 부모로서 좋은 부모의 이별로 인해 부서진 가정

③ 부모로서 좋지 않은 부모의 이별로 인해 부서진 가정

④ 아버지가 없기 때문에(사생아) 미완성인 가정. 어머니는 좋다. 조부모가 부모의 역할을 인계받거나 혹은 어느 정도 돕는다.

⑤ 아버지가 없기 때문에(사생아) 미완성인 가정. 어머니는 좋지 않다.

⑥ 가정이라는 것이 없다.

추가적으로, 교차분류가 있다.

① 아이의 연령에 따른다. 그리고 그 나이에 충분히 좋은 환경이 멈춘다.

② 아이의 성향과 지적인 것에 따른다.

③ 아이의 정신의학적 진단에 따른다.

우리는 아이의 증상 혹은 아이가 성가시게 하는 것, 아이의 곤경에 따라 우리 안에 일어나는 감정에 기초하여 문제를 평가하는 것을 피해야 한다. 이러한 것들은 우리를 헤매게 한다. 본질적인 부분의 부족이나 결함이 개인의 역사가 된다. 그러면 사실상 공통적으로 초기의 충분히 좋은 환경의 사실을 결정하는 유일한 길은 좋은 환경을 제공하는 것이며, 아이가 좋은 환경을 만들기 위해 무엇을 사용하는지 보는 것이다.

'좋은 환경을 만들기 위해 무엇을 사용하는지'라는 말의 의미에 대한 특별한 해설이 필요하다. 박탈된 아동은 아프고, 환경에 대한

재조정이 아픈 아이를 건강하게 변화시킬 것이라는 것은 결코 그리 단순하지 않다. 기껏해야 단순히 환경적 준비를 통해 혜택을 받을 수 있는 아이는 좀 더 나아지지 시작하고, 변화가 아픈 데서 좀 더 아프지 않게 되는 것이라면 아이는 점점 과거의 박탈에 관해 화를 내기 시작한다. 세상에 대한 증오는 거기 어딘가에 있고, 증오가 느껴지지 않는 한 건강해진 것은 아니다. 극히 일부의 경우에 증오를 느끼고, 작은 합병증조차도 어려움을 만들 수 있다. 그러나 이 선호하는 결과는 만일 모든 것이 상대적으로 아이의 의식 자기(conscious self)에 이용될 수 있을 때만 오고, 거의 그렇지 않다. 어느 정도 혹은 아주 큰 범주에서 환경적 실패에 속한 감정은 의식에 사용할 수 없다. 만족스러운 초기 경험 위에 박탈감이 발생하는 경우 이와 같은 현상이 발생할 수 있으며 박탈에 해당하는 증오가 도달할 수 있다. 다음의 예는 이러한 종류의 상황을 보여 준다.

여기 일곱 살 소녀가 있다. 아이가 세 살 때 아이의 아버지는 사망했지만, 아이는 이 어려움을 모든 것이 괜찮을 거라는 것으로 협상하였다. 어머니는 아이를 잘 보살폈고 재혼을 하였다. 재혼은 성공적이었고, 아이의 새아버지는 아이를 무척 좋아하였다. 어머니가 임신을 하기 전까지 모든 것은 좋았다. 이 시점에서 새아버지는 아이에 대한 태도가 완전하게 변하였다. 새아버지는 자신의 아기에 대하여 관심을 가지고, 딸에 대한 관심을 거두어들였다. 새로운 아기가 태어난 후에 상황은 악화되었고, 어머니는 나뉜 충성심의 상황에 놓이게 되었다. 이 아이는 이 환경에서 성장할 수 없어서 기숙학교로 옮겼고, 여기서 잘할 수 있을 것 같았고, 자신의 집에서 일어난 어려움에 대해 이해할 수 있을 것 같았다.

　　다른 한편으로, 다음 사례는 초기 경험의 불만족의 영향을 보여
주는 것이다.

　　　한 어머니가 두 살 반이 된 남자아이를 데리고 왔다. 아이는 좋
　은 가정을 가졌지만 어머니와 아버지의 개인적 주목을 받았을 때
　만 행복하였다. 아이는 어머니와 떨어져서 자신만의 놀이를 할 수
　없었고, 낯선 사람들의 접근을 공포스럽게 느꼈다. 부모를 평범한
　보통 사람으로 고려할 때, 이 사례에서는 무엇이 잘못되어 온 것일
　까? 실상은 아이가 5개월 때 입양되었으며 이때 이미 아이가 아팠
　다는 것이다. 아이가 태어난 곳에 있던 수간호사는 이 아이를 특별
　한 애완동물처럼 생각했고, 입양을 원하는 부모에게서 이 아이를
　숨기려고 했다는 어떤 증거가 있다. 5주째에 유아의 감정적 발달에
　있어 심각한 혼란이 초래되었고, 입양하려는 부모는 단지 이 어려
　움을 점차 극복하도록 시작하였다. 이것은 부모가 이렇게 어린 나
　이에 입양하면서 확실하게 예상치 못한 것이었다. (사실 부모는 이
　아이를 더 어렸을 때인 생후 첫째 주나 둘째 주에 입양하려고 많은
　노력을 하였는데, 이렇게 복잡한 일들이 발생할 줄 알고 있었기 때
　문이다.)

　　좋은 환경들이 무너져서 전혀 존재하지 않을 때 아이에게 어떠
한 일이 발생하는지에 대하여 알아야 하고, 이것은 개인의 정서적
발달의 전체 주제 연구를 포함하는 것이다. 어떤 현상들은 충분히
잘 알려져 있다. 증오는 억압된 것이거나 사람을 사랑하는 능력이
상실된 것이다. 다른 방어 조직들은 아이의 성격 속에 정착된다.
다른 단계보다 더 만족스러웠던 정서적 발달의 초기 단계로 퇴행

하는 과정이 있을 수 있거나 혹은 병리적인 내성 성향 상태도 있을
수 있다. 공통적인 것보다 훨씬 더 많은 일반적 생각은 성격의 분열
이 있다는 것이다. 이 분열의 가장 단순한 형태는 순종에 기초해서
아이가 가지고 있는 모든 것을 선물로 주거나 반쪽을 선물하는 것
이고, 모든 자발성이 포함되어 있는 자기의 주된 부분은 비밀이고,
항상 이상화된 판타지 대상에게 숨겨진 관계성이 항상 있다.

　이러한 현상에 대한 간단하고 분명한 진술을 만드는 데 어려움이
있음에도 불구하고, 박탈된 아동의 경우에 무엇이 선호할 신호인지
보려고 한다는 것을 이해하는 것이 필요하다. 만일 아이가 매우 아
플 때 무엇이 거기에 있는지 이해하지 못하면, 예를 들어 박탈된 아
동 안에 있는 우울감은 특별히 강한 학대 생각에 동반되지 않을 때
선호할 만한 신호일 것이다. 적어도 단순한 우울감은 아이가 성격
의 일치를 보유하고 있고, 관심의 감각을 가지고 있고, 잘못된 모든
것에 대한 책임감을 정말로 가지고 있다는 것을 말하는 것이다. 또
한 침대에 소변을 누거나 절도와 같은 반사회적 행위를 하는 것은
적어도 순간적으로 희망이 있을 수 있다는 것이다. 충분히 좋은 어
머니, 충분히 좋은 부모의 관계성을 다시 발견하려는 희망이다. 화
를 내는 것조차도 거기에 희망이 있다는 것이고, 우선은 아이가 한
사람이고 우리가 나누는 현실이라고 부르는 곳에 실제로 발견되는
것과 상상하는 것 사이의 충돌을 느낄 수 있다는 것이다.

　반사회적 행동의 의미를 절도를 통해 생각해 본다. 아이가 훔쳤
을 때 생각되는 것은 (무의식이 포함된 전적인 아이에 의해) 훔친 물
건이 아니다. 생각되는 것은 사람, 어머니이고, 아이는 자신의 어
머니이기 때문에 그녀로부터 물건을 훔칠 권리를 가지고 있다. 사
실 모든 유아는 출발부터 어머니로부터 훔칠 권리를 진정으로 요

구할 수 있는데, 유아가 어머니를 만들어 냈고, 어머니를 생각해 냈고, 사랑하는 내재적 능력에서 그녀를 창조했기 때문이다. 거기 있는 것만으로 어머니는 그녀의 유아에게 점진적으로, 조금씩 유아가 자신 안으로 창조할 수 있도록 어머니 자기 자신을 재료로 내준다. 그래서 결국엔 유아의 주관적인 자기가 창조한 어머니는 우리가 동의할 수 있는 어머니와 매우 같은 어머니이다. 같은 방식으로 침대를 소변으로 적시는 아이는 유아 존재의 초기에 젖을 엄마의 무릎에서 찾고 있고 있는 것이다.

　반사회적 증상은 환경적 회복을 위하여 더듬으며 찾아가는 것이며, 희망을 암시하는 것이다. 반사회적 증상이 실패하는 것은 잘못된 방향 때문이 아니라 어떻게 진행되고 있는지 무의식적으로 알지 못하기 때문이다. 그래서 반사회적 아이들은 치료를 목적으로 하는 특화된 환경이 필요하고, 자신들의 증상에서 표현된 희망에 대하여 현실적 책임을 줄 수 있어야 한다. 그러나 이것은 내가 말한 것과 같이 치료적인 것이 되기 위해서 장기간 제공되어야 하는데, 왜냐하면 아이가 의식적인 느낌과 기억으로 많은 것을 얻을 수 없기 때문이다. 또한 아이는 새로운 환경에서 방어기제들—새로운 박탈에 의해 항상 재발되기 쉬운 참을 수 없는 불안에 대한 방어들—이 포기되기 전에 객관성에 대한 환경의 힘과 환경의 안정성 안에서 큰 확신을 얻어야 한다.

　그러므로 우리는 박탈된 아이는 과거 트라우마 경험의 역사와 발생하는 불안을 개인적 방법으로 대처해 온 아픈 사람이며, 적절한 증오와 사랑을 위한 일차적 능력 의식의 상실 정도에 따라 크거나 작은 회복 능력을 가지고 있는 사람이라는 것을 안다. 이러한 아이를 돕기 위해 어떤 실재적인 조치가 취해질 수 있을까?

🪴 박탈된 아동을 위한 양육

  분명하게 어떤 사람이 아이를 돌봐야 한다. 박탈된 아동들에 대한 사회 공동체의 책임을 더 이상 부인할 수 없다. 정말로 오늘날 사정은 과거와는 다른 방향에 있다. 대중의 공적 의견은 가족생활이 결핍된 아동을 위하여 가능한 한 가장 좋은 것이 행해져야 한다는 것을 요구한다. 현재의 많은 문제는 새로운 태도에서 파생된 원칙들을 적용해서 발생하는 실질적인 어려움들에서 온다.

  새로운 법이나 행정적 기제를 안착시키는 것으로 아이를 위하여 바른 일을 하는 것은 불가능하다. 물론 이러한 것들은 필요하지만, 첫 번째 비참한 단계에서만 필요한 것이다. 모든 사례의 경우에 아이를 위한 적합한 관리에는 **사람**이 포함되고, 이러한 사람들은 올바른 부류의 사람이어만 한다. 그리고 즉각적으로 이용할 수 있는 이러한 사람들의 수는 눈에 띄게 제한적이다. 만일 행정적 조직을 통해 한편으로 우선권을 가진 사람들(overriding authorities)과 일들을 처리할 수 있고, 다른 한편으로는 일을 실질적으로 행하는 사람들과 접촉할 수 있는 사람, 그들의 관점을 감사하고, 성공적으로 발생하는 것에 대한 것을 인정하는 것, 변화하고 흥미로운 일거리를 만들기 위해 교육적 과정을 할 수 있는 것, 실패와 그 이유를 토론하는 것, 아이를 기르는 가정에서 혹은 쉼터로부터 아마도 짧은 시간 안에 아이를 옮기는 것에 필요한 것에 안도감을 줄 수 있는 **중급자**(intermediate persons)를 위한 준비는 그 수가 많이 증가한다. 아이 돌봄은 전적인 시간이 필요하고, 행정적 절차에 대응하기 위해 감정의 저장을 적게 가지거나 혹은 정책에 의해 어떤 사례들은 폭

넓은 사회적 이슈로 대표되는 것과 함께 일을 하는 사람들을 이 일에 전념할 수 있도록 내버려 두어야 한다. 반대로 행정이나 정책에 대해 확고하게 주시할 수 있는 사람은 아이의 돌봄에 대하여 가장 좋은 것으로 평가될 것 같지는 않다.

좀 더 구체적인 일들에 접근하면서, 대비가 있어야 하는 정신의학적 진단을 받은 아이들을 명심하는 것이 필요하다. 중요한 것은 가정생활을 빼앗긴 아이가 좋은 출발을 할 수 있었다는 것과 가족생활의 시작을 할 수 있었다는 것이다. 내가 지적하는 것처럼, 이 진단은 주의 깊게 환자의 내력을 받아들이고 혹은 관찰 기간을 가진 후에만 할 수 있다. 이러한 사례에서는 아이들의 정신적 건강의 기초가 잘 갖추어져 있을 것이다. 그래서 박탈에 대한 두 번째 질병은 부수적으로 일어난다. 다른 한편으로 또 다른 아이는 외관상으로는 아마도 나빠 보이지 않는데 건강한 가정의 경험을 하지 못해서 새로운 환경 안에서 아이에 의해 더 발견되고 재활성화되어야 하는 아이이다. 그리고 이보다 더한 것은 성격 구조와 현실감이 아마 결핍된 것으로 인해 정신건강의 기초가 되는 초기 유아기의 빈약하거나 복잡한 구조가 있었을 것이다. 이러한 극단적 사례 속에서 좋은 환경이 처음으로 만들어져야 하거나 혹은 좋은 환경은 기회가 전혀 없을 수도 있는데, 아이가 기본적으로 건강하지 않기 때문이다. 어쩌면 정신건강이나 불안정에 유전적 경향이 더해져서일 수도 있다. 비록 이 단어가 아이에 대해 사용되지 않지만 이러한 극단적인 상태에 있는 아이는 미쳤다.

문제의 이 부분을 인지하는 것은 중요하며, 또한 결과를 평가하는 사람들은 가장 좋은 관리가 항상 실패라는 것과, 항상 성장하는 아이들은 궁극적으로 미칠 것이며, 혹은 잘해야 반사회적이라는 것을 발견하고 놀랄 것이다.

아이의 초기 환경과 아이의 그것과의 관계 속에서 긍정적 특성의 존재 및 부재에 따라 아이에 대한 진단이 이루어지고 난 후 고려할 일은 절차이다. 내가 여기서 강조하고 싶은 것(나는 아이들의 정신분석가로서 쓴다)은 박탈된 아동 관리의 분명한 원칙은 심리치료의 준비가 아니라는 것이다. 심리치료는 어떤 것들이 행해지고 희망할 때 궁극적으로 추가될 수 있는 것이다. 일반적으로 말해 현재에는 개인적 심리치료는 현실성 있는 정략이 아니다. 본질적인 절차는 가족에게 대안을 준비하는 것이다. 다음과 같은 방법으로 제공하는 것을 구분할 수 있다.

첫째, 양부모는 실제 부모에 의해 아이가 제공받을 수 있는 것과 같이 가족생활을 아이에게 주고자 원하는 사람이다. 일반적으로 이것이 이상적이라는 것은 인지하고 있지만, 양부모에게 보내진 아이들은 어떤 좋은 것에 반응할 수 있는 아이라는 것을 빨리 알아야 한다. 이것은 실제적으로 아이들의 과거 속의 어디에 충분히 좋은 가족생활의 어떤 것이 있어야 했으며, 이에 대해 아이들이 응답할 수 있다는 것을 의미한다. 아이들은 위탁가정(foster home)에서 자신들이 가졌던 중요한 것과 상실한 것을 재발견하는 기회를 가지게 된다.

둘째, 다음은 돌봄에 있어 작은 가정이 있는데, 만일 가능하면 (반드시 필요한 것은 아니다) 결혼한 관리인, 각 가정은 다양한 연령층 집단의 아이들로 되어 있다. 이러한 작은 가정들은 행정적 관점과 사촌과 또래들을 원하는 아이들의 관점에서 편하게 함께 집단이 될 수 있다. 여기에서 다시 가장 좋은 것은 시도되고 있고, 이렇게 좋은 것으로부터 이익을 얻을 수 없는 아이들은 멀리해야 한다.

하나의 적합하지 않은 아이는 전체 집단의 선한 일을 망칠 수 있다. 선한 일은 더 선하지 않는 일보다 감정적으로 더 어렵다는 것을 기억해야 하고, 너무 쉽게 실패가 있을 경우 책임자는 포기를 하고 관리하는 데 있어 더 쉽고 덜 가치 있는 형태의 것으로 빠지게 된다.

셋째, 집단의 세 번째 범주는 더 큰 것이다. 보호소(hostel)는 아마 18명 정도를 수용할 것이다. 관리인들은 이 안에 있는 모든 아이와 개인적 접촉을 할 수 있지만, 보조인들의 관리는 이들의 중요한 일이다. 충성도는 나뉘고, 아이들은 성인들을 서로에게 대항하게 해 놓고, 잠재적 질투심을 가지고 놀이하는 기회를 가진다. 우리는 이미 덜 좋은 관리의 방향에 있다. 다른 한편으로 우리는 또한 박탈된 아동의 덜 만족스러운 형태를 다룰 수 있는 관리 형태의 방향에 있다. 일들이 작용하는 방법은 덜 개인적이고, 더 독재적이고, 아이들에게 바라는 것이 적을 때이다. 이러한 가정에 있는 아이들은 되살릴 수 있는 예전의 좋은 경험의 필요성이 적다. 이 넓은 범주의 가정에서는 작은 가정보다 개인의 충동성은 유지하면서 가정과 동일시할 수 있는 능력으로 성장할 필요가 적다. 집단 내에서 다른 아이들과 함께 정체성을 병합하는 중간의 일은 큰 가정에 충분히 좋다. 이것은 개인 정체성의 상실과 전체 가정환경과의 정체성 상실을 포함하는 것이다.

넷째, 다음 분류는 더 큰 보호소이며, 이 안에서 관리인들은 주로 스태프들의 관리에 종사하고 있고, 단지 간접적으로 시시각각 아이들의 관리에 관심을 가지고 있다. 이러한 많은 아이와 함께할 수 있다는 것에 장점이 있다. 사실은 이렇게 많은 스태프가 있다는 것은 스태프들 간의 더 많은 토의의 기회가 있다는 것이다. 또한 아이들에게 장점이 있는데, 서로 경쟁할 수 있는 팀들이 있을 수 있다는 것이다. 나는 이 더 큰 보호소가 어린 시절 좋은 경험들이 적은 더 아픈 아이들에게 대처할 수 있는 더 좋은 관리 유형의 방향이라고 요구할 수 있다고 생각한다. 이러한 아이들에게 필요한 다소 인간미 없는 책임자가 대표자로서 배경에 있을 수 있다. 이러한 사람이 필요한 것은 아이들이 자신들 안에 자발성과 통제를 동시에 가질 수 있는 힘이 없기 때문이다. [아이들은 책임자와 동일시하고 축소된 작은 지방 압제자(gauleiters)로 변하거나 혹은 통제를 위해 외적 권위에 전적으로 의지하는 충동적인 사람일 것이다.]

다섯째, 이것을 넘어서 불가능한 조건하에 있는 아이들을 위하여 가장 좋은 더 큰 기관이 여전히 있다. 당분간 그런 기관이 있어야 할 것 같다. 그것들은 독재적 방법에 의해 운영되고, 개별 아이들에게 좋은 것은 아이는 사회가 즉시 제공할 수 있는 한계 때문에 종속되어야 한다는 것이다. 잠재적 독재자들을 위한 좋은 승화 형태가 있다. 사람은 바람직하지 않은 사태 속에서 다른 장점조차 발견할 수 있는데, 독재 방식에 강조가 있다면 상당히 절망적으로 어려운 아이들은 오랜 기간 사회와 문제를 일으키지 않는 방식으로 관리될 수 있기 때문이다. 정말로 아픈 아이들은 더 좋은 가정보다 여기서 더 행복할 수 있고, 여기서 놀이하고 배울 수 있게 되어서 정보를 가지지 않은 관찰자들은 감명을 받게 된다. 이러한 기관에서는 아이들이 성숙되어서 자신의 개성을 잃지 않고 사회와 동일시할 수 있는 능력을 키울 수 있는 더 개인적인 관리를 받는 형태의 기관으로 이전해도 됨을 인지하는 것이 매우 어렵다.

치료법과 관리

나는 지금부터 관리에 대한 두 가지 것을 대조해 보려고 한다. 하나는 위탁가정이고, 다른 하나는 큰 기관이다. 내가 말한 것과 같이 전자의 목적은 정말로 치료이다. 여기서의 희망은 있는 동안에 아이에게 상처만이 아니라 실제로 심한 병을 남긴 것으로부터 회복되는 것이다. 만일 이것이 이루어진다면 아이가 새로운 환경에 반응하는 것보다는 더 많은 것이 필요하다.

처음에 아이는 빠른 반응을 보이기 쉽고, 여기에 관심을 가진 사람들은 아이들의 문제가 끝났다고 생각하기 쉽다. 그러나 아이가 자신감을 가졌을 때 이전 환경의 실패에 대한 분노가 힘이 커지게 된다. 물론 특히 아이가 일어나고 있는 주요한 혁명적 변화를 의식하지 못하기 때문에 무슨 일이 일어나는지가 정확히 이렇게 보일 것 같지는 않다. 위탁가정의 부모는 그들 자신이 정기적으로 아이들 증오의 대상이 된다는 것을 알 것이다. 이 부모들은 아이들 자신의 가정에서 실패에 속한 것과 느끼기 시작하는 분노를 받아들여야 한다. 위탁가정의 부모들이 이것을 이해하는 것은 매우 중요한데, 그렇게 하지 않으면 부모들이 낙담하게 된다. 그리고 아이를 돌보는 관리인들도 이것을 알아야 하는데, 그렇지 않으면 이들이 위탁가정의 부모를 비난하고, 아이들이 말하는 위탁부모의 잘못된 처우와 굶주림의 이야기를 믿게 된다. 만일 위탁부모가 아이들에게 문제되는 것이 없는지 살피기 위한 공무원의 방문을 받으면 근심에 쌓일 수 있고, 이것은 위탁부모로 하여금 아이들이 다정하고 행복한 척 하게끔 해서, 아이의 회복에 있어 중요한 부분을 박탈하는 것이다.

때때로 아이는 증오로 충족될 수 있는 나쁜 것을 실제의 현재에 가져오려는 시도에서 매우 교묘하게 특정한 병치레를 할 것이다. 그러면 고통스러운 위탁부모는 실제로 사랑을 받는데, 왜냐하면 아이가 자신 안에 감금된 '증오 대 증오'가 지금 외부적 증오를 만나는 것을 싫어하는 것으로 변형된 것을 느끼는 안도감 때문이다.

빠져나갈 방법은 있다. 예를 들어, 어떤 위탁부모는 구조 원칙에 따라 일하는 것으로 밝혀질 것이다. 그들에게는 아이의 부모가 희망 없는 나쁜 사람들이었고, 이것을 그 아이에게 계속해서 크게 말하고, 아이의 증오를 자신들로부터 우회시킨다. 이 방법은 공정하게 작용할 수도 있지만 현실 상황을 무시한 것이고, 어떤 상황에서는 박탈된 아동에게 중요한 특성을 방해할 수도 있어, 아이들은 자신들의 가정은 이런 것과 같다고 이상화하려는 경향을 가진다. 의심할 것 없이 위탁부모가 정기적인 부정적 감정의 파고를 가질 수 있을 때 더 건강하고, 매 시간 아이에게 새롭고 더 안전한 관계로 아이에게 다가가는 것이 위탁부모를 생존하게 만드는 것이다.

대조적으로, 이러한 큰 상황 안에 있는 아이는 자신의 질병을 고치는 목적으로 관리되고 있지 않다. 첫 번째 목적은 방치된 아이들에게 머물 곳과 음식과 의복을 제공하는 것이다. 두 번째는 아이들이 혼돈이 아닌 질서 있는 상태에서 살 수 있도록 관리 유형을 고안하는 것이다. 세 번째는 아이들이 열여섯 살 정도에 세상에 내보내질 때까지 사회와의 충돌로부터 가능한 한 많은 아이를 지키는 것이다. 이러한 상황에서 엄격한 관리는 필수적이고, 여기에 인간성이 더해질 수 있다면 더 좋다.

매우 엄한 공동체 안에서조차 그 안에 일관성과 공정함이 있는 한 아이들은 그들 가운데 인류애를 발견할 수 있고, 엄격함이 지속성을 함축하고 있기 때문에 엄격함을 가치 있게 여길 수 있다. 이러한 조직에서 일하는 남녀를 이해하는 것은 더 인간적인 순간들을 소개하는 길을 발견할 수 있다. 예를 들어, 외부 세상을 대체하여 신뢰할 수 있는 삼촌이나 숙모들과 정기적인 접촉을 하도록 하기 위해 적합한 아동을 선별함으로써 중요한 것들이 행해질 수 있다. 아이의 생일에 글을 써 줄 수 있는 사람, 1년에 3~4회씩 아이에게 주스를 마시러 집에 오라고 할 수 있는 사람을 찾을 수 있다. 만일 엄격한 환경이 기초이고, 만일 이 엄격한 환경이 예외와 빠져나갈 구멍이 있다면 이것이 아이들을 불편하게 하는 것임을 기억할 필요가 있다. 만일 엄격한 환경이 있다면, 이 환경은 지속성이 있고, 신뢰할 만하고 공정해야 긍정적인 가치를 가질 수 있다. 이외에 특권을 악용하는 아이들이 항상 있을 것인데, 그러면 그 아이들은 고통을 받아야 할 것이다.

큰 기관 형태에서는 평화와 조용함을 위하여 사회를 대신하여 관리에 역점을 둔다. 이러한 구조 내에서 아이들은 작든 크든 자신의 개별성을 상실하게 된다. (중간기관에는 아이들이 충분히 성장할 수 있는 아이들의 점진적 발달을 위한 공간이 있고, 그래서 아이들이 자신의 정체성을 잃지 않고 사회와 함께 정체성을 증진시킬 수 있다는 것을 무시하는 것이 아니다.)

여전히 아이들에게 지시가 되더라도 실패하는 아이들이 있을 것인데 나는 이 아이들이 미쳤다고 하고 싶다(이런 용어를 쓰면 안 되겠지만). 이런 아이들은 성인들의 정신병원과 동등한 시설이 있어야 하고, 이러한 극단적인 사례들에 대해 사회가 할 수 있는 가장 좋은 것을 아직 결정하지 않았다고 생각한다. 이러한 아이들은 아프기 때문에 그들을 돌보는 사람들은 그들이 반사회적이 되기 시작했을 때 돌보는 것으로 인해 아이들이 더 좋아지기 시작한 것을 의미한다는 것을 쉽게 인식한다.

나는 박탈된 아동의 필요를 생각하며 가장 중요한 두 가지를 언급하면서 이 절의 결론을 내리고자 한다.

아동의 어린 시절에 대한 중요성

이것들 중 첫 번째 관심사는 보육사에 대한 것인데, 특별히 위탁 양육 능력과 새로운 상황을 예의주시하는 능력에 대한 관심이다. 내가 만일 아이를 돌보는 보육사라면 나의 돌봄 속으로 아이가 오자마자 현재 순간까지 아이가 어떠한 과거력을 가지고 있는가에 대한 모든 정보의 조각을 즉각적으로 수집할 것이다. 이것은 항상 긴급한 것인데, 매일의 통과의례가 어떤 사람이든 본질적인 사실에 접근하는 것을 어렵게 하기 때문이다. 피난 계획의 실패가 다루어질 때, 제2차 세계대전은 얼마나 고통스러웠는지 그리고 어떤 것도 알아낼 수 없는 아이들이 있었다!

우리는 때때로 정상적인 아이들이 잠자러 가면서 "내가 오늘 무엇을 했어요?"라고 물어보는 것을 알고 있다. 그러면 어머니는 "너는 오늘 여섯 시 반에 일어났고, 곰 인형과 놀았고, 우리가 깨어날 때까지 동요를 불렀고, 일어나서 정원으로 나갔고, 아침을 먹었고 그리고……."와 같이 말한다. 이것은 아이의 하루 동안 밖에서 행해진 모든 계획이 통합될 때까지 이야기된다. 아이는 자기 일상의 모든 정보가 있지만, 이 모든 것은 알 수 있도록 도움 받는 것을 좋아한다. 이것은 좋고 실제적인 것으로 느끼게 하고, 아이들을 꿈으로부터 그리고 상상적인 놀이로부터 현실을 구분할 수 있게 도와 준다. 보통의 부모는 아이들이 단지 기억하는 것을 포함하고 또한 아이들이 아무것도 모르는 아이의 과거 삶으로 되돌아가서 이야기하는 것도 대표되는 같은 것이다.

이 단순한 일의 결핍은 박탈된 아동에게는 심각한 손실이다. 어쨌든 무엇이든지 함께 모을 수 있는 사람이 있는 어떤 사람이 있어야 한다. 아주 좋은 경우에는 아이 보육사가 아이의 실제 어머니와 긴 인터뷰를 할 수 있을 것이다. 어머니로 하여금 출산의 순간부터 전체의 역사를 점진적으로 밝히도록 하고, 아이를 임신한 것인지 혹은 준비되지 않은 상태에서 임신한 것인지 등 임신 기간 중의 중요한 세부 사항조차 말하게 하는 것이다. 그러나 흔히 이 일을 하는 사람은 정보를 얻기 위해 여기저기를 다녀야 할 것이다. 심지어 아이가 기관에 있었을 때 한 아이의 이름조차 소중할 수 있다. 사회복지사가 아이의 신뢰를 얻었을 때 아이와의 만남을 준비하는 일이 따른다. 여기에 아동 담당자의 사무실의 파일 안에 지금까지 살아온 아이의 삶에 대한 이야기가 있다는 것을 아이에게 알릴 수 있는 방법이 있을 것이다. 아이는 당분간 어떤 것도 말하기를 원치 않을 수 있지만, 후에는 세부 사항이 필요할 수 있다. 특별히 사생아이며 깨어진 가정에서 태어난 아이는 사실을 알게 될 필요가 있다. 즉, 만일 아이가 건강해지면, 위탁아동의 목표는 심신이 건강한 아이를 만드는 것이라고 가정한다. 큰 집단 안에서 독재적 방법들로 관리된 다른 극단에 있는 아이는 과거에 관한 진실을 충분하게 잘 동화시킬 수 있을 만큼 건강해질 가능성이 적다.

일할 수 있는 사람들이 극심하게 부족하기 때문에 출발은 보다 정상적인 목적에서 이루어져야 한다. 그런데 아동 돌봄자들은 이런 종류의 일을 하고 싶어 하지만 그들이 해야 하는 일의 무게 때문에 불가능하다고 느끼기 쉽다. 내 말의 뜻은 아동 돌봄자들은 절대적으로 자신들이 관리할 수 있는 것보다 많은 것을 택하지 않도록 결정해야 한다. 이는 아동 돌봄에 있어 이것 반, 저것 반 하는 것은 없다. 적은 아이들을 잘 관리하고, 사회가 더 좋게 관리할 때까지 강제적 방법으로 더 큰 기관에 보내는 것의 문제이다. 좋은 일은 개인적이어야 하고, 혹은 아이와 돌봄자 모두에게 잔인하고 애타는/감질나는 일이어야 한다. 이 좋은 일은 그것이 개인적이고 그 일을 하는 사람들에게 과중한 업무가 아닐 때만 가치 있는 것이다.

만일 아동 돌봄자가 너무 많은 일을 받아들이면, 그들은 실패를 겪게 될 것이고, 결국 통계학자들이 와서 통계로 모든 일이 잘못되었다는 것을 증명할 것이다. 게다가 독재적인 방법은 공장에는 노동자를 공급하고, 가정에는 가정에서 일할 수 있게 공급하는 것이 더 효과적일 것이다.

과도기적 현상

내가 말하고 싶은 다른 요점은 정상적인 아이를 먼저 보는 것으로 다시 얻을 수 있다. 어떻게 정상적인 아동들이 아프지 않고, 자신들의 가정을 박탈당하고, 그들에게 친숙했던 모든 것을 빼앗길 수 있을까? 날마다 아이들은 병원에 입원하고 다시 퇴원하는데 신체적으로 치료될 뿐만 아니라 평온하게 되고, 새로운 경험에 의해 풍부하게 되기도 한다. 자주 아이들은 자신들의 삼촌이나 숙모와 머물기 위해 떠나 버리고, 어떤 경우에는 자신들의 부모와 함께 친숙했던 환경을 떠나 낯선 환경으로 간다.

이것은 우리가 어쩌면 다음과 같은 방법으로 접근해야 할 매우 복잡한 주제이다. 우리가 알고 있는 어떤 아이를 생각해 보고 깨어 있다가 꿈 세상으로 이동할 때, 침대에 자러 갈 때 무엇을 가지고 가는지 우리 스스로가 물어봐야 한다. 인형 하나, 아마 몇몇 인형, 곰 인형 하나, 책 한 권, 엄마의 오래된 옷 조각, 깃털 이불의 가장자리, 낡은 담요 조각, 혹은 유아의 발달에서 특정한 단계에 있어 냅킨을 대체한 손수건일 수 있다. 어떤 경우에는 이러한 대체물이 없을 수도 있지만, 대신 아이는 단순하게 이용할 수 있는 한 손가락, 그리고 나서 엄지 혹은 두 손가락을 빤다. 혹은 아마 용어 자위(masturbation)가 더 쉽게 적용될 수 있는 생식기 행위가 있다. 혹은 아이는 배를 깔고 누울 수 있거나 리듬을 타는 움직임을 하면서 머리에 땀을 흘리며 격렬한 감정을 일으키는 것을 보여 준다. 초기 몇 달 동안에 어떤 경우는 아무것도 원하지 않고 오로지 어떤 사람의 모습만 나타나길 원할 것인데, 그 사람은 아마 어머니일 것이다. 이것이 공통적으로 관찰될 수 있는 넓은 범위의 가능성이다. 아이에게 있는 다양한 인형과 곰 인형 중에는 아마 아이가 좋아하는 부드러운 한 인형(대상)이 있을 것이고, 이 대상은 유아기 약 10, 11개월 혹은 12개월경에 아이에게 주어진 것으로 아이가 때론 거칠게 때론 애정 어린 방식으로 만지는 것이며, 이것 없이 유아는 잠자러 침대로 가는 것을 상상할 수 없다. 그것은 유아가 멀리 갈 때도 가지고 갈 것이다. 만일 그것을 잃어버렸다면 아이에게는 재앙이 될 것이고, 그래서 아이를 돌보는 사람에게도 재앙이 된다. 아이는 이러한 대상을 다른 아이에게 줄 것 같지 않고, 어떤 경우든 아이들은 이를 원하지 않는다. 결국 이 대상은 냄새가 나고 더럽겠지만 아이는 그것을 씻기려 하지 않는다.

나는 이것을 중간대상/과도기적 대상(transitional object)이라고

부른다. 이것은 모든 아이가 경험하는 어려움은 객관적으로 인식
될 수 있는 공유된 현실에 주관적 현실과 연관되어 있는 것을 예시
할 수 있다는 것을 의미한다. 깨어나서 잠잘 때까지 아이는 인식된
세계에서 자신이 창조한 세계로 점프한다. 이 사이에 모든 종류의
중간/과도기적 현상—중립적 지역—이 필요하다. 나는 이 귀중한
대상에 대해 이 진짜의 것이 세계의 일부라거나 그것이 유아에 의
해 창조되었다고 어떤 누구도 주장하지 않을 섬세한 이해가 필요
하다고 말함으로써 묘사하고 싶다. 양쪽의 이러한 일들은 진실이
라고 이해되고 있다. 유아가 이것을 창조하고, 세계는 이것을 공급
한다. 이것이 보통의 어머니들이 아기가 행할 수 있도록 할 수 있는
첫 번째 일련의 일이다. 어머니 자신이 제공하는 것, 아마 젖가슴,
가장 섬세한 행동 적응으로 수천 번 제공하는 것에 의해 유아는 어
머니가 제공하는 젖가슴 같은 어떤 중요한 것을 창조하기 위하여
준비한다.

부적응의 범주에 있기에 오는 대부분의 아이는 이러한 종류의
대상이 없거나 그 대상을 상실하였다. 표상해야 할 대상인 어떤 사
람이 있어야 하는 것은, 부적응 아이들은 단순히 새로운 대상을 그
들에게 준다고 해서 치료되지 않는다는 것이다. 그러나 아이는 자
신을 돌보는 사람 안에서 그 사람을 깊이 상징하는 대상들이 나타
날 것이라는 자신감 속에서 성장할 수 있다. 이것은 꿈을 기억할 수
있는 것과 같이 혹은 실제 일에 대한 꿈을 꿀 수 있는 것과 같이 좋
은 신호처럼 느껴질 것이다.

이 모든 중간대상의 과도기적 현상은 아이들이 좌절과 박탈 그
리고 새로운 상황의 출현을 견뎌 낼 수 있게 한다. 박탈된 아동들
을 관리하면서 이러한 과도기적 현상이 존재하는 것에 대해 존중

하고 있는가? 만일 우리가 장난감의 사용, 자기성애적 행동, 취침
시 이야기와 자장가 등 이러한 것들을 방법으로 해서 아이들은 자
신이 익숙한 것, 심지어 그들이 필요한 것조차도 어느 정도 박탈당
할 능력이 있다는 것을 볼 수 있다. 한 가정에서 다른 곳으로 혹은
한 기관에서 다른 기관으로 옮긴 아이는 천 조각 하나 혹은 부드러
운 대상이 이동 시 같이 갔는가 아닌가에 따라 관리될 수도 있고 그
렇지 않을 수도 있다. 옮겨진 장소에서 잠을 잘 때 과거와 현재를
연결해 줄 수 있는 자장가가 있는지 혹은 자기성애적 행위가 허용
되고 침해되지 않는지 그리고 아이들의 긍정적 기여 때문에 이것
이 가치 있게조차 여겨질 수 있는지이다. 확실히 환경이 불안한 아
이들에게 이러한 현상들은 특별한 중요성을 가지고 있고, 이들에
대한 연구는 우리가 상당히 큰 어려움을 가지고 수용한 것을 그들
이 수용하기 전에 시달리고 있는 이러한 사람들을 돕도록 우리의
능력을 증진시킬 수 있도록 해야 한다. 세상은 우리가 창조할 수 있
는 것과 결코 같지 않으며, 우리 중 한 사람에게 일어날 수 있는 가
장 좋은 것은 외부적 현실과 우리가 창조할 수 있는 것이 충분하게
겹치는 것이다. 우리는 환영(illusion)으로서의 이 둘 사이의 정체성
(identity) 개념을 수용한다.

이러한 것들을 이해하는 데 좋은 환경을 경험한 사람들은 이해
하기 힘들 것이다. 그럼에도 불구하고 유아나 아동들이 한 장소에
서 다른 장소로 이전하는 것은 정확하게 이 문제를 대처하고 있는
것이다. 만일 우리가 아이의 중간대상을 제거한다면 정착된 과도
기적 현상을 방해하는 것이며, 이때 아이에게는 자신의 반은 주관
적 세계와 연결되고 다른 반은 악영향을 미치는 세계에 순종하는
것에 대한 반응을 가지고 인격이 분열되는 단 한 방법밖에 없다. 이

분열이 형성되고 주관적 세계와 객관적 세계 사이의 다리가 파괴될 때 혹은 결코 잘 형성되지 않을 때, 아이는 전적인 한 인간으로서 움직일 수 없다.[1]

어느 정도 이러한 일은 가족생활의 박탈로 인해 우리의 돌봄하에 온 아이들에게 항상 발견되는 것이다. 우리가 위탁부모나 작은 보호소 시설에 보내려는 아이들에게는 모든 경우에 어느 정도 이 분열의 증상이 있다. 주관적 세계는 이것이 이상적일 수 있지만 아이에게는 불리한 상태를 가지고 있고 또는 잔인하고 학대적이다. 처음에 이 기간 동안에 발견되는 무엇이든지 전환할 것이고, 위탁가정은 좋고 원가정은 나쁘거나 혹은 그 반대일 것이다. 그러나 결국 만일 모든 것이 잘 된다면, 아이는 좋고 나쁜 가정에 대한 판타지를 가질 수 있게 되고, 그에 대한 꿈을 꾸고 말을 하고 그림을 그릴 것이고, 동시에 위탁부모에 의해 제공된 진짜 가정을 현실적인 것으로 인식하게 될 것이다.

실제 위탁가정은 좋은 것에서 나쁜 것으로 그리고 나쁜 것에서 좋은 것으로 폭력적으로 흔들거림 없는 장점을 가지고 있다. 이 가정은 다소간 그냥 보통의 실망과 보통의 위안을 주는 것에 머물러 있다. 박탈된 아동을 관리하는 사람들은 아이들 각자가 어떤 방법으로든 국지적인 것이거나 자기성애적 혹은 인형의 사용 자장가나 그와 같은 것을 즐기는 어느 정도 중립적 지역을 수용하는 능력을 가지고 있음을 인식한다면 도움이 될 것이다. 그래서 정상적인 아

1) 이 주제에 대한 전체적인 것은 Transitional Objects and Transitional Phenomena, Chapter XVIII in *Collected Papers* by D. W. Winnicott (London: Tavistock Publications, 1958) 참조.

동의 즐거움을 박탈당한 아동들에게 절대적으로 필요한 것이 무엇
인지 배울 수 있다.

제**17**장

집단의 영향과 부적응 아동:
학교 관점

    이 부분에서 나의 목적은 부적응 아동들에 대한 집단 관리에 포함된 문제의 종류를 더 잘 이해하기 위해 도움이 될 수도 있는 집단 심리학의 확실한 관점을 연구하는 것이다. 우선 정상적 가정에서 살고 있는, 목표가 있고 학교에 실제로 가고 배우고 싶어 하는 평범한 아동에 대해 생각해 보자. 이들은 자신의 환경을 발견하고 그것을 유지시키거나 발달시키거나 혹은 부분적으로 수정하는 아이들이다. 대조적으로 부적응 아동들은 가르침보다는 관리를 강조하는 환경이 필요하다. 가르침은 부수적인 일이고, 때때로 이것은 특별한 일이고, 학교에서 교육보다 교정 교육의 성격을 더 가진 것이다. 다른 말로, 부적응 아동의 경우에 '학교'는 '보호소(hostel)'의 의미를 가지고 있다. 이러한 이유로 반사회적 아동들의 관리에 관심을 가진 사람들은 여기저기에 인간 이해의 소산을 더하는 학교 선생님이 아니다. 사실 그들은 가르침의 소산을 더하는 집단 심리치료자들이다. 그래서 집단 형성에 대한 지식은 이들의 일에 매우 중요한 것이다.

집단과 집단심리학은 방대한 주제를 구성하고 있는데, 여기에서 내가 말하고자 하는 하나의 주요 주제를 선택한다. 즉, 집단심리학의 기초는 개인심리학이고, 특별히 개인의 개인적 해석이다.

🌷 개인의 정서적 발달

심리학은 출생 전부터 시작하여 나이 들어 죽을 때까지의 생의 전체를 통하여 지속되는 지속적인 정서적 발달과정이라는, 지금은 수용된 생각과 함께 희망 없는 혼란에서 발생하였다. 이 이론은 심리학의 모든 다양한 학파 이론의 기초가 되고 유용하게 동의된 원칙을 제공한다. 우리는 일을 하면서 이것저것 많이 다룰 수 있지만, 이 단순한 정서 성장의 연속성에 대한 생각은 우리 모두를 하나로 묶는다. 이 기초로부터 과정의 방법을 연구할 수 있으며, 성장의 다양한 단계에서 내부(본능)로부터 혹은 환경적 실패 없이도 위험이 있다.

우리는 개인발달 과정을 더 일찍 살펴볼수록 더 중요한 환경적 요인들을 발견한다는 일반적 견해를 받아들인다. 이것은 아이가 의존성에서 독립성으로 간다는 원칙을 수용하는 것이다. 우리는 건강 가운데 개인이 점진적으로 더 넓고 더 넓은 집단과 동일시하고 자기와 개인의 자발성을 잃지 않고 집단과 동일시할 수 있는 것을 기대한다. 만일 그 집단이 너무 넓다면 개인은 접촉을 상실한다. 반대로 집단이 너무 좁다면 시민성의 감각이 상실이 될 것이다.

우리는 청소년을 위한 다른 조직체와 클럽을 준비하면서 집단이라는 단어 의미의 **점차적 확대**를 제공하는 데 많은 어려움이 있고, 각 남자아이들과 여자아이들은 개별성의 큰 상실 없이 각 집단 안에서 정체성(identify)을 가지는 것에 따라 성공을 판단한다. 청소년기 전 단계를 위하여 소년단(scouts)이나 소녀단(guides)을 제공한다. 잠복기에 있는 아이들을 위해서는 소년단원(cubs)과 소녀단원(brownie)을 제공한다. 처음 학교를 가는 나이에는 학교는 (아동) 집의 확대와 확장을 제공한다. 만일 아장아장 걷는 아기(toddler)에게 학교가 제공된다면, 아기들은 가정과 통합되어 있음을 보기에, 학교라는 장소는 실제 가르침에 너무 많은 가치를 두지 말아야 한다. 아기들에게 필요한 것은 사회생활을 시작하기 위해 통제된 조건과 놀이를 위해 조직화된 기회이기 때문이다. 아기들을 위하여 아기들에게 참된 집단은 아기 자신의 집이라는 것을 인식해야 하고, 유아에게 가정 관리의 연속성이 깨어지는 것이 필연적이라면 그것은 재앙이다. 이 과정의 초기 단계를 살펴보면 우리는 유아가 어머니의 관리와 어머니의 지속적인 존재와 어머니의 생존에 매우 의존적이라는 것을 본다. 어머니는 유아의 필요에 충분히 좋은 적응을 해야 하고, 그 밖에 유아는 정서적 발달을 왜곡시키는 발달하는 방어를 피할 수 없다. 예를 들어, 유아가 만일 환경에 의지할 수 없다면 환경적 기능을 받아들여야 하는데, 이렇게 해서 숨은 참자기(true self)가 있고, 우리가 전적으로 볼 수 있는 것은 참자기를 숨기고 순간순간 외부 세계가 만드는 요구에 응대하는 이중 작업 속에서 일하는 거짓자기(false self)를 볼 수 있다.

더 **빠른** 시기에, 유아가 어머니에게 안겨 있을 시기에 오직 사랑을 이해할 수 있는 것은 신체적 용어로 표현되었을 때뿐이다. 말하자면 사람이 안고 있을 때이다. 여기에 절대적 의존성이 있다. 그리고 이 매우 어린 시기에 환경적 실패는 발달과정의 지연과 유아정신이상을 발생하게 한다.

이제 환경이 시기에 적절한 필요에 따라 충분히 잘 작용했을 때 어떤 일이 발생하는지 살펴보자. 정신분석은 일차적으로 본능적 필요(자아와 본능, the ego & the id)와의 만남에 관심을 가지고 있다. 그러나 우리는 이러한 맥락에서 나머지 것들을 가능케 하는 환경적 준비에 더 관심을 가지고 있다. 말하자면, 우리는 지금 여기(here and now)에서 어머니가 아기에게 먹을 것을 주는 것(feeding)보다 아기를 안아 주는 것(holding)에 더 많은 관심을 가지고 있다. 우리가 이 안아 줌과 일반적 관리가 충분하게 좋을 때 개인의 정서적 발달과정에서 무엇을 발견할까?

무엇보다 우리가 발견한 주된 관심은 우리가 통합(integration)이라고 부르는 과정의 부분이다. 통합 전에 개인은 생체의 특유한 구성을 갖고 있지 않은 안아 주는 환경(holding environment)에 의해 집합된, 단순한 감각과 움직임 현상의 집합체이다. 통합 이후 개인은 인간인 유아가 일치 상태를 성취해서 '나는 ~이다.(I am)'라고 말할 수 있다(말할 수 없는 것만 제외하고). 이제 개인은 제한막(limiting membrane)을 가지게 되어, 그 혹은 그녀가 아닌 것은 거부당하고 외적인 것이 된다. 이제 유아들은 내적 세계를 가지게 되는데, 여기서 경험의 기억들이 수집될 수 있고, 인간에게 속한 무한적인 복잡한 구조가 만들어질 수 있다.

이 발달이 한 순간에 발생하는 것 혹은 점진적으로 긴 시간 동안에 발생하는 것은 문제가 되지 않는다. 사실 과정 전과 과정 후가 있으며, 이 과정은 그 자체로 이름을 가질 가치가 있다.

의심할 것 없이 본능적 경험들은 통합과정에 풍부하게 기여한다. 그러나 또한 항상 충분히 좋은 환경, 유아를 안고 있는 중요한 사람, 변화하는 요구들에 충분하게 잘 적응하는 것이 있다. 이 중요한 사람은 유아의 단계에 적합한 사랑의 종류를 통하는 것 외에는 기능을 할 수 없다. 이 사랑은 유아와 함께 동일시하는 능력을 수행하는 것이며, 필요에 적응하는 감정은 가치가 있다. 우리는 어머니가 자신의 아기에게 일시적으로 헌신을 하지만 진실하게 한다고 말한다.

나는 이 '나는 ~이다.(I am)'라는 순간이 미숙한 순간(raw moment)이라고 주장한다. 이 새로운 개인은 무한적으로 노출되어 있다는 것을 느낀다. 만일 어떤 사람이 팔로 유아를 안아 줄 때만 '나는 ~이다.'의 순간이 견디어질 수 있고 혹은 위험을 무릅쓸 수 있다.

나는 이 순간에 정신과 신체가 우주 안에서 같은 장소에 있을 때 편리하다고 덧붙이고 싶다. 그래서 제한막(limiting membrane)이 은유적으로 정신의 제한만이 아니라 몸의 피부라는 것이다. 이때 '노출되었다'의 의미는 '벌거벗음'을 의미한다.

통합 전에 개인은 단지 관찰하는 사람들만을 위해 존재하는 상태가 있다. 유아에게 외부 세계는 차별화되지 않았고, 내적 혹은 개인적 세계 혹은 내적 실체도 차별화되지 않았다. 통합 후에 유아는 자기를 가지기 시작한다. 전과는 다르게 어머니가 할 수 있는 것은 거부될 수 있는 준비하는 것이고, 그 후 계속해서 그녀가 할 수 있는 것은 지지, 따뜻함, 사랑의 돌봄 그리고 의복을 제공하는 것이다 (그리고 금방 어머니는 본능에 따라 공급을 시작한다).

또한 통합 전의 이 기간 동안에 어머니와 유아의 것이기도 한 어머니와 유아 사이의 지역이 있다. 만일 모든 것이 잘 된다면, 이 지역은 아주 점진적으로 유아가 결국 거부해야 하는 것과 유아가 결국 요구해야 하는 것의 두 요소로 나뉜다. 그러나 우리는 이 중간 지역의 유물들이 계속 남아 있기를 기대해야 한다. 정말로 우리는 이것을 후에 유아가 첫 번째로 애정을 가지고 소유한 것—아마 담요 한 조각, 침대 커버, 셔츠, 냅킨, 어머니의 손수건 등—을 본다. 이러한 대상을 나는 '중간대상'이라고 부르는데, 이것은 유아의 창조와 외부적 현실의 부분 모두가(그리고 동시에) 만들어 낸 것이다. 이러한 이유 때문에 부모는 이 대상을 장난감 곰 그리고 인형 그리고 장난감보다 이 물건을 더 존중한다. 중간대상을 상실한 아기는 동시에 입과 젖가슴, 손과 어머니의 피부 그리고 창의성과 객관적 개념을 상실한 것이다. 대상은 개인의 정신과 외부 현실 사이의 접촉을 가능케 하는 다리 중의 하나이다.

같은 방식으로 유아가 충분히 좋은 어머니 없이 통합 전에 존재한다는 것은 생각할 수 없는 것이다. 통합 후에 어머니가 돌봄을 실패한다면 유아는 추워서 죽거나, 무한하게 아래로 떨어지거나, 날아가 버리거나 혹은 수소폭탄처럼 터져 버려 자기와 자기 안에 있는 세계를 동시에 파괴할 것이라고 말할 수 있다.

그러면 새롭게 통합된 유아는 첫 번째 집단 안에 있다. 이 단계 전에는 단지 원시적 예비 집단 형성만이 있고, 이 안에서 통합되지 않는 요소들은 환경에 의해 병합되고 이것에서 요인들은 아직 구별되지 않는다. 이 환경은 안아 주는 어머니이다.

하나의 집단은 하나의 '나는 ∼이다.' 성취이며, 이것은 위험스러운 성취이다. 처음의 단계들에서는 방어가 필요한데, 그렇지 않으면 거부된 외부 세계가 새로운 현상으로 되돌아오고, 모든 상상할 수 있는 방법 가운데 사방에서 공격이 된다.

만일 우리가 개인의 진화에 대한 연구를 지속하는 것을 원한다면 우리는 어떻게 이 복잡하고 복잡한 개인적 성장이 집단 성장의 그림을 복잡하게 하는가를 볼 수 있을 것이다. 그러나 이 점에서 우리의 기본적 가정의 함의를 따라가 보기로 한다.

🌱 집단의 형성

우리는 **통합된 인간 한 사람**(an integrated human unit)에 도달했고, 동시에 **보호물**(covering)을 제공하는 어머니라 불릴 만한 사람은 새롭게 통합된 상태에서 내재된 편집증적 상태를 잘 알고 있다. 만일 내가 '개인적 한 사람(individual unit)' 그리고 '어머니의 보호물(maternal covering)'이라는 두 가지 용어를 사용한다면 내 말이 이해될 거라는 희망을 가질 수 있다.

집단은 이 용어들에 함축된 두 가지 극단 중 하나에서 유래할 수 있다.

① 첨가된 사람들(superimposed units)?
② 보호물(covering)

첫째, 성숙한 집단 형성의 기초는 개인적인 사람들의 증가이다. 개인적으로 잘 통합된 10명의 사람은 느슨하게 자신들의 열 개의 통합을 포개 놓으며 어느 정도 제한막을 나눈다. 이 제한막은 이제 각 개인 구성원의 피부를 대표한다. 개인적 통합에 의해서 각 개인이 가져온 조직은 자체 내에서 집단의 정체성을 유지하려고 한다.

이것은 집단이 개인이 통합 시기를 통하여 목격되었고, 자기보호를 제공할 수 있을 때까지 보호된 개인 구성원의 경험에서 혜택을 얻을 수 있는 것을 의미한다.

집단 통합은 처음에는 박해의 기대를 내포하고, 이러한 이유로 특정 유형의 박해가 인위적으로 집단 형성을 만들 수 있지만, 안정적인 집단 형성은 아니다.

둘째, 다른 극단에서는 상대적으로 통합되지 않은 사람들의 집합은 보호가 제공될 수 있고, 한 집단이 형성될 수 있다. 여기에 그 집단의 일은 개인들에게서 오는 것이 아니라 보호물에서 오는 것이다. 여기에 개인들은 세 가지의 단계를 통과한다.

① 그들은 보호받은 것을 즐거워하고 자신감을 얻는다.
② 그들은 상황을 착취하기 시작하고, 의존적이 되고, 통합되지 않는 것으로 퇴행한다.
③ 그들은 각자 독립적으로 어떤 통합을 성취하고, 이러한 때에 학대가 오지 않을까 하는 예측 때문에 그들에게 필요한 집단의 보호를 이용한다. 무거운 중압감이 이 보호기제들에 놓인다. 이러한 개인들 중 일부는 개인적 통합을 성취하고, 개인들인 그들 자신이 집단 일을 제공할 수 있는 다른 형태의 집단으로 이동할 준비가 되어 있다. 다른 사람들은 보호-치료(cover-therapy)만으로 치료가 될 수 없고, 대행기관(agency)과의 동일시 없이 대행기관에 의해 관리되는 것을 계속적으로 필요하게 된다.

관찰된 어떤 한 집단 내에 극단적 상태가 우세한지 볼 수 있는 가능성이 있다. '민주주의(democracy)'라는 단어는 가장 성숙한 집단을 묘사하는 데 사용되고, 민주주의는 오직 대다수의 대중이 개인적 통합(또한 다른 방법으로 성숙한 것)을 성취한 성인들의 집단에만 적용된다.

청소년 집단은 감독하에 민주주의와 같은 것을 성취할 수도 있을 것이다. 그러나 청소년 각자가 성숙하더라도, 민주주의가 청소년들 사이에서 성숙하게 되는 것을 기대하는 것은 실수이다. 건강한 어린아이들과 함께라면 어떤 집단의 보호 측면이 반드시 있어야 한다. 반면에 모든 기회는 개인의 자아 구조 내에서 응집력을 촉진하는 동일한 힘을 통하여 집단 응집력에 기여할 수 있는 기회가 개인에게 주어진다. 제한된 집단은 개인의 기여를 위한 기회를 준다.

🪴 부적응 아동을 위한 집단 작업

건강한 성인, 청소년 혹은 아동으로 구성되어 있는 집단 형성에 대한 연구는 아이들이 부적응되어 아픈 집단관리 문제에 희망을 비춰 준다.

이 추한 단어인 '부적응(maladjustment)'은 초기에는 환경이 아이에게 적합하게 조정하는 데 실패한 것을 의미했고, 그래서 아이는 보완하는 일을 떠맡고 그렇게 해서 개인의 정체성을 상실하거나 다른 사람에게 행동하도록 강요하면서 사회에서 떠밀려 다니게 되어서 개인적 통합과 함께 새로운 출발을 할 수 있는 기회가 올 수 있다.

반사회적 아동은 양자택일을 할 수 있다. 참자기를 말살시키거나 혹은 사회가 보호를 제공할 때까지 사회를 흔드는 것이다. 두 번째 선택에서 만일 보호가 발견된다면 참자기가 다시 출현할 수 있고, 무의미한 복종 속에 허무하게 되는 것보다 감옥 안에서 있는 것이 더 좋다.

내가 설명한 두 가지 극단에 의해서 부적응 아동들의 어떤 집단도 소년과 소녀의 개인적 통합 때문에 들러붙지는 않을 것이다. 이것은 부분적으로 집단이 청소년 혹은 아동, 즉 비성숙한 인간으로 구성되어 있다는 사실 때문이고, 주요하게는 아이들은 다소간 통합되지 않았기 때문이다. 그래서 각 소년 혹은 소녀는 비정상적인 정도의 보호 요구를 가지고 있는데, 왜냐하면 각자는 초기 아동기나 유아기에 이런저런 점에서 통합과정 문제가 있어 과하게 긴장을 했기에 이러한 방법으로 아프기 때문이다.

그러면 어떻게 우리가 이러한 아이들에게 우리가 아이들에게 제공하는 것이 그들의 건강이 진행됨에 따라 그들의 변화하는 요구에 적용될 것임을 확신할 수 있을까? 여기에는 양자택일 방법이 있다.

첫째, 보호소는 같은 집단의 아이들을 보호하고 이들을 철저히 관찰해야 할 책임이 있다. 여기서 아이들의 발달에 있어 다양한 단계에 필요한 것을 제공한다. 처음에는 스태프가 보호를 제공하고, 집단은 하나의 보호 집단이다. 이 보호 집단에서 아이들은 (달콤한 기간이 지난 이후) 악화되고, 운 좋게도 통합되지 않은 밑바닥에 이르게 된다. 다행히, 그들은 이것을 단 한 번에 모두하지 않고, 서로를 이용하고, 그래서 언제라도 한 아이는 항상 다른 아이들보다 훨씬 악화된다. (항상 한 아이를 없애고 항상 결정적인 시점에서 실패하는 것이 얼마나 유혹적인가!)

아이들은 점진적으로 하나씩 개인적 통합을 성취하기 시작하고,

다섯 살에서 열 살 사이 시기에는 같은 아이들이지만 새로운 종류의 집단이 된다. 보호 기술은 적어질 수 있고, 집단은 각 개인 내에서 통합을 만들기 위한 힘에 의해 통합되기 시작한다.

아이들이 첫 번째 일에서 물건을 훔칠 때 혹은 다른 방법으로 '나는 ~이다.'의 때늦은 달성에 속한 혹은 상대적 독립성에 속한 두려움의 증상을 보일 때, 스태프는 항상 보호를 재정착하도록 준비한다.

둘째, 다른 방법으로 보호소의 집단은 함께 일한다. 각 보호소는 그것이 하고 있는 일의 종류에 따라 구별되고, 이것이 보호소의 유형을 유지한다. 예를 들면 다음과 같다.

- A 보호소는 100% 보호를 한다.
- B 보호소는 90% 보호를 한다.
- C 보호소는 65% 보호를 한다.
- D 보호소는 50% 보호를 한다.
- E 보호소는 40% 보호를 한다.

아이들은 신중하게 계획된 방문을 통하여 집단 안에서 다양한 보호소를 알고 있고, 보조자들 또한 서로 교체가 있다. A 보호소에 있는 한 아기가 어떤 개인적 통합을 달성했다면 그 아이는 다음 단계로 이동한다. 이러한 방법으로 향상된 아이들은 아이의 청소년기가 세상 속으로 빠져 들어가는 것을 보호할 수 있는 E 보호소로 진행된다.

이러한 경우에는 보호소들의 집단 그 자체가 어떤 책임자 그리고 보호소 위원회에 의해 보호가 된다.

이 두 번째 방법에 관해 이상한 것은 보호소 스태프들이 보호소의 방법과 일해 나가는 방향에 대한 전적으로 지켜지고 만나지 않은 한 각자는 이해하는 데 실패를 할 것이다. 90% 보호를 제공하는 B 보호소는 모든 더러운 일을 업신여길 것이다. 이 보호소에는 경고와 탈선이 있을 것이다. A 보호소는 더 좋은 장소가 될 것이다. 왜냐하면 여기에는 개인 자유를 위한 공간이 없기 때문이다. 모든 아이는 행복해 보일 것이고, 잘 먹을 것이고, 방문자들이 다섯 개의 보호소 가운데 여기를 가장 좋아할 것이다. 감시자는 독재자가 될 필요가 있고, 그 사람은 의심할 것 없이 다른 보호소의 실패는 훈련 부족 때문이라고 생각할 것이다. 그러나 A 보호소에 있는 아이들은 아직도 출발하지 않은 상태이다. 이들은 출발하려고 준비하고 있는 것이다.

B 보호소와 C 보호소에서 아이들은 마룻바닥에 눕고, 일어나지 않고, 먹기를 거부하고, 바지를 더럽히고, 사랑의 충동을 느낄 때마다 훔치고, 아이들이 갈 수 있고 울 수 있는 공동묘지를 갖기 위하여 고양이를 고문하고 생쥐를 죽여 땅에 파묻는 것인데, 이러한 보호소에는 '방문자를 허용하지 않는다'는 경고(notice)가 있어야 한다. 이러한 보호소에 있는 감시자들은 벌거벗은 영혼을 보호하는 영구적인 일을 가지고 있고, 성인을 위한 정신병원에서 고통을 볼 수 있는 만큼의 고통을 본다. 이러한 조건하에서 좋은 스태프를 가진다는 것이 얼마나 어려운가!

요약

집단으로서의 보호소에 대해 언급될 수 있는 모든 것 가운데, 나는 개별 아이들의 개인적 통합에 득이나 실이 될 수 있는 집단 작업의 관계성에 대하여 말하였다. 나는 이 관계성이 근본이 된다고 믿는다. 득이 되는 징조가 있을 때 아이들은 그들과 함께 자신 자신의 통합되는 힘을 가지고 온다. 실이 되는 징조가 있을 때 보호소가 벌거벗은 아이에게 옷을 제공하는 것처럼 그리고 새로 태어난 아기에게 안아 주는 환경을 제공하는 것처럼 보호를 제공한다.

개인적 통합 요소에 관한 분류가 엉망이면, 보호소는 그것의 본연의 일을 찾을 수 없다. 아픈 아이들의 질병이 지배하고, 집단 일에 기여할 수 있는 정상 아이들에게 더 기회가 주어질 수 없는 것은 보호가 항상 그리고 어디에서나 제공되어야 하기 때문이다.

만일 더 좋은 방법으로 아이들과 보호소를 구별하기 위해 단순하게 말할 수 있다면 이러한 방법으로 문제를 너무 단순화시키는 것이 정당화될 수 있다고 믿는다. 그러한 보호소에서 일하는 사람들은 자신들이 하지 않은 수없이 많은 초기 환경적 실패 때문에 항상 복수를 당하고 있다. 만일 일하는 사람들이 이것을 견디어 내는 엄청난 긴장을 마주하려 하고, 심지어 어떤 경우에 자신들의 인내를 통해 과거의 실패를 수정하려고 할 때 적어도 그들이 행하는 것이 무엇인지 그리고 왜 모든 것을 항상 성공적으로 할 수 없는지 알 수 있다.

🌱 사례의 구분

제시된 생각의 수용에 근거하여 집단 문제의 복잡성으로 점진적으로 들어가는 것이 가능하다. 사례 유형의 대략적 구분으로 결론을 맺는다.

① 어떤 의미에서 아픈 아이들은 한 사람으로서 통합되지 않았고, 그래서 집단에 기여할 수 없다.

② 환경과의 접촉을 유지하고 기능을 만드는 거짓자기와 동시에 참자기를 보호하고 감추는 것을 발달시키는 아이들이다. 이러한 경우에는 이것이 당연하다고 생각하는 순간 그리고 기여를 요구하는 순간 분해되는 속임수적인 통합이다.

③ 아픈 아이들은 어떤 면에서 퇴짜 맞은 병든 아이들이다. 이 상태에서 통합은 성취되었고, 방어는 자애와 증오의 힘의 재정렬 선상을 따라서 있다. 이러한 아이들은 마술의 작동 때문에 비상임에도 불구하고 인위적으로 자애한 자기 자신의 내적 세계에 살고 있다. 그들의 외적 세계들은 적대적이거나 학대적이다.

④ 통합을 너무 강조함으로써 그리고 강한 인격의 안착 형태를 가진 붕괴의 위협으로부터 방어로 개인의 통합을 유지하는 아이들

⑤ 충분히 좋은 초기 관리를 알고 있는 아이들 그리고 외부 및 내부 가치 대상을 일시에 표현함으로써 중요도를 이끌어 낼 수 있는 중간 세계를 사용할 수 있는 아이들이다. 그럼에도 불구

하고 중간대상의 사용이 중단될 정도로 관리의 연속성이 중
단되어 어려움을 겪고 있다. 이러한 아이들은 보통의 '박탈된
콤플렉스(deprived complex)'를 가진 아이들이고, 이들은 다
시 희망을 가지려고 할 때마다 행동은 반사회적 속성을 발달
시킨다. 이들은 훔치고, 애정을 갈구하고, 자신들의 거짓을
믿어 달라고 요구한다. 이들은 잘해야 일반적인 것인 것이나
혹은 꿈과 연관성에서 순간적 퇴행을 대표하는 야뇨증(bed-
weeing)처럼 국지적으로 퇴행한다. 나쁜 경우에는 자신들의
증상으로부터 즉각적 혜택을 얻을 수 없음에도 불구하고 사
회에 자신들의 증상을 인내하도록 강요한다. 이들은 훔치는
것에서 그들이 무엇을 원하는지 발견하지 못한다. 그러나 종
국적으로 (어떤 사람이 그들의 훔침을 참아 주었기 때문에) 세상
에 대한 요구를 가지는 어느 정도 새로운 신념에 도달한다.
이 집단은 반사회적 행동이 전 범위에 걸쳐 있다.

⑥ 초기 발달의 출발이 참을 수 있을 정도의 좋은 것이었지만 자
신들의 부모와 동일시하기에는 적합치 않은 부모로 인해 고
통을 당하는 아이들이다. 여기에는 헤아릴 수 없는 하위집단
(subgroups)이 많이 있는데, 예를 들면 다음과 같다.

- 혼돈스러운 어머니
- 우울한 어머니
- 아버지의 부재
- 불안한 어머니
- 엄해야 하는 정당성을 가지지 못하고 엄한 부모로 비치는
  아버지

- 복잡한 조건들과 아이가 부모의 방에서 잠을 자는 것과 결합된 부모의 다툼 등

⑦ 유전적으로 혹은 유전자의 존재 또는 부재로 조울증 성향을 가진 아이들

⑧ 우울 기간을 제외하면 정상적인 아이들

⑨ 학대 그리고 괴롭힘을 당하려는 경향이 있거나 괴롭히려고 기대하는 아이들

⑩ 잠재적 혹은 심신장애(psychosomatic disorders)에 숨어 있는 경조증(hypomanic)을 가진 아이들

⑪ 정신신경증이라는 명칭하에 대략적으로 분류된 불안에 대하여 방어하는 조직들 그리고 충돌 및 금지로부터 고통을 당하는 데(아이들이 아플 때) 충분하게 통합되고 사회화된 아이들

⑫ 마지막으로, 정상적인 아이들인데, 여기서 정상적인 아이란 비정상적 환경 혹은 위험한 상황을 만났을 때 어떤 방어기제를 사용할 수 있는 아이를 의미하지만, 개인적인 정서적 발달의 곡해에 의해 한 종류의 방어기제 쪽으로 몰리지 않는 아이들.

제18장

민주주의 용어의 의미에 대한 생각

나는 내가 여기서 나의 전공 분야 밖에 있는 한 주제에 대해 의견을 제안하고 있다는 것을 알고 있음을 말하고 싶다. 사회학자나 정치과학자들이 우선 이 부적합성에 대해 화를 낼 수도 있다. 그러나 그들의 말이 관련 문헌을 알고, 침입자가 무지한 전문 언어에 익숙한 사람들에게는 필연적으로 순진해 보일 수밖에 없다는 것을 깨닫는다면, 연구자들에게는 때때로 경계를 넘는 것이 가치 있어 보인다.

민주주의라는 단어는 대단한 중요성을 가지고 있다. 이 용어는 모든 다른 다양한 면에서 사용된다. 여기 몇 가지 예가 있다.

- 국민이 통치하는 사회제도
- 국민이 지도자를 선택하는 사회제도
- 국민이 정부를 선택하는 사회제도

- 정부가 국민의 자유를 허락하는 사회제도
- 생각과 의견 표현
- 기업
- 개인의 행동의 자유, 재산을 추구하는 것을 허용하는 사회제도

민주주의에 대해 연구할 수 있는 것은 다음과 같다.

- 용어의 어원학
- 그리스, 로마 등 사회제도에 대한 역사
- 현재 영국, 미국, 러시아 등 다양한 국가와 문화에서의 이 용어 사용
- 독재자 그리고 다른 이들에 의한 이 용어의 남용; 사람들을 기만하는 것 등

  민주주의와 같은 한 단어에 대한 어떤 토론에 있어 첫 번째로 중요한 것은 특정한 토론에 적합하기 위해 단어의 정의가 확립되어야 한다는 것이다.

민주주의를 사용하는 심리학

  민주주의라는 용어를 심리학적으로 사용하는 것이 가능할까? 우리는 이 질문을 받아들이고 '정상적 마음' '건강한 인격' '사회에 잘 적응된 개인'과 같은 다른 용어의 심리학적 연구에 익숙하고, 우리는 이러한 연구가 전적 의미인 무의식적인 감정적 요소들을 줄 수 있는 한 가치 있는 것을 증명한다. 심리학의 업무 중의 하나는 연구

하는 것이고, 이러한 관념의 사용 안에 존재하는 잠재적 생각을 보여 주는 것이고, 집중을 분명하거나 혹은 의식적 의미에 한정하는 것이 아니다.

민주주의에 대한 심리학적 연구를 시작하려는 시도가 여기에 있다.

민주주의 용어의 작업적 정의

민주주의 용어의 중요한 잠정적 의미는 발견될 수 있을 것 같다. 즉, 민주주의 사회는 '성숙'하다. 말하자면 민주주의 사회는 건강한 구성원들을 특징짓는 개인적 성숙의 질과 동맹을 하는 특성을 가지고 있다.

그러므로 여기서 민주주의는 '건강한 개인 구성원들에게 잘 적응된 사회'로 정의된다. 이 정의는 머니-킬(Money-Kyrle)에 의해 표현된 관점과 일치한다(Mental Health Congress, 1948 기사).

사람들이 이 용어를 사용하는 방법은 심리학자에게 중요한 것이다. 심리학적 연구는 만일 성숙 요소의 용어가 함축되어 있으면 정당화된다. 이 제안은 이 용어의 모든 사용에서 이러한 정의를 적합하게 내리는 것은 모든 사람이 인정할 것처럼 어려움에도 불구하고 상대적 성숙도에 대한 생각이나 성숙성에 대한 생각이 내포되어 있음을 알 수 있다.

정신의학적 건강

정신의학 용어에서 보통 혹은 건강한 개인은 성숙한 사람이라고 할 수 있다. 자신들의 연대기적 나이에 따라 혹은 사회적 환경에 따라 적합한 정서적 발달 정도가 있다(이 논의에서 신체적 성숙을 가정한다).

그러므로 정신의학적 건강은 정해진 의미가 없는 용어이다. 같은 방법으로 '민주적'이라는 용어는 고정된 의미가 필요하지 않다. 공동체에 의해 사용되면 이 용어는 '사회 구조 안에서 덜 성숙하기보다는 더 성숙한'의 의미로 사용될 수도 있다. 이러한 방법으로 이 용어의 경직된 의미는 영국, 미국 그리고 구소련에서 다르게 사용될 수 있다고 기대할 수도 있고, 그럼에도 불구하고 이 용어가 건강으로서의 성숙성의 인정을 포함하는 가치를 가지고 있기에 발견하려고 한다.

어떻게 사회의 정서적 발달을 연구할 수 있을까? 이러한 연구는 개인에 대한 연구와 밀접하게 관련되어야 한다. 이 두 가지 연구는 동시에 발생할 수 있다.

🌱 민주적 조직

민주적 조직(democratic machinery)의 인정받는 자질을 발휘하기 위한 시도가 이루어져 한다. 이 조직은 자유선거, 진정한 비밀투표로 지도자들이 선출되는 것을 위해 존재해야 한다. 또한 국민을 위해 비밀투표로 지도자를 제거하기 위해 존재해야 한다. 이 조직은 비논리적 선거와 지도자 제거를 위해 존재해야 한다.

민주적 조직의 본질은 자유투표(무기명 투표)이다. 이것의 핵심은 국민이 의식적 사고에서 떨어져 깊은 감정을 표현하는 자유를 보

장하는 것이다.[1]

비밀투표를 실시하면서, 만일 개인이 충분히 그것을 취할 수 있을 만큼 건강하다면 행동에 대한 전적인 책임은 개인이 가진다. 투표는 외적인 장면이 내재화되고 개인의 내적 세계 속에서 힘의 상호작용과 함께 연관된 개인 안의 투쟁의 결과를 표현한다. 말하자면, 어디에 투표할 것인가에 대한 결정은 개인 자신의 투쟁에 대한 해결책의 표현이다. 이 과정은 다음과 같은 어떤 것이 될 것이다. 많은 사회적 · 정치적 측면을 가진 외적인 장면은 사람이 투쟁의 모든 당사자를 점차적으로 파악할 것이라는 점에서 개인적인 것으로 만들어졌다. 이것은 사람이 자신의 내적 투쟁에 의해 외적 장면을 인식한다는 것을 의미하고, 그는 일시적으로 외적인 정치적 장면에 의해 대가를 받도록 자신의 내적 투쟁을 허락한다. 이런 왕복 과정은 일을 포함하고, 시간이 걸리며, 이것은 준비 기간을 위하여 정리하기 위한 민주주의적 기구의 부분이다. 갑작스러운 선거는 유권자에게 좌절의 예민한 감각을 발생케 할 것이다. 각 유권자들의 내부 세계는 제한된 기간 동안 정치 무대로 바뀌어야 한다.

만일 투표의 비밀성에 관한 의심이 있다면, 건강한 개인은 단지 자신의 반응을 투표로 표현할 수 있다.

---

[1] 이러한 점에서 비례대표는 반민주주의적이고, 심지어 비밀로 되었을 때도 그렇다. 왜냐하면 이것은 감정에 대한 자유 표현을 방해하고, 단지 똑똑하고 교육받은 사람들이 의식적인 의견에 대한 시험을 원하는 특별한 조건들에만 적합할 뿐이다.

강요된 민주주의 조직

지역사회를 장악하여 민주주의에 속하는 기구를 부과하는 것은 가능하지만, 이것은 민주주의를 창조하지 않을 것이다. 어떤 사람은 조직(비밀투표 등)을 유지하기 위하여 계속하는 것이 필요할 것이고, 또한 이 결과를 수용하도록 강요하는 것이 필요할 것이다.

🌱 선천적인 민주주의적 경향

어느 시점에서 민주주의는 어떤 자연적 경계를 가진 사회, 제한된 사회의 성취이다(오늘날 민주주의 용어가 사용되듯이). 진정한 민주주의라는 것은 다음과 같이 말할 수 있다. 이러한 시기에 이 사회 안에 민주주의 조직의 창조, 재창조 그리고 유지에 대한 선천적인[2] 경향이 존재할 수 있도록 하는 충분한 정도의 개인의 감정적 발달 안에 충분한 성숙이 있는 것이다.

선천적인 민주주의적 경향이 있기 위해 성숙한 개인의 얼마나 많은 부분이 필요한지는 중요한 것이다. 이것을 표현하는 다른 방법은 선천적인 민주주의적 경향을 잠기지 않게 하고 한 사회에 반

---

2) 내가 '선천적인(innate)'이라고 말한 것은 다음을 말하는 것이다. 인간 본성의 타고난 성향이 민주주의적 삶의 방식으로 싹트고 꽃을 피운다. 그러나 이것은 단지 개인의 건강한 정서적 발달을 통해서만 가능하다. 사회 집단 안에서 개인들의 부분들만이 성숙한 발달을 하는 행운을 가질 것이고, 그래서 이들을 통해서만 사회적 성숙을 향하는 집단의 천부적인(물려받은) 경향이 구현될 수 있다.

사회적 개인들이 얼마나 많은 부분을 수용할 수 있는가이다.

추정

만약 제2차 세계대전과 특별히 피난 계획이 영국에서 사회적 아이들의 비율을 $X\%$에서 5%로 증가시켰다면 이것은 쉽게 교육제도에 영향을 줄 수 있었을 것이고, 그래서 교육적 관심은 독재적 방법을 부르짖으면서 반사회적인 $5X\%$ 쪽으로 향하고, 반사회적이 아닌 $100{\sim}5X\%$의 아이들에게서는 멀리했을 것이다.

10년 후 이 문제에 대하여 이 방법으로 언급될 것이다. 사회는 $X\%$의 범죄자를 감옥에 격리함으로써 대처할 수 있는 반면, 그들 중 $5X\%$는 범죄자에 대한 일반적 재교육을 만들어 내는 경향이 있다.

사회와의 미성숙한 동일시

한 사회에서 언제라도 반사회적 성향을 발달시킴으로써 사회성 결여를 보이는 X만큼의 개인이 있다면, 양자적 경향 — 책임자와의 동일시 — 에 의해 내적 불안정에 반응하는 Z만큼의 개인이 있다. 이것은 건강하지 않고 비성숙한 것인데, 왜냐하면 자신의 발견에서 떠오른 권위자와의 동일시가 아니기 때문이다. 이것은 그림 감각이 없는 액자(frame) 감각이다. 이것은 반개인적인 친사회적(pro-society) 경향이다. 이러한 방법으로 발달하는 사람은 '숨겨진 반사회주의자'라고 불릴 수 있다.

숨겨진 반사회주의자들은 명백한 반사회주의자과 같이 '전인적 인간(whole persons)'이 아니다. 왜냐하면 각자는 자신 밖의 외부 세계에서 갈등하는 세력을 찾고 통제하는 것이 필요하기 때문이다. 대조적으로 우울하게 될 수 있는 건강한 사람은 자기 자신 내에서 전적인 갈등을 찾을 수 있고 또한 외부적(나눈) 현실 속에서 자기 밖에서 전적인 갈등을 볼 수 있기 때문이다. 건강한 사람은 함께 올 때 하나의 전체 세계에 각자 기여할 수 있는데, 각자는 하나의 전인 적 인간을 가지고 오기 때문이다.

'숨겨진 반사회주의자'는 사회적으로 비성숙한 리더십 유형에 재 료를 제공한다. 더욱이 사회 안에서 이 요소는 솔직한 반사회적 요 소에서 파생된 위험을 증강시킨다. 왜냐하면 특별히 보통 사람들 은 쉽게 이끌려는 충동을 가진 사람들이 핵심 위치에 오르도록 쉽 게 내버려 두기 때문이다. 이러한 위치에 있으면, 이러한 미성숙한 지도자들은 즉각적으로 자신들의 주의에 이러한 리더들(비성숙한 반개인적 지도자들)을 자신들의 자연적인 주인(분리의 잘못된 결단) 으로 환영하는 분명한 반사회주의자를 모은다.

미결정자

이것은 결코 간단한 것이 아니다. 왜냐하면 만일 한 공동체 안에 $(X+Z)$%의 반사회적 개인들이 있다면 $100-(X+Z)$가 '사회적'이라 고 말하는 것은 진실이 아니다. 그 공동체에는 미결정자들이 있다. 그래서 다음과 같이 할 수 있다.

- 반사회주의자들   X%
- 미결정자들   Y%
- 친사회적이나 반개인주의자들   Z%

- 사회에 기여할 수 있는 건강한 개인들 $100-(X+Y+Z)$
- 합계   100%

모든 민주적 부담은 개인으로서 성숙하고 있는 그리고 기초가 잘된 개인적 발전에 사회 감각을 점차적으로 더할 수 있는 개인들의 $100-(X+Y+Z)$% 몫이 된다.

예를 들어, 오늘날 영국에서 $100-(X+Y+Z)$%가 몇 %를 의미하는가? 아마도 아주 작지만 30%일 것이다. 아마도 30%의 성숙한 사람들이 있다면, 20%의 미결정자들은 충분하게 성숙한 사람으로 계수가 되게 영향을 받을 것이다. 그래서 전체 50%를 가져올 것이다. 그러나 만일 성숙한 사람이 20%로 줄어든다면, 미결정자들이 성숙한 방식으로 행동할 수 있는 %가 크게 줄어들 것이라고 기대해야 한다. 만일 한 공동체 안에 있는 30%의 성숙성이 20%의 미결정자를 모은다면 전체는 50%이고, 20%의 성숙성이 있다면 단지 10%의 미결정자를 모아서 전체는 30%가 될 것이다.

전체 50%는 실질적인 목적을 위해 충분하게 태생적 민주주의 경향을 나타낼 수 있지만, 30%는 반사회주의자들(숨겨지거나 나타난) 그리고 교제의 두려움 혹은 단점에 의해 고립된 미결정자들의 합에 의한 침몰을 피하기에 충분한 수가 될 수 없다.

여기에 독재성을 향하는 반민주적 경향이 따르는데, 처음에는 민주주의 면모(눈가림을 하는 기능)를 일깨우는 열기로 특정 지어진 것이다.

이러한 경향의 한 가지 신호는 국한된 독재를 가진 교정기관으로 인간적으로 미숙한 지도자들이 역행하는 반사회적 행동(친사회적이지만 반개인주의적)의 장소이다.

이 교정기관은 감옥과 위험할 정도로 가까운 곳에 있는 건강한 사회의 정신병원을 가지고 있고, 이러한 이유로 범죄자들과 정신이상자를 위한 의사들이 처음에 그것을 알지 못하고 반민주적 경향의 대리자로 그들 자신이 이용당하지 않기 위해 끊임없이 경계를 늦추지 않고 있다. 사실 정치적 혹은 이념적 적대자들과 정신이상자의 치료 사이에 구별할 수 없는 분명한 경계선이 항상 있어야 한다. (여기에 진정한 심리치료 혹은 미친 상태의 수용과 비교함으로써 정신적 환자의 신체치료에 대한 사회적 위험이 있다. 심리치료에서 환자는 의사와 같은 동등한 조건의 사람이며, 아픈 것에 대한 권리, 건강을 요구할 권리 그리고 개인적으로 정치적 관점이나 관념적 관점에 대한 전적인 책임을 가지고 있다.)

🎁 타고난 민주주의 요인의 창조

만일 민주주의를 성숙성이라고 하고, 성숙성은 건강이고, 건강은 바람직한 것이라면 우리는 이것을 증진시키기 위해 어떤 것이 행해질 수 있는지 보기 원할 것이다. 확실히 이것은 국가에 민주주의적 조직을 부과하는 데 도움이 되지 않을 것이다.

우리는 개인들의 100-(X+Y+Z) 집단으로 돌아서야 한다. 모든 것은 집단 구성원에 달려 있고, 이 구성원들은 조사를 부추길 수 있다.

언제라도 우리가 이 타고난 민주적 요인은 개인들이 유아였고, 아동이었고, 청소년이었을 때 개인들의 가정과 부모에 의해 이미 행해진(혹은 행해지지 않은) 중요성과 비교되는 것으로, 이 민주적 요인의 양을 증가시킬 수 있는 것이 없다는 것을 발견한다.

그러나 미래를 위태롭게 하는 것을 피하는 노력을 할 수 있다. 대처할 수 있는 가정을 방해하는 것을 피하려고 노력할 수 있고, 그들 자신의 아동들과 청소년들과 함께 대처할 수 있다. 이러한 **보통의 좋은 가정**(ordinary good homes)은 그 안에서 타고난 민주적 요인들이 창조될 수도 있게 유일한 장소를 제공한다.[3] 이것은 정말로 긍정적 기여의 적절한 표현이지만, 그 적용 안에는 놀랄 만한 양의 복잡성이 있다.

평범한 좋은 가정의 기능에 악영향을 미치는 요인

① 사람들이 민주주의의 본질은 정말로 평범한 남성과 여성 그리고 평범한 보통 가정에 놓여 있다는 것을 인식하는 것이 매우 어렵다.

② 현명한 정부 정책이 부모에게 자신들의 방법 안에서 가정을 운영하는 자유를 주었을지라도, 실행하도록 한 당국자들은 부모의 위치를 존중하는지 확실하지 않다

③ 보통 좋은 부모는 도움이 필요하다. 이들은 신체적 건강, 그것의 예방 및 치료에 관하여 과학이 제공하는 모든 것이 필요하다. 또한 부모들은 자녀 돌봄에 관한 교훈을 원하고, 그들

---

3) 보통의 좋은 가정은 통계수사를 거스를 수 없다. 그것은 뉴스 가치도 없고, 화려하지도 않으며, 공개적으로 이름이 알려진 남성과 여성을 배출하지도 않는다. 25년 넘게 개인적으로 한 2만 사례의 역사에 기초한 나의 추측은 내가 일한 지역에서 보통의 좋은 가정은 흔하고, 심지어 평범하다.

의 자녀가 심리적 질병 혹은 현재 행동에 문제가 있을 때 도움이 필요하다. 그러나 만일 이들이 그러한 도움을 구하면, 부모들이 자신들의 책임으로부터 벗어날 수 있을 것이다. 만일 이것이 발생한다면 부모들은 천부적인 민주주의적 요인들의 고안자가 되는 것을 중지할 것이다.

④ 많은 부모는 보통의 좋은 부모가 아니다. 이들 중에는 정신의학적 문제를 가진 사람이거나 비성숙한 사람 혹은 넓은 의미에서 반사회적 사람이고, 단지 한정된 의식 안에서만 사회화된 사람이다. 혹은 결혼을 하지 않았거나 안정적이지 않은 관계를 가진 사람, 언쟁하는 사람, 각자 분리되어 있는 사람 등이다. 이러한 부모들은 자신들의 결점으로 인해 사회로부터 주목을 받는다. 문제는 사회가 이러한 병리적 특성에 대한 지향성이 보통 건강한 가정을 향한 사회의 지향성에 영향을 미쳐서는 안 된다는 것을 알 수 있을까?

⑤ 어떤 경우에는 자신들의 자녀들을 위해 가정을 제공하려는 부모들의 시도에서는 아이들은 개인으로서 성장할 수 있고, 각자는 어머니가 자신의 유아와 함께 있는 기간이 올 때 시작부터 **점진적으로** 자신들의 부모와 동일시하는 능력을 더하고, 더 넓은 집단과 그렇게 한다. 여기서 아버지는 어머니를 자신의 아기에게 헌신하도록 자유롭게 하는 보호하는 대리인이다.

가정의 자리는 오랫동안 인정되어 왔고, 최근에는 안정된 가정은 아이들로 하여금 자신들을 발견하고 서로를 발견하도록 할 뿐만 아니라 아이들을 넓은 의미에서 사회 구성원으로서의 자격에 맞도록 만들어 주는 방법들이 심리학자들에 의해 많이 발견되었다.

그러나 초기 유아-어머니 관계를 방해하는 것은 어떤 특별한 숙고가 필요하다. 이 점에서 우리 사회에는 날로 증가하는 방해가 있다. 어떤 심리학자들이 유아 초기에 고려해야 할 것은 오직 신체적 돌봄이라고 요구하는 것에는 추가 위험이 있다. 이것은 사람들의 무의식적 환상 속에서 가장 끔찍한 생각들이 유아-어머니 관계에만 모여 있다는 것을 의미할 뿐이다. 무의식 안에 있는 불안은 실제로 다음과 같이 대표된다.

- 내과 의사나 심지어 심리학자들에 의해 **신체적 과정과 건강**이 과다하게 강조되는 것
- 수유가 나쁘고, 아기는 태어나자마자 훈련을 받아야 하고, 어머니에 의해 다루어지면 안 된다는, 반면에 (부정적 측면에서) 모유는 수유되어야 하고, 어떤 훈련도 해서는 안 되고, 아기들이 절대 울 수 없도록 해야 한다는 다양한 이론
- 출생 후 며칠 안에 어머니가 아기에 대한 접근이 방해되는 것, 아기에게 외부 현실의 첫 번째가 되는 어머니가 접근하지 못하는 것. 어쨌든 이것은 궁극적으로 항상 넓혀 가는 외부 현실이 되는 새로운 개인의 능력이 되는 기초가 되며, 만약 **헌신**을 **통한** 어머니의 상당한 기여가 망쳐지거나 방해받는다면, 개인이 궁극적으로 홀로 선천적인 민주주의적 요인을 발생시키는 $100-(X+Y+Z)$ 집단 속으로 통과하리라는 희망은 없다.

부수적 주제의 발달: 인물 선출

민주주의적 기구의 다른 중요한 본질적 부분은 선출되는 **사람**이다. 세상에는 ① 한 사람에 대한 투표, ② 정해진 성향을 가지고 하는 정당에 대한 투표, ③ 투표에 의한 명확한 원칙 지지 사이에는 모든 차이가 있다.

첫째, 한 사람의 선출은 투표자 자신들이 자신들을 인간으로 믿고 있고, 그래서 그들이 지명하거나 투표하는 사람을 믿는다는 것을 포함한다. 선출된 사람은 한 인간으로서 행동할 기회를 가진다. 전인적(건강한) 인간으로 자신 안에 전적인 갈등을 가지고 있고, 이것이 개인적임에도 불구하고 전적으로 외적인 상황에 대한 관점을 가지게 한다. 물론 그 사람은 한 정당에 속해 있고, 어떠한 성향을 가지고 있다는 것이 알려질 수 있다. 그럼에도 불구하고 변화하는 조건에 섬세한 방법 가운데 적용할 수 있다. 만일 그가 실제로 주된 성향을 변경한다면 재선에 입후보할 수 있다.

둘째, 정당 혹은 집단 성향에 대한 선거는 상대적으로 덜 성숙하다. 이것은 인간에 대한 투표자의 신뢰를 요구하지 않는다. 그럼에도 불구하고 비성숙한 사람에게는 이것이 단지 논리적이고 간결한 것인데, 왜냐하면 비성숙한 사람은 진정으로 성숙한 사람을 상상하거나 믿을 수 없기 때문이다. 사람이 아닌, 일에 대한 정당이나 성향에 대한 투표의 결과는 예민한 경향에 부적응된 것에 대한 엄격한 견해의 입증이다. 이 선출된 일은 사랑을 받을 수도 없고 증오를 받을 수도 없으며, 이것은 자기에 대한 것이 빈약하게 발달되어

있는 개인들에게 적합한 것이다. 선거제도는 덜 민주적이라고 말
할 수 있는데, 왜냐하면 원칙 혹은 정당을 위한 투표가 강조되고 사
람을 위한 투표는 강조되지 않는다면 덜 성숙한 사람(개인의 정서적
발달에 의해)이기 때문이다.

셋째, 민주주의라는 단어와 연관된 어떤 것으로부터 훨씬 동떨
어져 있는 것은 특별한 것에 대한 비밀투표이다. 여기에는 국민투
표에 관한 성숙성은 없다(이것은 예외적인 경우에 대하여 성숙한 시스
템을 가지고 적합할 수 있음에도 불구하고). 국민투표가 유용하지 않
다는 것의 예는 영국에서 두 차례의 세계대전 사이에 이루어진 평
화에 대한 투표가 될 것이다. 이 투표에서 국민들은 한 특별한 질
문에 대하여 답을 해야 하였다("당신은 평화를 찬성합니까 혹은 전
쟁을 찬성합니까?"). 많은 국민은 투표를 하지 않았는데, 이 질문이
공정하지 않다는 것을 알았기 때문이다. 평화라는 단어에 반대한
많은 사람은, 사실상 상황이 바뀌었을 때, 전쟁에 찬성했고, 전쟁
에 참여를 하였다. 요지는 이러한 형태의 질문은 단지 의식적 바람
(conscious wish)에 대한 여지만이 있을 뿐이다. 이러한 비밀투표에
서 '평화'에 대항하여 반대표를 던진 것과 평화를 열망하는 것으로
알려진 사람에게 투표하는 것은 아무런 관계가 없다는 것은 친구
의 배신, 열망과 책임의 게으른 포기를 의미하지는 않는다.

이 함정을 정확하게 피하기 위해 많은 고생이 필요함에도 불구
하고, 갤럽 여론조사와 다른 질문지에도 같은 반대가 상당 부분 적
용된다. 어떤 경우 특별한 것에 대한 투표는 매우 형편없는 대체인
데, 일단 당선된 사람이 자기 자신의 판단을 사용할 수 있는 시간적
여유를 가진 사람을 지지하는 투표는 정말로 형편없는 대안이다.
국민투표는 민주주의와 아무것도 할 수 없다.

🌷 민주주의적 경향의 지원: 요약

① 가장 가치 있는 지원은 보통의 좋은 어머니-유아 관계와 보통의 좋은 가정과 함께 조직된 불간섭에 의해 비판적인 방법에서 주어진다.

② 더한 지적 지원을 위해, 비판적 종류의 것조차도 유아와 모든 연령의 아이의 정서적 발달에 대한 것과, 또한 양육하는 어머니 그리고 다양한 단계에서 아버지의 역할에 대한 더 많은 연구가 필요하다.

③ 이 연구의 존재는 물론 이해가 미치는 곳에만 주어지는 민주적 과정에서 교육의 가치 안에서의 신념을 보여 주는데, 정서적으로 성숙하거나 건강한 개인들에게만 유용하게 주어질 수 있는 것이다.

④ 다른 중요한 비판적 기여는 전적인 공동체들에게 민주주의적 기구를 심으려는 시도에 대한 회피이다. 그 결과는 단지 실패일 것이고, 진정한 민주주의를 향한 후퇴이다. 대안이자 가치 있는 행동은 아무리 적더라도 정서적으로 성숙한 개인을 지원하고 나머지는 시간이 하도록 하는 것이다.

🌷 사람-남자 혹은 여자?

생각해야 하는 것은 '사람'이라는 단어 대신 '남자'가 들어갈 수 있느냐 혹은 '여자'가 들어갈 수 있느냐이다.

여성들이 사회에서 책임 있는 자리에 있는 것이 증가하고 있지만, 대부분의 국가에서 정치적 수장들이 남성이라는 것은 사실이다. 남녀를 불문하고 남성과 여성이 평등한 능력을 가지고 있다고 아마 우리는 추측할 수 있다. 혹은 반대로 오직 남성만 높은 정치적 자리에서 지적 혹은 정서적 능력에 근거한 리더십에 적당할 수 있다고 말하는 것은 불가능하다. 그럼에도 불구하고 이것은 이 문제를 해결하지 않는다. 이러한 주제에 대한 심각한 토의에서조차 쉽게 고려되지 않는 무의식 요소들에 대한 관심은 심리학자들의 일이다. 고려되어야 하는 것은 중요 정치적 자리에 선출된 남성 혹은 여성에 관한 무의식적인 대중 감정(unconscious popular feeling)이다. 만일 정치적 지도자가 여성인가 혹은 남성인가에 따라 판타지 속에서 차이가 있다면 이것은 무시되어서는 안 되고, 판타지는 '단지 판타지일 뿐'이기에 헤아려서는 안 된다는 말도 무시할 수 없다.

정신분석과 동맹 작업에서 모든 개인(남성과 여성)은 **여성에 대한 어떤 두려움**[4]을 비축하고 있다. 어떤 개인들은 다른 사람보다 더 넓게 두려움을 가지고 있지만, 이것은 모든 사람이 경험하는 것이

---

4) 여기서 이 문제를 자세히 논의하는 것은 적절하지 않지만, 차츰 접근하면 이 아이디어에 가장 잘 도달할 수 있다.

- 아주 어린 아동기 때 부모에 대한 두려움
- 여성의 힘에 남성의 잠재성이 포함된 여성과 같은 병합된 인물에 대한 두려움
- 유아 존재 초기에 절대적인 힘을 가지고 있는 한 개인으로서 자기의 초기 정착에 본질적인 제공을 하거나 혹은 제공에 실패하는 어머니에 대한 두려움

이것은 위니컷이 저술한 'The Mother's Contribution to Society', *The Child and the Family*의 후기에서 더 논의되었다. 그리고 그의 저서 *The Child, the Family, and Outside World*(Harmondworth: Penguin Books, 1964)의 서론에도 나와 있다.

라고 할 수 있다. 한 개인이 특정 여성을 두려워한다고 말하는 것은 아주 다른 것이다. 여성에 대한 두려움은 사회 구조 속에서 강력한 주체이고, 매우 적은 사회에서 여성이 정치적 고삐를 잡고 있다는 사실에 대한 책임이 있다. 그리고 대부분 모든 문명에서 수용된 관습에서 발견되는 여성에 대한 방대한 양의 잔학성에 대한 책임이 있다.

여성에 대한 두려움의 뿌리는 알려져 있다. 이것은 발달을 정상적으로 하고 잘한 그리고 자신을 발견할 수 있는 사람들의 모든 초기 개인 역사의 사실과 연관되어 있다. 여기에 개인의 건강한 발달을 위해 헌신은 절대적으로 본질적이었고, 유아인 개인에게 헌신했던 한 여성에 대한 빚이 있다. 본래의 의존성은 기억되지 않고, 그래서 그 빚은 여성에 대한 두려움이 이 인정의 첫 단계를 대표하는 것을 제외하곤 인정되지 않는다.

개인의 정신적 건강의 기초는 어머니가 단순히 그녀의 유아에게 헌신했을 때와 유아가 전적으로 의존성을 알지 못하기 때문에 두 배로 의존했을 때에 놓여 있다. 이러한 질적인 것은 아버지와는 관계가 없고, 이러한 이유 때문에 정치적 의미에서 맨 위에 있는 사람은 만일 여성이 같은 위치에 있다면 여성이 할 수 있는 것보다 훨씬 더 객관적으로 집단에 의해 진가를 알아볼 수 있다.

여성들은 만일 그들이 일에 대한 책임을 맡는다면 전쟁은 없을 것이라고 주장한다. 최후의 진리에 대한 진술로서 이것은 의심스럽다는 이유가 있다. 그러나 이 주장이 정당하다고 해도, 남성과 여성이 일반적으로 여성의 일반 원칙을 정치권력의 최고 지위에서 용인하는 것은 여전히 지켜지지 않을 것이다. (왕실은 정치 외부나 그 너머에 있으므로, 이러한 고려 사항에 영향을 받지 않는다.)

이러한 고려의 결과, 민주주의라는 단어와 반대 극에 있는 독재자의 심리를 고려할 수 있다. 독재자가 되려는 욕구의 뿌리 중 하나는 여성에 대한 이 두려움을 그녀를 둘러싸고 그녀를 위해 행동함으로써 대처하려는 충동일 수 있다. 독재가 요구하는 호기심 습관은 절대적인 복종만이 아니라 절대적 의존이고 또한 '사랑'이 이 자원으로부터 파생될 수 있다.

더욱이 혹은 실제 지배를 구하거나 수용하려는 사람 집단의 경향은 판타지 여성에 의한 지배의 두려움에서 파생된다. 이 두려움은 집단의 사람들이 알려진 한 인물에 의한 지배를 구하고 심지어 환영하도록 하는데, 특별히 의인화의 짐을 자신이 떠맡는 사람에게서 그러하다. 이렇게 함으로써 큰 빚을 진 강력한 환상의 여인의 마술적 특성을 제한한다. 이 독재자는 전복될 수 있고, 결국 죽는다. 그러나 원시적 무의식의 판타지 속 여성 인물은 그녀의 존재 혹은 힘에 제한을 가지고 있지 않다.

🌷 자녀-부모 관계

민주적 설정은 선택된 지도자를 위해서 어느 정도 안전성의 준비를 포함하고 있다. 자신들을 선출한 유권자들의 지지를 소외시키지 않으며 그들의 일을 관리할 수 있는 한 그들이 유지한다. 이러한 방식에서 국민은 모든 사항에 대해 직접 투표를 통해서는 유지할 수 없는 일정 수준의 안정을 주선한다. 여기서 심리적으로 고려해야 할 것은 모든 개인에게는 부모-아이 관계의 역사가 있다는 점이다. 정치적 인생의 성숙한 민주적 방법 안에서 유권자들이 성숙한 인간이라 가정함에도 불구하고, 부모-자녀라는 분명한 이점과 관계의 잔여물을 위한 장소가 없다는 것은 가정할 수 없다. 어느정도 민주적 선거에 있어 성숙한 국민은 임시적인 부모를 선출하는데, 임시적 부모라는 것은 어느 정도 유권자들이 아이들로 남아있다는 사실을 인정하는 것을 의미한다. 선출된 민주적 정치 조직의 통치자인 임시적 부모조차 그들의 정치적 업무 밖에서는 아이들이다. 만일 그들의 차를 운전하면서 과속하게 되면 그들은 일반적 사법 감시 아래 있게 되는데, 왜냐하면 차를 운전하는 것은 그들이 하는 통치의 부분이 아니기 때문이다. 정치적 지도자로서 그들은 단지 그런 것뿐이고, 그들은 임시적 부모이고, 선거를 통해 지도자에서 물러난 후에 다시 어린아이로 돌아온다. 이것은 마치 부모와 자녀가 편하게 게임을 하는 것과 같은데, 일들이 이런 방법으로 더 좋게 되기 때문이다. 다른 말로 하면, 자녀와 부모의 관계에는 이점이 있기 때문에, 그중 어떤 것은 보존된다. 그러나 이것이 가능하기 위해 개인들의 충분한 부분이 아이로 놀이하는 것에 관계치 않을 만큼 성장하는 것이 필요하다.

같은 방법으로 부모에게 장난을 치는 이 사람들은 부모가 없는 것이 나쁘다고 생각한다. 게임에서 국민에 의해 직접 선출된 통치자들의 책임을 가져야 할 또 다른 하원이 있어야 한다고 일반적으로 생각하고 있다. 영국에서 이 기능은 상원(the House of Lords)에 속하는데, 이것은 어느 정도 세습적 작위로서 어느 정도는 공적 일의 다양한 분야에서 출중하여 그 위치를 획득한 사람들이다. 다시 말해, '부모'의 '부모'는 사람이고, 인간으로서 긍정적인 기여를 할 수 있는 사람이다. 그리고 이것은 사랑하거나 미워하거나 존경하거나 혹은 사람을 경멸하는 감각을 만든다. 사회가 정서적 성숙에

따라 평가되는 한, 사회에서 인간 혹은 정상에 있는 인간을 대체하
는 것은 없다.

　더 나아가 영국의 사회 구조에 대한 연구에서 주인은 왕권에 상
대적인 아이들임을 볼 수 있다. 여기 각 사례에서 우리는 세습에
의해서 자신의 지위를 가진 한 사람에게, 그/그녀의 인격과 행동
에 의해 인간의 사랑이 유지되는 사람에게 다시 온다. 지배하는 군
주가 아주 쉽게 그리고 신실하게 한 단계를 더 진행하고 신에 대한
믿음을 선포한다면 확실히 도움이 될 것이다. 여기에 죽어 가는 신
(the Dying God)과 영원한 군주(the Eternal Monarch)의 상호 연관된
주제에 다가가게 된다.

🌷 민주주의의 지정학적 경계

　민주주의의 발전을 위하여 성숙한 사회 구조의 의미에서 이러한
사회를 위해 어떤 자연스러운 지정학적 경계가 있어야 할 필요가
있는 것 같다. 분명하게 근래까지, 심지어 지금까지 영국의 해안선
은 우리 사회 구조의 성숙을 위하여 매우 책임이 있는 것이다(아일
랜드와의 관계는 예외). 스위스는 산에 대한 제한을 가지고 있다(만
족스럽지 못하게). 미국은 근래까지 여전히 무제한적 탐험을 제공하
는 서부의 이점을 가졌다. 이것은 미국이 긍정적 연결에 의해 있는
동안 미움과 사랑에도 불구하고 하나가 된 폐쇄된 공동체의 가득
찬 내적 투쟁을 느끼는 것을 시작해야 할 필요성을 여전히 근래까
지 느끼지 못했다는 것을 의미하였다.

　자연적 국경을 가지지 못한 국가는 이웃에 대한 적극적인 적응을

늦출 수가 없다. 다수의 미결정자 Y와 덜 심각한 반사회적인 X는 외부적 학대 위협에 응집 반응에 기초한 상태와 동일시할 수 있기에 어떤 의미에서 두려움은 감정적 상황을 단순화시킨다. 그러나 이 단순화는 본질적 갈등에 대한 전적인 인식과 어떤 출구나 다른 길을 사용하지 않은 것(방어들)을 포함하는 어려운 일로서 성숙성을 향한 발달에는 해로운 것이다.

어떤 사례의 경우에 사회의 기초는 전인적인 인간 성격인데, 이 성격은 제한을 가지고 있다. 건강한 사람의 도표는 원(둥근 물체)이다. 그래서 무엇이든 자기가 아닌 것은 내적으로 혹은 그 사람 외부적으로 묘사될 수 있다. 사람이 자기 자신의 개인적 발달을 한 것보다 더 사회 건설에서 더 나아가는 것은 불가능하다.

이러한 이유 때문에 우리는 '세계 시민성(world citizenship)'과 같은 용어의 사용에 대해 의심하고 있다. 아마 소수의 정말 훌륭하고 적절하게 나이 든 남녀만이 그렇게 넓은 관점에서 생각하는 것이 정당화될 수 있을 것이다.

만일 전체 세계가 우리의 사회였다면, 가끔은 우울한 기분이어야 할 것 같다(한 사람으로서 때때로 불가피하게 그래야만 하니까). 그리고 그 자체로 본질적인 갈등을 충분히 인정할 수 있어야 한다. 글로벌 사회의 개념은 전 세계의 자살(suicide) 생각과 행복 생각을 가지고 온다. 이러한 이유 때문에 전 세계 국가의 호전적 지지자들이 조울증에 걸려 있는 사람이라고 예상한다.

🌱 민주주의 지식의 교육

현존하고 있는 이러한 민주주의적 경향은 사회심리학뿐만 아니라 개인 성숙성 연구에 의해 힘을 얻을 수 있다. 이러한 연구의 결과는 존재하는 민주주의 국가들과 건강한 개인들에게 이해할 수 있는 언어로 주어져야 하고, 그래서 그들이 지적으로 자신을 의식을 할 수 있을 것이다. 그들이 자기의식을 하지 않는 한 어떤 것을 공격해야 하고 어떤 것을 방어해야 하는지 알 수 없고, 위협이 발생할 때 민주주의에 위협이 되는지 인지하지 못한다. '자유의 대가는 영원한 경계심이다.' 누구에 의한 경계심인가? 100-(X+Y+Z)의 성숙한 개인 중 두세 명에 의한 것이다. 다른 사람들은 성장하는 직업과 어른의 존재를 그들의 자녀들에게 물려주는 평범한 좋은 부모가 되는 바쁜 사람들이다.

🌱 전쟁 중의 민주주의

전쟁 중에 민주주의와 같은 것이 있는가라는 질문은 제기되어야 한다. 답은 확실히 평범한 '예'가 아니다. 사실 전쟁 중에는 전쟁으로 인해 민주주의를 잠시 유예하는 발표를 해야 할 어떤 이유가 있다.

집합적으로 민주주의를 형성한 성숙한 건강한 개인들은 ① 성장하기 위한 공간을 마련하기 위해, ② 이미 소유하고 있는 가치 있는 것을 방어하기 위해, ③ 싸워 지지할 사람들이 있는 한 반민주적 경향과 싸우기 위해 전쟁을 할 수 있어야 한다.

그러나 이렇게 되어야 함에도 불구하고 일들은 이렇게 되지 않는다. 앞에서 주어진 설명에 따르면 공동체는 결코 100% 건강하고 성숙한 개인으로 구성되어 있지 않다.

전쟁이 다가오자마자 집단의 재정리가 있고, 전쟁이 일어날 때쯤에는 건강한 자가 모든 싸움을 하는 것은 아니다. 여기에 네 가지 집단이 있다.

- 온전한 편집증을 가진 반사회적인 많은 사람은 실제적 전쟁으로 인해 더 좋게 느끼고, 실제 학대 위협을 환영한다. 이들은 활발한 싸움으로 전문적 사회 경향을 발견한다.
- 미결정자들 다수는 해야 할 일에 뛰어들고, 아마도 전쟁의 암울한 현실을 이용하여 성장하지 않았을 것이다.
- 아마 숨어 있는 반사회주의자들 일부는 전쟁이 만든 다양한 중요한 위치에서 지배하려는 충동의 기회를 찾을 것이다.
- 성숙하고 건강한 개인들은 다른 사람들만큼 잘 나타나지 않다. 이들은 다른 사람들처럼 적이 나쁘다는 것에 대해 그렇게 확신하지 않는다. 이들은 의심을 가지고 있다. 또한 이들은 세계의 문화, 미 그리고 우정에 대하여 더 큰 긍정적 지분을 가지고 있고, 전쟁이 필요하다고 쉽게 믿지 않는다. 편집증에 가까운 사람들과 비교해서 손에 총을 잡고 방아쇠를 당기는 데 늦다. 사실 이들은 최전선으로 가는 버스를 놓치고, 이들이 최전선에 도착했을 때조차 신뢰할 만하고 역경에 잘 적응할 수 있는 사람들이다.

더욱이 평화 시에 건강한 사람들 중 어떤 사람들은 전쟁 시 반사회적이 되는데(양심적 병역기피자), 비겁해서가 아니라 진정한 개인적 의심 때문이며, 이는 마치 평화 시 반사회적인 사람들이 전쟁에서 용감한 행동을 하는 자신들을 발견하려는 경향과 같다.

이런저런 이유로 민주주의적 사회가 싸울 때 전체 집단이 싸우는 것이며, 평화 가운데 천부적인 민주적 요인을 제공하는 공동체의 사람들에 의해 행해지는 전쟁의 예를 발견하기는 어려울 것이다.

전쟁이 민주주의를 방해할 때 민주주의가 끝이 나는 순간에 그리고 이러한 삶의 방향을 좋아하는 사람들이 다시 출발할 것이고, 외적인 갈등이 끝이 난 후 민주적 조직의 재정착을 위해 집단 내에서 싸울 것이라고 말하는 것이 가장 좋은 것이다.

이것은 아주 큰 주제이고, 마음이 넓은 사람들의 관심을 받을 만하다.

🌷 요약

- 민주주의라는 단어의 사용은 성숙성을 함축하고 있는 기초에 근거하여 심리학적으로 연구될 수 있다.
- 민주주의도 성숙성도 사회에 이식될 수 없다.
- 민주주의는 한때 제한된 사회의 성과이다.
- 공동체 안에서 천부적인 민주적 요인은 보통 좋은 가정의 일에서 파생된다.
- 민주주의적 경향을 증진시키고자 하는 주된 활동은 부정적인 것이다. 보통 좋은 집에 대한 간섭을 피하는 것이다. 알려진 것에 따른 심리학과 교육에 대한 연구는 추가적인 도움을 제

공한다.

- 자신의 유아에게 평범한 좋은 어머니의 헌신은 특별한 중요
성이 있다. 궁극적인 감정적 성숙을 위한 능력은 헌신의 결과
로서 기반이 되어 있다. 이 점에서 사회에서의 큰 방해 요소는
그 사회 문화의 풍요로움을 감소시키는 것처럼 사회의 민주적
잠재성을 빠르고 효과적으로 약화시킬 것이다.

찾아보기

인명

Bowlby, J. 55

Freud, S. 30, 49

Klein, M. 35

Robertson, J. 55

내용

저자 소개

도널드 위니컷(Donald W. Winnicott, 1896~1971)

1896년 영국 데번의 중산층 가정에서 태어났으며, 케임브리지 대학교 (University of Cambridge)를 졸업하였고, 런던에 있는 성 바톨로뮤(St. Bartholomew) 병원 의과대학에서 임상의학을 공부하고, 1935년 영국정신분석연구소(The British Institute for Psychoanalysis)를 졸업하였다. 영국정신분석학회 회장을 두 차례 역임하였다. 소아과 의사, 아동정신과 의사이자 정신분석가였으며, 생전에 수많은 아동을 치료함으로써 아동발달과 아동정신분석에 많은 영향을 끼쳤다. 그는 기존 문화의 권위와 요구에 저항하면서 개인으로서 존재하는 것을 중요시했기에, 그의 저술 내용은 개인적이고, 독특하고, 쾌활한 동시에 일상적이다. 이것이 다른 정신분석가들의 이론에 비해 많은 영향을 미친 이유이다. 저서로는『놀이와 현실(Playing & Reality)』『박탈과 비행(Deprivation & Delinquency)』『성숙과정과 촉진적 환경(The Maturational Process and the Facilitating Environment)』『가정: 우리 정신의 근원(Home is Where We Start from: Essays by a Psychoanalyst)』등이 있다.

역자 소개

임경수(Kyungsoo Lim)
계명대학교 인문국제대학 교수이다. 미국 노스웨스턴 대학교(Northwestern University), 시카고 대학교(University of Chicago), 시카고 칼 융 연구소 (Carl Jung Institute in Chicago)에서 심리학을 수학했고, 노스웨스턴 병원 (Northwestern Memorial Hospital)에서 임상실습을 했으며, 칼 융 분석가 인 로버트 무어(Robert Moore) 교수의 지도하에 남성 중년기에 대한 학제 간의 융합 관점의 논문으로 시카고 신학대학에서 박사학위(Ph.D.)를 받았 다. 인간발달론에 대한 이해를 중심으로 애착이론과 실존주의 심리학 관점 에서 종교와의 통합적 관점을 주제로 연구와 상담을 지속하고 있다.

〈대표 저서〉
『호모 렐리기오수스: 인간의 자리』(학지사, 2020), 『폴 틸리히의 인간이해 와 기독교상담신학』(학지사, 2018), 『오후수업: 중년 리모델링』(시그마프레 스, 2016), 『마음의 집이 없는 사람들: 불안심리』(학지사, 2015), 『죽음불안 과 발달심리』(계명대학교출판부, 2015), 『애착이론과 역기능 발달 상담』(학 지사, 2014), 『인간발달 이해와 기독교 상담』(2판, 학지사, 2013), 『인생의 봄과 가을: 중년의 심리이해와 분석』(학지사, 2005), 『Male Mid-life Crisis: Psychological Dynamics, Theological Issues, and Pastoral Interventions』 (University Press of America, 2000)

〈대표 역서〉
『실존주의 심리치료』(학지사, 2007)

도널드 위니컷의 가족과 자녀발달:
부모와 박탈
The Family and Individual Development

2022년 4월 5일 1판 1쇄 인쇄
2022년 4월 10일 1판 1쇄 발행

지은이 • D. W. Winnicott
옮긴이 • 임경수
펴낸이 • 김진환
펴낸곳 • (주)**학지사**

04031 서울특별시 마포구 양화로 15길 20 마인드월드빌딩
대표전화 • 02-330-5114   팩스 • 02-324-2345
등록번호 • 제313-2006-000265호

홈페이지 • http://www.hakjisa.co.kr
페이스북 • https://www.facebook.com/hakjisabook

ISBN 978-89-997-2591-3 93180

정가 16,000원

출판 · 교육 · 미디어기업 학지사

간호보건의학출판 **학지사메디컬** www.hakjisamd.co.kr
심리검사연구소 **인싸이트** www.inpsyt.co.kr
학술논문서비스 **뉴논문** www.newnonmun.com
교육연수원 **카운피아** www.counpia.com